あま世へ

沖縄戦後史の自立にむけて

森　宣雄　冨山一郎　戸邉秀明 編

法政大学出版局

目次

第I部　沖縄の党

第II部 帝国へ／帝国から

第III部 座談会 歴史の自立をめぐって

地球上で帝国主義が終りを告げる時、沖縄人は
「にが世」から解放されて「あま世《ゆー》」を楽しみ
十分にその個性を生かして、世界の文化に貢献
することが出来る

伊波普猷　一九四七年

戦後沖縄の地下水脈

森　宣雄

1　国家の外なる独立の歴史

第二次世界大戦後、沖縄の社会はある意味で国家から自立する道をあゆんできた。世界的に国家の社会にたいする管理統制の度が高まりゆく〈国家の時代〉にあって、逆に、ある独立性が高められてきた。

支配の手がゆるかったわけではない。むしろ国家は沖縄にたいして容赦なく苛烈にのぞんだ。だがその徹底した苛烈さは、その地の人びとを自立の道の入り口に立たせた。〈国家の時代〉における逆説。その逆流のただなかにあって、人びとは島々において、また、海のむこうの国家と人間たちへむけて、いかなる社会を築いていったのか――

一九四五年、大日本帝国の一部であった沖縄県（沖縄・宮古・八重山群島）は、日本本土とその支配体制（「国体」という）をまもるための捨て石として、日米の地上戦の舞台とされ、二〇万人をこえる死者を出したあげくに日本国から捨てられた。かわって沖縄の統治者となった米軍は、太平洋戦争で最大の犠牲者を出して獲得したこの島々を、無期限に占領すべき戦利品と見なし、住民の人権や財産権、生存権をほしいままにふみにじる残酷な軍事支配をおこなった。日本でもアメリカでもなく、どの国の法律にもまもられず、参政権や政治的決定権をうばわれ、ただ米軍基地のために奉仕する国籍不明の民。そのような奴隷的境遇にあって、沖縄の人びとは国家の外縁から、独特な民主政治を自力でつくり出していった（以下、沖縄戦後史については森宣雄『沖縄戦後民衆史』岩波書店、二〇一六年を参照）。

一九五〇年代には絶対権力をにぎった米軍政府による軍用地強制接収にたいし「島ぐるみの土地闘争」（「島ぐるみ闘争」）をおこし、土地の買い上げを阻止した。六〇年代の自治権獲得運動は、米政府に無期限占領の継続をあきらめさせ、沖縄の施政権を日本政府に返還させた。そして一九七二年の日本復帰後は、日米両国政府による沖縄基地の温存方針にたいして、軍用地の返還や基地の縮小をねばり強く要求し、いまも新基地の建設によって沖縄の軍事基地化を永続化させようとする政策に対峙しつづけている。この島々の平和的生存をもとめる運動のゆくえは、日本・中国・東南アジアのはざまにあって二一世紀のアジアの平和を大きく左右する意味をもっている。

いま概観した戦後沖縄における政治の自立性は、国家からの軍事的抑圧に抗する自衛のために追求され、獲得されてきた。だからそれは、いまあるような国家を新たにもう一つつくる意味での独立運動には、これまでのところ結びついてこなかった。むしろ国家なるもの（国家一般）からの自立の志向性が歴史的に育まれ、国家にたいする自治の全面寄託（逆からみれば国家による自治の剝奪）を拒否して地域と人間の自尊をまもろうとする民主主義のあゆみ――それが沖縄における自立的な民主政治、沖縄デモクラシーの主旋律をなしてきた。

このようなあゆみは、特定の政党や政治指導者によって牽引されてきたのではない。国家による保護や組織化の動きの枠外に置かれてきた民衆、一般のひとびとが、社会の基層から押しあげてきた歴史の産物である。沖縄県の人口は日本の約一％（現在一四〇万人）であり、こと軍事的負担と抑圧に関するかぎり、率直にいって沖縄県民は自分たちを代表する政府をもっていない。日本の政府・国会は多数専制支配のもとで、沖縄に軍事基地を一極集中させる状態を維持するための特別立法・行政措置をつみかさね、司法もそれに追随してきた。

こうしたなかで住民の生存をおびやかす事件事故が発生したり、沖縄の将来にかかわる重大な岐路がめぐってくるたびに、党派や組織の枠をこえて知事、市町村長や各種議員、各界の代表などが一斉につどう住民大会や県民大会がくり返し開かれてきた。日米の国会はもちろん、沖縄の議会にもまかせておかず、一〇万人規模の人間が個人の意思で自発的に結集して声をあげることで、住民の人権や生存権は裸の状態で政治争点化され、沖縄の政治は大きく動いてきた。そしてそれが日米両政府をゆさぶり、独自な歴史の軌跡がえがき出されてきたのである。

だが民衆のくらしと運動によって織りなされてきたこの歴史は、外的な観察や短期的な視点からは、一過性の抗議や反発が、ただ断続的にあらわれているだけのようにも見えてしまうだろう。民衆運動が起こりひろがっていくダイナミズムや、それが時をへだてて歴史的につながっていく長期波動は、国家史や政党史の外にあり、政治的代弁者をもたない。このなかで人びとがどんな思想を育み、継承や断絶、変容をかさねてきたのかも、歴史の水面下にあって表には出ない。一言でいえば、歴史が、そのなりたちが見えにくい。

本書は、国家制度とそのもとでの議会・政党政治を中心にするような一般的な政治の見方ではつかみがたい戦後沖縄のあゆみを、ある方法によってとらえだそうとするものである。それは人間の歴史を問う場合のしごく基本的なもので、具体的な何人かの人の生き方と他者との出会いや別れを、ひたすらたずねていく方法である。そしてこのような方法をとおして戦後沖縄社会運動史・思想史の地下水脈を掘りおこし、また、そのような掘りおこしを可能にさせる、ある集合的な歴史探究のあり方を提示することを目的とする。

2　交差する思想

インタビュー、講演録、座談会をつみかさねて戦後沖縄のデモクラシーの見えない水脈をたどるこの本の旅路は、国場幸太郎という人物の面影をたずねるかたちではじまる。かれは沖縄を代表する実業家の国場組創業者と同姓同名だが、おなじ門中（親戚一門）の別人である。この本の軸となる人物なので、まずは略歴を紹介しておきたい。

一九二七年に那覇市に生まれた。四四年に熊本の第五高等学校に進学して沖縄を離れ、五三年に東京大学経済学部を卒業して帰郷。対米抵抗運動のシンボルとして大衆的な支持を得ていた沖縄人民党に入党し、カリスマ的な指導者・瀬長亀次郎のもと、同党の中央委員となり、また米軍の弾圧を避けて秘密裏に組織された日本共産党沖縄県委員会の書記として、その実務責任者をつとめた。

一九五四年の人民党弾圧事件で瀬長書記長が投獄され、人民党が機能停止になるなか、米軍の武力土地接収にたいする農民の抵抗運動をつなぎ支える支援体制と、革新勢力が超党派で連携する地下ネットワークを隠密活動によって築き、五六年に「島ぐるみ闘争」がわきおこる土台をつくりあげた。翌五七年に瀬長書記長の那覇市長就任とともに那覇市の首里支所長となるが、五九年に人民党内の路線対立で党から追放され、翌年に東京に転居。沖縄現代史研究をすすめつつ、六四年から宮崎県で高校と高専の教師をつとめ、同地で二〇〇八年に死去した（国場幸太郎と「島ぐるみ闘争」については、森宣雄・鳥山淳編『「島ぐるみ闘争」はどう準備されたか』不二出版、二〇一三年を参照）。

第Ⅰ部ではまず、かつて五〇年代なかばに国場さんとともに「島ぐるみ闘争」の準備活動にとりくんだ、当時琉球大学の学生であった川満信一（詩人・思想家）さんを訪ねる。二〇一三年秋、那覇の居酒屋でわたしたちは落ちあった。収録したインタビューはその時の記録をもとに、川満さんと編者たちが何度も手を入れて、歴史と思想の証言として作品にまとめあげたものである（本書のインタビュー、座談会記録はいずれも同様の推敲をくぐった共同制作物である）。

川満さんは一九三二年に宮古島で生まれた。次に登場する新川明さんとともに一九七二年の沖縄の日本復帰をめぐって「反復帰」の論陣を立て、表現活動を本格化させた。一口に「反復帰」論といっても論者によってその中身は多様だが、川満さんのそれは島嶼社会の国家からの自立を追求する特徴をもつ。それは約一〇年後、沖縄・宮古・八重山の島々が共和社会として自立する展望を打ち出した「琉球共和社会憲法」草案へと発展していった。この憲法草案は八〇年代以降の沖縄自立論が生みだした東アジアの知的共有財産として国境をこえて高い評価が寄せられている（川満信一・仲里効編『琉球共和社会憲法の潜勢力』未來社、二〇一四年）。近年ではさらに所属国家の枠をこえて海南島・台湾・沖縄・済州島などの島々で東アジアの非武装中立地帯を構築しようと呼びかける、壮大な提案へと飛躍をとげている。

本書のインタビューでは学生時代に経験した「島ぐるみ闘争」の準備の過程をうかがうとともに、意外なことがらを教えられる。七〇年代の「反復帰」論、八〇年代の共和憲法の沖縄自立論、現在の非武装中立地帯論は、いずれも「島ぐるみ闘争」のある意味の継承であって、それがぶつかった限界を乗りこえる戦略性を秘めて打ち出された思想闘争として一つにつながっていたのだという。このような脈絡は、川満さんがみずからの将とした国場さんにとっても察することができないものだった。

一般的な政治思想の分類でいえば、国場さんは世界の労働者の連帯を理想とする国際共産主義（プロレタリア国際主義）を生涯にわたり追求した人物だった。共産主義ないし社会主義は、賃金労働者にとっての民主主義の理想を徹底化させようとする、近代的な政治思想である。一方、川満さんは大国の中枢から辺境とされる農漁村のひとびとの土着的な共同体意識に立脚して、慈悲や慈愛の精神を世界に復興させようと思索をかさねていった。国場さんと川満さんは、近代主義と前近代的な共同体思想というふうに対照させられもする位置どりのなかで師弟関係をむすんでいた。ただ残念ながら、国場さんは川満さんの沖縄自立論に不審の念をいだいてつよく批判を加え、以後再会する機会がないまま、国場さんの死が両者を別った。

だが、このすれちがいにこころを痛めていた人物がいた。川満さんとともに「島ぐるみ闘争」の準備過程で国場さんに出会い、それ以来生涯かれを敬慕し、交流をつづけた新川明（ジャーナリスト・思想家）さんである。川満さんに国場さんとの関係をたずねた本書のインタビューは、新川さんのはからいで実現した。

第Ⅰ部の二つめのインタビューでは、新川さん自身の国場さんとの関係や地下組織とのかかわりを、二度にわたり那覇の喫茶店、美術館でおたずねした。ここでも川満さんと国場さんの関係とおなじような、ある不可解さが話題の中心となった。新川さんといえば「反復帰」論。その論調は、国家に苦難を強いられつづけてきた民衆の自治的なアナーキズムの伝統を土台に、国家に隷従同化しようとする思想を舌鋒するどく批判するのが特徴だ。沖縄島と石垣島で育ったかれは、国家機構（前近代の琉球王国をふくむ）による非人道的な民衆支配を批判し、ヒューマニスティックな自立と連帯の思想をひろげようとする。ところが、あらゆる国家の支配を拒否するアナーキズムの思想は、世界の労働者の連帯の先に労働者の政府樹立をめざす国場さんのような国際共産主義思想とは、近くて遠い関係にある。

さらにいうと、新川さんの「反復帰」論は九〇年代以降、沖縄独立論へと発展していった。それは従来あるような国家の再生産をめざすものではなく、沖縄社会が日本国家から自立を進めるためのステップとして打ち出されているが、その主張は川満さんとも時に対立し、おそらく国場さんの考えとも相いれない部分をふくんでいる（独立論については第Ⅲ部の座談会の2でくわしく語られている）。しかしながら、これらの政治的意見の対立はある意味、さしたるものではなく、なにかがたがいをむすびあっている。

それはなんなのか？　他の先輩後輩たちとの例もひきあいに出しながら、新川さんにしつこくたずねていくなかから浮かびあがってきたのは、さまざまな壁や境目のむこうにいる人ともむすびあうことのできる人倫や自由の価値だったように思う。政治的な意見の相違をこえて、それ以上に価値あるものとしてたがいに重んじられている自由の精神。思いやりやひとの痛みを知る精神ともいえようか。それは個々人の主体性・単独性のなかから発して、たがいの自由をまもるために、隣人・他者へとあまねくのばされ、むすばれていく〈内発的な普遍性〉の精神である（本書七五頁参照）。

3　あま世へむかう「沖縄の党」

こうしてわたしたちは、五〇年代の「島ぐるみ闘争」、七〇年代の「反復帰」論、八〇年代の沖縄自立論、九〇年代以降の沖縄独立論および東アジア連帯思想などが、たがいにつながりあっているさまを見ることになる。時間軸でいえば断続して別個にあらわれ、政治的意見内容には対立しあうこともあるこれらの思想と運動は、共鳴しあい励ましあってさえいた。

思想が地下水脈において交差しあい、またその交差において〈内発的な普遍性〉の精神がひそかに育まれてきた――これは本書に登場する者たちもふくめて沖縄戦後史（研究）にかかわった誰にとっても、うすうすと感じてはいながら、これまで明確に口にされたり書かれることのなかったものだろう。これはいったいどういうことなのか。

戦後沖縄に特徴的なこうした思想現象の原点には、おそらく「島ぐるみ闘争」の準備過程がある。あらためてふりかえろう。

一切の政治的決定権をうばったうえで農民から土地を武力接収し、抵抗する者はほしいままに逮捕監禁するアメリカの軍事支配にたいし、一九五六年六月、沖縄民衆は島ぐるみの抵抗運動に立ちあがるにいたった。その準備過程では、米軍の弾圧を逃れるため人民党の背後に非合法（米軍の定めた法の範囲にとっての「非合法」＝無届けの意味）の共産党組織がつくられ、一〇〇人ていどのこの組織がつなぎ役となり、他政党のメンバー、また政党や組合などに加盟しない労働者・農民・学生などのあいだに地下抵抗運動のネットワークがひろがっていった。この非合法党の責任者が国場さんであり、党外の学生メンバーあるいはシンパ（同調者）に川満さんや新川さんらがいた。そして非合法党の範囲をこえてひろがる抵抗運動ネットワークの基盤の上に、すべての住民がわ政治機構の長らが総辞職を決議し、住民の二割から五割、数十万人が抗議集会に結集する「島ぐるみ闘争」が生みだされていったのである。

国場さんの指揮した非合法共産党では、非常事態に対応して入党離党の書類手続きなどもおこなわず、秘密裏の活動を展開した。米軍の弾圧と追及から逃れるためにはそれが必要だったのである。こうして、だれが党員なのか党内でもあいまいなまま、イデオロギー（政治的世界観）の相違をこえて全沖縄にネットワークをひろげていったこの党のことを、国場さんは晩年になって、カギ括弧をつけて「沖縄の党」と呼ぶようになった（森・鳥山編『「島ぐるみ闘争」はどう準備されたか』一四一・二七三頁など）。

ここでの「党」には、二重の意味がこめられているように思う。ひとつはふつうの近代政治における政党・党派の意味で、「沖縄の党」は人民党の背後にある日本共産党の沖縄県委員会の略称ということだ。しかしこれだけの意味なら「沖縄非合法共産党」、「地下党」、「県委員会」といった言い方がすでにあるのに、新たにあいまいな呼び方を、しかも共産主義というイデオロギーの標章である「共産」の二文字を略してまでしてつくる理由がわからない。推察するに、「党」の本来の語義は「利害や目的などの共通性によって結びついた集団。仲間」であり、国場さんは綱領・規約でむすばれる政党の論理をこえた地下ネットワークのなかにあるものとして非合法共産党をとらえ、それを「沖縄の党」と呼んだのだろう。たしかに、国場さんが指揮した党はそういうものだった。この意味では、〈沖縄の自治や平和という共通の目標によってつながる、沖縄の仲間たち〉のつどいが、「沖縄の党」だということだ。

「沖縄の党」においては、多様な考えをもった個々人がそれぞれの単独性を保ったままつどった。それは本書のインタビューで川満・新川の両氏も鮮明に語っている。米軍統治期には決して口外をゆるされなかった秘密裏の運動のなかで、ひそかにむすばれていた自由の精神。もし「島ぐるみ闘争」に結実するこの「党」の精神や組織論をお二人が受け継いでいるなら、国際共産主義、アナーキズム、土着的共同体思想、あるいは独立論といった思想のへだてがあったとしても、沖縄の自治や平和という共通の目標によってつながり鼓舞しあうことに、なんのさしつかえもないだろう。

たとえていえば「それは、富士の山頂をめざす経路はいくつもあるけれど、おなじ頂をめざす志は共有しあっているということでしょうか」——そう示唆してくれたのは、本書第Ⅱ部に講演を収録した鹿野政直さんだった。そのめざす頂というのは、おなじく第Ⅱ部に登場いただく冨山一郎さんがかつて述べたように、帝国主義から解放される沖縄の〈あま世〉と呼ぶのがふさわしい（森・鳥山編『「島ぐるみ闘争」はどう準備されたか』二四六・二六九頁）。

〈あま世〉とは、古代から沖縄の人びとが『おもろさうし』などで歌いもとめてきた、ゆたかな善き時代・世の中のことであるが、近代沖縄を象徴する思想家・伊波普猷が、絶筆となった『沖縄歴史物語』（一九四七年＝『伊波普猷全集』第二巻、平凡社、一九七四年所収）の末尾で、沖縄のめざす未来像をあらわすことばとして復活させ、よく知られるようになった。「地球上で帝国主義が終りを告げる時、沖縄人は〈にが世〉から解放されて〈あま世〉を楽しみ十分にその個性を生かして、世界の文化に貢献することが出来る」――伊波はそう記している。ここでの〈あま世〉は、沖縄からのみ歩を進めていたりつくものとは考えられていないようで、帝国主義や植民地主義の支配／被支配関係から解き放たれようとする道が帝国のがわからも掘りすすめられ、たがいが出会う場所において、あらわれるものなのだろう。その出会いにおいて帝国主義の〈にが世〉は一歩ずつ「終りを告げる」。

ところで、本書の第Ⅱ部は、鹿野・冨山の両氏が、国場さんの歴史研究と政治経済分析をあらためて問いなおした論稿を収めている。民族や階級における団結、あるいは歴史の共有によってつながれる「複数の努力の調和あるいは合力」(本書冨山論文一一八頁)は、いかなるものか――国場さんが「島ぐるみ闘争」以後ふみわけてきた〈あま世〉への道をたどりなおしながら、鹿野さんと冨山さんは、帝国のがわから〈あま世〉にいたる道を、本書を手にするわたしたちのためにふみわけてくれている。

4 時代と空間を架橋する〈内発的な普遍性〉

ここからは視点をすこし変えてみたい。国場・川満・新川の三氏が響きあうものを共有していたことは、もはや不思議ではなくなったからである。若干の年齢差があっても(順に一九二七年、三二年、三一年生)、かれらはおなじ時代の空気を吸い、「島ぐるみ闘争」の準備過程で行動をともにした同志といううきずなをもっていた。しかしながらこの同時代人のあいだでは、政治思想上の相違をこえるたがいの影響や交錯について率直に内面を語りあうような機会は、本書のインタビューがおこなわれるまで、やってこなかった(本書二九・七五頁参照)。だとすれば問うべきはむしろ、見えないむすびあいはどうして見えるようになったのか――そちらの方なのだろう。

ある時代のなかで主体的に歴史と格闘する当事者たちは、隣りあう者たちで意識しあいながらも、それぞれ我が道をさぐってあゆみを進めている。そのため第三者からの問いかけや引き合わせによって、はじめてじぶんたちが包みこまれていた歴史や、たがいの関係を客観的に知るということがあるのだと思う。だが世代や住む場所、故郷を異にする第三者からの問いかけは、しばしば見当はずれなものでありうる。また、興味本位やなにかの目的（政治や学問、商業など）のためになされる取材や介入は、語られた内容の誤解や悪用などにつながり、当事者を手段におとしめ、ふかく傷つけることがある。

この本に収めたインタビューや講演、座談会の依頼は、みなわたしがおこなったのだが、どうして躊躇なく歴史の当事者たちに次々に問うことができ、また予想しえないほど多く、それへの応答があたえられることになったのか。かえりみるに、そこには三つの理由がかさなりあっている。

ひとつには、問う者自身に問わねばいられない何らかの切迫したものがあって、それが語り手のがわにも、出自や世代の相違にもかかわらず共有されたこと。戦後沖縄の歴史と思想をたずねてまわる、わたしの個人的な脈絡については別の場所で述べることとして（西宮公同教会・幼稚園ホームページ内「関西神学塾」欄掲載の森宣雄「貧者のイエスと沖縄の思想」参照）、いま必要な範囲でふれるとすれば、さきに述べた帝国主義や植民地主義をなくす道を帝国の社会のなかに掘りすすめなければ生きてゆけないような、〈同胞さがし〉の切迫性があったということだろう。それは時代や空間をこえる、人間の普遍性における出会いの求めであった。

ふたつめは、語り手のがわに、自己のあゆみや思いを後世や他者に伝えておかねばならない切迫性があって、しかもそれが個人性をこえた何らかの普遍性をもっていて、聞き手をとらえ、かれをして伝達者、あるいは歴史をつなぎあわせる代書人たらしめたこと。本書の場合でいえば、一連のインタビューや講演のきっかけとなった国場さんの語りに、それがあった。

わたしが国場さんにはじめて会い、「島ぐるみ闘争」とその後についてくわしくお聞きしたのは、一九九九年のことだった。大阪と沖縄のビジネスホテルで、証言はながく、重くつづいた（加藤哲郎など編『戦後初期沖縄解放運動資料集』第Ⅲ巻、不二出版、二〇〇五年、および森宣雄「沖縄戦後史の分岐点が残したある事件」『サピエンチア』第四四号、二〇一〇年に収録)。かれは「島ぐるみ闘争」を準備した個々人の足跡や、運動が成就したあとに同志たちを引き裂いた確執を語り、未完のまま継続中のものとして、これらの歴史をひきつがせた。

そして三つめは、なかば当事者でありなかばは第三者である後続(現役)世代の沖縄の人びとが、異郷からの聞き手を励まし、同郷の異世代間における歴史の継承を進めるための媒介者たらしめたこと。国場さんらの世代の活動を幼少期に見て、あるいは新川・川満さんらの言論活動に青年期に接した世代がそうで、本書第I部の最後にインタビューを収めた松島朝義(一九四七年生、陶芸家)さんがその代表格である。また、一九七〇年ごろ松島さんと行動をともにしていた、当時高校生の山城博治・照屋勝則(一九五二・五五年生)さんらも、本書には収めていないいくつかの座談会を用意し同席してくださるなど、背後から本書を支えてくれている(山城さんへのインタビューの一部は、山城博治[聞き手:森宣雄]「アジアの平和の世紀を沖縄からひらきたい」『ひとびとの精神史』第九巻、岩波書店、二〇一六年に収録)。

国場さんのインタビューから三年後に出会った松島さんは、六〇年代後半以降のみずからの足跡を語るとともに、それが先行世代とどうつながっていたのか、なにが現在までひきつがれているのか、戦後沖縄の政治と思想の地下水脈を全世代にわたって掘りおこすよう、聞き手としてやってきたわたしをゆるやかにうながした。そしてみずからのことのように、一〇年以上にわたりあらゆる協力を惜しまなかった。まるでわたしは松島さんの分身のようでもあり、本書でわたしがかかわったすべての部分は、松島さんのアドバイスや意見を得ながら、推敲をかさねている。

どうしてなのか——松島さんから何度も聞かされてきたことがある。日本でいう全共闘世代、沖縄でいえば復帰運動の終盤と青年期がかさなった世代は、歴史におけるじぶんの位置や前後の脈絡などが分からないまま、ベトナム戦争と日本復帰にともなう社会変動の荒波に巻きこまれ、またみずからとびこんでいった。大衆消費社会への過渡期で自由度が増してゆく社会のなかで、小さな個人性のカラをつくりながら、民族や国家、世界史などの巨大な問題に一身でむきあわねばならなかった。内ゲバや自死、アルコールや医療処方薬物への依存、家庭をこわすなどの悲劇がまわりにあふれ、いまもその影響に対応しながら生きている。思想の問題に距離を置けるなにかを見つけて生き方を立て直すことができた者は生きのびることができたが、そうだとしても、現在にいたる歴史経験を同世代のあいだで語りあい、総括することはできないのだという。ことばをうしなっている。詩でしか表現できない。上下の世代と分かちあうことも、到底できない（本書一〇九・一九五頁）。

「われわれは歴史によつておしつぶされてゐる」――これはさきにも触れた伊波普猷の遺著『沖縄歴史物語』で、その巻頭にかかげられたことばだ。本書のなりたちをもっとも根底部分で支えている国場さんと松島さんの語りには、この伊波のことばが遠くからこだましてくる。松島さんはおそらく、復帰運動世代の歴史の当事者のあいだに、〈内発的な普遍性〉の精神をたぐり入れようとしている。自分たちをおしつぶす歴史そのもののなかから。異郷から訪ねてきたわたしを媒介者にして。

話の流れで本書の舞台裏に立ち入ることになったが、以上をまとめれば、この本は現在にいたる戦後沖縄社会運動史・思想史の異世代の当事者たちと、異郷からの聞き手・研究者たちによって織りあげられた共同制作物だということだ。わたしたちの出会う協働の場は、〈あま世〉へむかおうとする複数の途のあいだの中空に生まれた。日沖の境と異世代のあいだをむすぶ歴史それ自体が、わたしたちの協働関係を生み、そのむすびあいのなかではじめて沖縄戦後史の地下水脈と〈内発的な普遍性〉の精神は浮かびあがり、歴史の記録として書きあらわされることになった。

5　歴史におしつぶされている「われわれ」

以上でこの本のなりたちと特徴のおおかたは説明することができたと思う。残るは編者・研究者として本書に参与した者たちが直面する、（旧）帝国のがわにかかる問題である。

本書を編む企図は、国場さんと「島ぐるみ闘争」についてまとめた森・鳥山編『「島ぐるみ闘争」はどう準備されたか』（前出）の出版記念シンポジウム（二〇一三年一二月、那覇市のタイムスホールで開催）が終わった時点からはじまった。本書の第Ⅱ部のもととなった鹿野・冨山両氏の講演はそこで発表された。さらに翌一四年夏、第Ⅲ部のもとになった座談会が首里の松島さんの陶房でおこなわれた。そしてその前後におこなったインタビューを第Ⅰ部に収める方針を立て、本書のプランはととのった。

第Ⅰ部のインタビューをまとめ、第Ⅱ部の講演とその原稿化を依頼し、第Ⅲ部の座談会を実施するまでは、松島さんら沖縄のみなさんと相談しながら、主にわたしが進めた。だが座談会のあと、その記録を整理して三部構成で本書を編んでいく段階からは、冨山一郎・戸邉秀明の両氏に編集と牽引の役目を担っていただいた。これは、わたしからぜひにと両氏に依頼し、また、いっこうに作業が進まないのを見るに見かねて、ひきうけていただいた結果である。

どうしてそういうことになったのか。まだ十分にことばにできないのだが、インタビューや座談会の記録に種々の手を加え、日本の一般読者のもとに届けうる図書へと編集していく作業は、わたしにとって、いいがたい難しさがあった。沖縄史についての自分の研究や考えを個人として出す作業はこれまでに何度も経験してきたが、なにか理屈ではない身体感覚がブレーキをかけて、身動きをとれなかった。

ここでぶつかっている問題の中心部に大きくクローズアップをあて、図式的なことばにそれを置きかえてみれば、たぶんこういうことだろう。沖縄人の歴史体験のなま身の語りと、そこにひそかに生みだされてきた思想と精神を、日本人が聞きとり編集し、東京で商業的に出版するということ――そこには、植民地と帝国のあいだの不均等な社会的かつ知的な権力関係に由来する歴史の重圧が、たしかに一定の作用を及ぼしているからだ。すくなくとも沖縄との関係においては（旧）帝国というべき地域社会に生まれ育ち、そこにくらす研究者たちが、沖縄の歴史の当事者たちの語る生きざまと思想をまとめ、一書として公刊することに、おさえがたい抵抗を感じた。

「われわれは歴史によつておしつぶされてゐる」――さきにも紹介した伊波普猷『沖縄歴史物語』のエピグラフである。ここで伊波が想定する「われわれ」は、「沖縄歴史物語」を共有する沖縄人同胞を指しているはずだ。だが沖縄人をおしつぶすこの「歴史」は、沖縄と日本のあいだにかけ渡されていて、日本人の頭上にもそれはおおいかぶさっている。同書の副題には「日本の縮図」との五文字が、そえられている。

沖縄の苦難の歴史物語は、なんらかの意味で日本の歴史物語でもあるのだ。沖縄人が体験し目にするものとは違ったかたちをとりながらも、沖縄人をおしつぶしている歴史が、日本の人間たちのなにかを、たしかにおしつぶしている（ただし両者がとりむすばれるのは、客観的な歴史においてではなく、人間の喜怒哀楽によっていろどられる物語と歴史認識において、なのだろう）。

わたしは日本に生まれ育ったひとりの人間として、この苦難の歴史を放置し容認することには耐えられない。それをつくり変えるとりくみに研究や対話をとおして打って出ざるをえないが、ひとりで変えることは残念ながらまったくできない。変えるべきものは〈日本人〉と〈日本〉という集合的な共同性に属しているからだ。

わたしたち――あえてここではそういおう――日本人は、とりわけ都市生活者は、個人の生き方や人生をおしつぶすような歴史の重圧を感じることが比較的にすくなく、自由な個人として生きていると思いなすことが多いのだろう。だがこの〈歴史の無重力感〉は、あなどることのできない反作用をもっている。

ひとつは内的な側面にかかわる。消費と金融を中心とする資本主義社会のもと、一見自由な市民生活が享受されているその背後で、短期的な解決が困難な歴史的難問の負荷が見えにくいかたちで増してゆき、ある日、その重圧があらわになったとき、それに抵抗する足場や足腰の力が、〈歴史の無重力感〉にひたってきた社会においてはもはや消失してしまっているのではないか。もうひとつは外側との関係にかかわる。隣人を苦しめている自己の歴史性に気づかず黙過してきた者たちは、困難におちいったとき、どうして隣人たちに助けをもとめ、重圧をはね返せるだけのつよい信頼関係を築きあげられるだろうか。たとえ友情による支援の手が差し出されたとしても、うちにみずから培ってきた孤立性と感覚のマヒがわざわいして、連携は実をむすぶことなくおし流されてゆくのではないか。

6　〈日本〉と〈日本人〉のひきとり――戦後沖縄・歴史認識アピール

ここから本書の編集体制のなりたちを、さらにふみこんで日本本土の歴史性に位置づけて説明してゆきたい。

日本本土のがわからこの本に参加した鹿野・冨山・戸邉の各氏とわたしは、二〇一二年に歴史研究サークル「民衆の思想の歴史を書きあらわす会」（略称「民書の会」）を設けた。同会は、歴史の語り手・聞き手・読み手の三者が、水平的な対話関係のもとで、民衆の歴史の書きあらわしに従事するあり方を検討するつどいとして趣意を定めた。日本本土にくらしながら沖縄と日本の近現代史を研究する者どうしとして四人は連絡をとりあい、研究会や沖縄での共同インタビューなどをおこなってきた。

〈日本〉と〈日本人〉という枷をひきうけなければ、〈沖縄〉と〈沖縄人〉というくくり／くくられ方を背負いながら自己の歴史体験と思想を語ってくれる相手にたいし、対等の人間的関係でのぞむことができない――そのように会の趣旨をお三方に提案したことを憶えている。このことにわたしがこだわるのは、大学院時代の数年間であれ沖縄にくらしたことがあり、また離沖後もインタビューや史料調査をつうじて沖縄の生活空間に立ち入らせていただきながら研究を進めてきたせいでもあるのだろう。もちろん、沖縄の人びとのひらかれた〈内発的な普遍性〉の精神が、それを可能にさせた。

別の角度からいえば、国場さんや松島さんをとおして、沖縄の内から発する普遍への問いかけにすでにとらえられていたわたしが、ともに巻きこまれるよう、お三方に助けをもとめたということなのだろう。わたしが単独で沖縄からの問いかけに答えようとするだけでなく、わたしもまた〈内発的な普遍性〉の精神で、日本本土内の同志・隣人・他者へ、問いかけをうけ渡していくべきではないか、と（こう書いているいま、はじめて整理できたのだが）。

もちろんわたしたち四人はそれぞれ違う考えと日常をもつのだが、必要な場合に〈日本〉と〈日本人〉という集合性をひきうけて沖縄と日本の歴史的な関係の変化にとりくもうとする共通の意思は、歴史研究者としての覚悟から、時代と社会のなかのわが身の処し方へと、そのむかう先をしだいにひろげていった。ひとつには、「民書の会」発足時に予想していたとおり翌二〇一三年から緊張の度を増した、米軍新基地建設計画をめぐる日沖関係、もうひとつは名護市辺野古や東村高江の基地建設反対運動にたいする支援の予想をこえたひろがり――これらがわたしたちをあと押ししていた。

そして思いがけなくも、自分たちの意思と姿勢を社会にむけて表出するときがやってきた。二〇一五年一一月、四人の連名で「戦後沖縄・歴史認識アピール」を発表したのである（本書巻末参考資料）。

このアピールは、米軍普天間基地の辺野古移設問題をめぐって、米軍政下の軍用地強制接収の歴史を正そうとして新基地建設に反対する沖縄県にたいして、日本政府の官房長官が公式の場で述べた発言に抗議したものである。いわく、日本本土も同様に苦労したのであるし、「私は戦後生まれなので沖縄の歴史はなかなか分からない」。米軍の沖縄占領を容認しむしろ協力してきた政府の責任を無化し、軍事基地の強要を将来にわたり永続化させようとする趣旨の発言だった。これにたいし、わたしたちは「本土の沖縄戦後史研究者」として、事実をまげて責任を糊塗しようとする発言の撤回をもとめ、また国内外の市民の方がたや各方面の研究者・ジャーナリスト・作家のみなさんにむけて、沖縄と日本の戦後史について公正な歴史認識をともにつくろうと、連携を呼びかけた。

するとこんどは予想に反して、このアピールは大小多くのメディアに報じられ、インターネット上の署名サイト（https://goo.gl/HUO5iM）と郵便、ＦＡＸ（＝〇四七〇―六〇―三〇三七）あわせて三〇〇〇名をこえる賛同署名が国内外から寄せられた。印刷・発送・集計や講演など、一貫して鹿野政直さんがもっとも尽力してくれている。また賛同者の方がたのご支援により、アピールおよび寄せられた賛同メッセージを、内閣官房をつうじて官房長官に渡すこともできた。

署名にそえられた賛同メッセージには、沖縄のひとの苦難に思いをはせ、政府の横暴な姿勢に歯止めをかけようとすることばが、それぞれの生活感覚、人生や生き方に照らしてじつに多様につづられていた。それは読む者のこころを打ち、わたしにとっては、これまでに感じた覚えのない勇気をあたえ、目をひらかせてくれた。

日本の国家権力が国益の名のもとに沖縄でつづけている抑圧や民主主義の否定をとめるには、日本にくらす個々の人間が〈日本〉と〈日本人〉という集合性をひきとり、その権力行使をとめに入る、つまり〈日本〉に分け入ってゆく局面を避けることができない。それはひとりではできない。学問の自由とその専門性を軸にした、研究者のあいだの協力だけでもできない。個人性や知的特権性に立てこもる姿勢は、研究者には旧来なじみぶかいものだったが、奔流のような情報化社会の発展のなか、すでに政治を暴力的煽情的に動かす思潮へと巨大化をとげている。社会でしか、その社会の人間どうしが信頼と責任の声をつなげていくことでしか、歴史の重圧は動かすことはできない。

いま記した〈日本〉と〈日本人〉という集合性のひきうけは、時間と空間をこえて「われわれ」をおしつぶす歴史の重圧をとりのぞき、そこから個としての自由をとり返すためである。そして、ここでとりもどされる自由は、「われわれ」が隣りあっているもうひとつの時代、〈未来〉においてこそ意義や真価が問われるものにちがいない。アピールにたいする賛同署名とメッセージは、これらのことを分からせてくれた。

むすび――代表なき民衆の現代史

「ただ権力を批判し、投げ返し、揺り動かすため」に「ひとりひとりによって、ひとりひとりのために認められ……ひとりひとりのために引き受けられ、行使される権力」をあらしめること――現代フランスの思想家、ジュリア・クリステヴァは、西洋と東洋のあいだの帝国主義的な関係の克服と、洋の東西をとわない女性差別からの人間の解放という二つの課題をかさねあわせながら、このように述べたことがある。それは、だれかが権力を独占して社会（それは二人からはじまる）をわがものとすることを防ぎ、また、だれもが権力から排除されることがない関係性にむけて、「権力が、活動しながら、なんぴとによっても代表されない、そういう社会を創り出す」課題と展望へとつうじている（丸山静など訳『中国の女たち』せりか書房、一九八一年、三四〇頁)。

これとおなじ意味のことを、本書の編者たちは沖縄での共同インタビューで聞いた。「個を代理するようなこと、人の命まで代理したり代表することはできるものじゃないですから」。「金武湾を守る会」世話人の崎原盛秀さんのことばである。

同会は会長や代表はおかず、集会や会議に参加した住民・市民みんなが代表となり、個人の意思にもとづいて公害に反対する巨大な住民運動をおこした（森『沖縄戦後民衆史』二二五頁）。同様の論理と方法で戦争や公害、基地建設などに反対する運動方式は、第Ⅰ部の松島インタビューで言及されている沖縄中部地区反戦青年委員会でも見られ、現在も辺野古や高江の基地建設反対運動の現場で継承されている。

各人が権力をひきうけ、自分のいのちの代表者となり、個と個のあいだの信頼で社会をむすぶ——この〈代表なき民主主義〉は、「島ぐるみ闘争」の準備過程にもすでに芽ぶいていた。どうしてこの運動方式が生まれ、継承されてきたのか。自分や家族のいのちを国にあずけてふみにじられた沖縄戦の経験への反省がみんなのなかにあるからだと、幾人かのひとは語ってくれた。

本書は第一に「島ぐるみ闘争」の準備過程にはじまって現在の沖縄独立論や東アジア連帯論などにいたる戦後沖縄社会運動史・思想史の地下水脈の交錯を掘りおこすものである。もちろん歴史の水路はほかにも無数に走っていて、さまざまな交錯の図が見えないところでえがかれてきただろう。〈代表なき民主主義〉の系譜もそのひとつであり、さらにいえば「戦後沖縄・歴史認識アピール」も、それらの精神にまなび、触発された延長線上の産物である。それは戦後沖縄の民衆思想の水路を沖縄の外につなげ、呼応しあう関係のはじまりを試みたものだったと思う。本書の第二の目的は、このような民衆思想史の掘りおこしと越境的継承・交差を可能にさせるような歴史探究のあり方、そこでの関係性のむすばれ方・ひろがり方を具体的に提示することにある。

沖縄と日本のあいだにかけ渡されている暗い歴史の重圧から〈あま世〉へむかういくつもの道すじが生みだされてく

る反転の物語が、これからもっと自由に、もっと多くの人びとによって語りだされていく一里塚に、本書がなりえれば幸いである。

第 I 部 沖縄の党

第４回メーデーに参加
「われわれの土地を返せ 新規接収絶対反対」「仲間頑張れ」などのムシロ旗、プラカードが、伊江島で土地闘争をおこなう農民・阿波根昌鴻がかまえたカメラによって写し取られている。
（阿波根昌鴻『写真記録 人間の住んでいる島』、1982年、138頁より）

ポスト「島ぐるみ闘争」の思想戦

川満信一（聞き手・森宣雄）

1　「島ぐるみ闘争」から「琉球共和社会憲法」へ

――今日は、戦後沖縄現代史の最大の民衆運動であり、現在の「オール沖縄」平和・自治要求運動の起源でもある一九五六年の「島ぐるみ闘争」はどう生み出されたのか、これについて、当時その渦中にいた川満さんにお話をうかがいたく思います。

今度の本（『「島ぐるみ闘争」はどう準備されたか』、以下同）では、米軍占領に対する抵抗のシンボル、瀬長亀次郎さん率いる沖縄人民党の背後で、地下の非合法共産党（形式的には「日本共産党沖縄県委員会」、ただし実態は沖縄独自の党）が弾圧を避けて秘密裏に組織されていたこと、そしてその指導者だった国場幸太郎さんたちがひそかに進めていた島ぐるみ闘争の準備活動に焦点をあてました。私が戦後の現在にいたる大きな流れを歴史物語として第Ⅰ部の前座に書いて、第Ⅱ部で国場さんの遺稿となる回想録「沖縄の人びとの歩み」をメインに収録、第Ⅲ部に関係者から追悼文を寄せていただきました。

それをまとめることで明確になったのは、国場さんが有力政治家の西銘順治さん（後の県知事）を土地闘争の現場に引き入れたり、沖縄政界も動かしていくことができた背景としては、農民や母親たちもふくめて人間的な信頼関係が社会に広がっていったこと、それが大きかった。また、そうした信頼関係のもとで抵抗がつなぎ合わされていく準備段階では、自己の利益を省みない国場さんたち革命家集団、そのなかには川満さんたち『琉大文学』メンバーも党外から連携していたわけですが、その人びとの献身的な地下工作が決定的な意味を持ちました。

これらの動きの背景として、今日お会いしてきた新崎盛暉さんからは、まだ戦争が終わって一〇年しか経っていなかったという時代性をご指摘いただきました。まだ前の戦争が終わって何も立ち直っていないところに、また戦争中のような土地取り上げが始まる。もう戦争の悲劇はいやだ、断ち切りたいという思いを社会全体で共有していたことが大きかっただろうということです。

そのとおりだと思います。さらにどうでしょう、川満さんの視点から、まずは大枠からでも。

川満　大衆運動には、必ず思想的な核がある。国場さんの場合、東大の経済学部にいたときから国際共産主義の考えを持っていた。そこに実際に日本共産党からの指令があり、沖縄に帰ってきて関わってくるわけ。要するに日本共産党の沖縄政策として、「これからは武装闘争ではなく民衆を抱きこんでいく運動方針に切り替えろ」という大衆路線で派遣された。それが国場さんの考えていたこととうまくドッキングしたかたちで、国場さんの持っている思想やキャラクターが沖縄の情況に対してうまく実現されていった。

国場さんとしては、いわゆる共産主義革命というものを考えながら、ろくすっぽ思想的にも固まっていないぼくら学生や、一般大衆のところに来て、イロハから説得して回るわけだ。当時の土地闘争、反基地闘争は、自分の土地を取られたくない、田畑を壊されたくないという大衆の私的欲望を基礎にしたもので、革命という理念的なものではなかった。やっと戦争が終わって、荒れ野になっていたところを耕して稲がつくれるようになったのを、またむざむざと壊されたくない、ということ。

そこに、戦前の皇民化教育によって鍛えられた、沖縄の政治的指導者たちによる日本民族への同化主義的発想が、大衆の立ち上がりに政治的方向づけをしていった。

――土地を奪われる農民の抵抗を支えてつなげて、全社会的な抵抗を導いていった国際共産主義の地下活動と、民衆の私的欲望や生存への意思が合体し、数十万人が結集した島ぐるみの住民大会があらわれ、それに皇民化教育の歴史に支えられた日本復帰思想が被さり、この三つの要素のからみ合いのなかで、「国土防衛」として沖縄の復帰を日本国民に訴えていく流れが生まれていったということですね。

川満　そう。だけど島ぐるみ闘争は、たしかに対米軍関係については権力に譲歩させるような方向にいったんだけれど、日米同盟という別な視点から見ると、この米軍部の一歩後退を契機に、六〇年代に入ると沖縄の日本返還を進めることで基地を維持し、米軍再編の費用も経済成長下の日本に負担させ、軍事費を調達するというかたちに、結果としてみれば政治的にはきれいに持っていかれているわけ。

――そのとおりだと思うのですが、それを乗りこえるにも、さきほどおっしゃられたこと、大衆運動には思想の核が必要ということですね。

川満　そう。大衆動員のためのイデオロギーだけではダメだということ。

――五六年のときにはその思想の核があって立ち上がった。そしてその限界を乗りこえるにはまた何か思想の核が必要だと。

川満　そう、それが必要だったんだ。

――それは国場さんと同じ意見ですね。五六年の島ぐるみ闘争の後、人民党の書記長で地下共産党の委員長でもあった瀬長亀次郎さんが那覇市長に当選し、それから瀬長さんは日本共産党と連携しながら他の革新政党の追い落としを図って、五八年には人民党・社大党（社会大衆党）・社会党の沖縄革新三政党のあいだで同士討ちを始め、結果的に親米保守政党の復活と、日米協調の沖縄統治を導いていきます。そのなかで、五四年から五六年まで瀬長さんが投獄されていた時代に沖縄革新の統一戦線を主導していた国場さんは、五九年に人民党から追放されていきます。

国場さんとしては、五八年前後に通貨のドル切り替えなど日米協調の沖縄統治への大転換があったのに、日本共産党に従属的に系列化して保護を求める瀬長さんの方針に押し切られてしまって、日本に復帰しさえすればよいという民族主義路線に流され、日米同盟のなかに取り込まれてしまった。そのことが一生悔やんでも悔やみきれないところだとおっしゃった。

川満　そういうこと。なぜあえてぼくが「復帰してよかった」という声が高まっている八〇年代に、琉球共和社会憲法草案とか沖縄自立の思想とかいったものをやったかというと、復帰ではまってしまったところを乗りこえて、沖縄の内部で同化主義や系列化を突破して思想の核をつくらないかぎり、どうしようもないよーという、そういう意味でやっていくわけだ。

ぼくの見るところでは教公二法闘争があった六七年くらいから、本土の自治労などから情報は入っていたと思う。公務員など公的な仕事につく人たちは、日本に復帰すれば給料も福利厚生も飛躍的に上がると。

――はい、だから六九年以降はゼネストとか返還協定粉砕とかやらないで、おとなしく日本の高度経済成長の体制に収まりなさいと。日本ではその革新労働運動と対立していた新左翼なんかも、六七年から沖縄に乗りこんできて、系譜的には非合法共産党の流れを一部くむ琉大マル研（琉球大学マルクス主義研究会）の人たちも、沖縄マル同（沖縄マルクス主義者同盟）となって日本に系列化されていきますね。政党も政府も、企業も労組も、新左翼まで系列化していく。そういう流れに抗して自立ということを打ち出された。

川満　そういうこと。六九年段階で谷川健一さんの編集で『沖縄の思想』（「叢書わが沖縄」第六巻、木耳社、一九七〇年）が企画されたときにも、「沖縄における天皇制思想」という問題を考えたんだが、要するに、対日本、対アメリカはどれも外側との関係の問題で、そこでの被差別ということばかり考えていたら、沖縄の思想は足腰立たない。沖縄戦にいたる天皇制、皇民化教育の思想は、沖縄の内部のどのへんまで食いこんできたのか、そこを自己批判しないとどうしようもないんだと。

――そうだったんですか……。そこでちょっとわからないところは、さきほどの、大衆は個人的利益を追求するということがあって、「復帰すれば給料が上がるんだ、仕事が増えるんだ」という利益誘導に対して、どう対策を打つかです。自立というのは思想の問題じゃないですか。実利を求める大衆に対して、どう思想は歯止めなりクサビを打てるんでしょう？

川満　そう、そこなんだ。沖縄において活字を読んで情況について理解をもつような人たち、まずそういう人たちから、歴史的にどういう関係性があって現在にいたっているか、またどういう思想の残存があって、どういう情況でそれが現れてくるのか、そういうことをまずやらないと、沖縄における大衆運動の思想的核も定まらない。

――あー、じゃあまずは思想戦から始めると。

川満　そういうことですよ。

――そういう脈絡で五〇年代からつながっていたんですか！

川満　だって国場さんが五〇年代にずっとやってきたのは、ソ連とか中国とかの動きをにらみながら国際共産主義の思想をもってくるかたちで、それにより視野は世界的に広がった。それも思想戦としての方法だった。次は沖縄の思想の内部の問題なんだ。

――なるほど。すごく腑に落ちますよ。国際連帯で外とつながる思想戦の後にということは。今度の私たちの本は、まだお読みになられてないですか。

川満　いや読みましたよ。ふつうなら、あんまりこういう話はお付き合いしないけれど、ああいうお仕事をされているからお付き合いするんです。

――ありがとうございます。いまのお話を聞いていて、国場さんの歴史的な位置や役割についても、すごく見えてくるものがありました。奄美の林義巳さんが「まず思想闘争だ」ということで、一九五二年に沖縄に地下共産党をつくる課題にとりくむじゃないですか。その労働運動や地下抵抗運動の核となる組織をつくる段階の思想闘争は林さんがクリアーして、瀬長さんを巻き込んで共産党をつくり、活動の基盤ができあがった。そこに国場さんは沖縄に帰ってきますよね。五三年秋。するとすぐに具志の強制土地接収が始まって、一年もたたないうちに瀬長さんは牢屋に入れられてしまう。あれよあれよという間に、思想闘争なんてやる暇もなく現実の情況が動き出してしまう。そこでは四の五の言ってないで、ともかくオルグを始めなければならなくなっていたのですね。もしこの情況がなく、国場さんが最初から全面的に思想闘争を中心課題にすえて始めていたら、どうなっていたでしょうね。

川満　もし国場さんが最初から思想闘争をまともにやっていたとしたら、もっとはやく沖縄から追放されていたかもしれない（笑）。

――ほんと。そう思います。国場さんは瀬長さんを父のように慕って尊敬していますが、中央と地方の上下関係や党内ヒエラルキーがはっきりした戦前のボルシェヴィキの瀬長さんと、戦後第二世代の、五二年に入党したばかりの自由な国場さんのあいだには、組織論をはじめとして、じつは思想的には相当な距離があります。

いやしかし、川満さんの文章はずっと前から読んできましたけど、わからなかったですよ。川満さんの復帰前からの復帰批判、そして八〇年代の自立論は、新川明さんのクリアーな、活字上で全面展開している闊達な議論とちがって、何かわかりにくい、言いよどんでいるものがある気がしていました。島尾敏雄さんも、『川満信一詩集』（オリジナル企画、一九七七年）に寄せた「略注」で、川満さんの「海面下に底知れず沈んでいる部分」の不気味な沈黙、豊饒な暗さは何なのかと推し量って書いていますが、そのようなもののひとつとして、地下活動の経験から受け継いだ戦略、国場さんや沖縄革新の敗北を乗りこえようとする文脈が、思想評論活動の深層にあったとなると、よくわかります。

そうしたつながりは国場さんもわからなかったんでしょうね。国場さんが九九年に国際シンポジウム「東アジアの冷戦と国家テロリズム」で沖縄に来たとき、ばったり国場さんと出くわして、川満さんの沖縄自立論は民衆運動の積み重ねを嘲笑するポストモダン的傾向だと面と向かって批判を受けたんだそうですね。

川満　そう、この店で。ちょうどこの席に国場さんが座っていて、ぼくが店に入ってきて。酒が入っていて言われたから、「ぼくは国場さんに教わったことをやってきたつもりなのに、あなたのような人がそんないい加減な批判をしてはダメだ」と。

――国場さんは一本気だし、それに川満さんとは同志の間柄だったから余計大きな期待も寄せていて、仏教の慈悲とか持ち出して近代的価値観からの自立を説く川満さんの議論が民衆運動を茶化しているように見えて落胆してたんでしょうね。国場さんからも聞いています。

川満　六四年ごろ鹿児島支局に飛ばされているときに、宮崎まで国場さんを訪ねて会いにいったこともあるのに。

――川満さんの自己認識に「国場さんの兵隊」として五〇年代に闘ったというだけでなく、その後も国場さんが残していった課題を引き継いでいるという考えがあったとは、昨日今日と、今回お話をうかがうまでわからなかったです。

今度の本で新川さんは、戦後沖縄政治史の最大の分岐点となった一九五八年の革新の敗北が生んだ翌年の国場さんの人民党追放事件は、「政治史においてのみではなく、その後の思想史を語るうえでも欠かせない問題である」と書いていますが、本当にそうだったんですね。新川さんの「反復帰」論だけでなく、川満さんの琉球共和社会憲法や沖縄自立論も、国場さんの追放事件を背景にしていた。そして岡本恵徳さんの思想の原点にも伊佐浜の闘争でいち早く逃走した敗北経験があったと、生前に岡本さんからお聞きしました。つまり、巷間この三人をたばねていわれる「反復帰」論は、ポスト「島ぐるみ闘争」の思想闘争でもあったんですね。

川満さんは八〇年くらいに雑誌『新沖縄文学』の編集長になられてから、その沖縄自立や共和社会憲法などを打ち出されますが、そのとき復帰の否定を話の枕に置くでしょ。復帰なんていうのは主体的選択ではない、ダメだったというようなニュアンスで。それは方向性としては後ろ向きというか、過去のことを問題にされるわけで、読む側としては、うっと止まってしまう。「主体的」とは何か、復帰もその主体的選択にむかうステップだったのではないかとか。そして何のためにそれを言われるのか？　川満さんの議論のゴールや目的、文脈が見えにくく、身近なところでさえ誤解を呼んでしまってきた。

川満　近代国家というのは何を基本にして組織されたかというのが問題だった。民族というのが基本で、共同体が持っている原ナショナリズムに国家がつくるナショナリズムを接木して国家主義のイデオロギーをつくりだしていった。そこをやらないと、同一民族とか国家を安易に求めてしまうということを問題に見すえていたのだけどね。

2　「沖縄自立論」と琉球独立論のズレ

川満　ところが、なんらかの思想の核が現実的な運動として根をおろすときには、不思議にナショナリスティックな、民族主義的なもののほうが、いちばん受け取りやすいし燃えやすいんだな。そのため、沖縄の自立というのは、沖縄の内部にある思想的な矛盾をどのくらい内部処理できるか、ここが闘いの大事なところなんだよという意味でやるんだけれど、なかなか伝わらずもどかしい。

先日も松島泰勝くんなんかの琉球民族独立総合研究学会（以下、独立学会）の集会があった。研究ということは大事だと思うんだが、琉球ナショナリズムにスイッチを入れて、琉球は独立すべきだといきなり方向づけようとしていく。しかし琉球が独立国家をつくるなんて意味がないんだよ。大陸と大陸のあいだに国民国家の体制をいまさらつくっても琉球内部の資本主義的習性が克服されなければ、後進国家の独裁政権体制が予見されるだけではないか。日本との関係を断ち切って独立する、それに注ぐエネルギーたるや相当なもので、大変な消耗になる。

――戦術的な意味で、消耗戦をくぐることになってしまうと。

川満　そう。軍事的だけでなくいろんな意味で。そしてあっというまにぶっこわされる。

――うーん、それに、敵方がどう出るかよりも、沖縄の内部でせっかくここまで反基地・平和・自治で積み上げてきたところに、内輪もめが起こってバラバラになってしまわないかが、琉球・沖縄自身にとっての難題です。独立学会では国連でも認められる歴史的な先住民族権の獲得を意識してのことなんでしょうけれど、だれが「琉球人」なのか、一定の定義づけを行なうところにも踏み込んでいますが、その国際的アピールに踏み出す手前の、足もとの現実政治の問題として宮古や八重山の人たちは日本ぬきに沖縄と一体になれるか。まして奄美の人たちは……。

川満 そうなんだ。それに沖縄に入ってきているヤマト・サイドからの人も、いい意味でもいっぱい力を持っているし、たくさんいるし。

――ヤマトにもウチナーンチュがたくさん暮らしています。

川満 そう、だから琉球独立なんかを現実的な課題に設定したらダメだよって。あくまで日本政府との対外関係で、「一方的に勝手なことをやるなよ」と交渉するためのカードとしてなら、とことん使えばいい。「ぼくらは中国に復帰するよ」という、そのくらいのカードでもとことん使えばいい。ただし独立も中国への復帰も目的にしてはダメ。琉球みたいな小さいところは、資本主義が世界の多数民族を基礎として続いているあいだは、あくまで独立というのは戦略として考える。そして独立という課題を出すことによって、より本質的な自立や自決というものを考える、その手段とする。自立こそが本当の課題なんだ。

――独立学会が出来た背景には、たしかに沖縄社会のなかに大衆レベルで、もう振り回されたくないという気持ちがありますよね。

川満 そう、いいかげんにせえと。

――辺野古の問題を二〇年近く見てきて、いまオスプレイがみんなの頭上を恐怖で支配する。この積み重ねが、いまの「いいかげんにしろ、ガッティンならん」という全沖縄的な声を支えていると思うんですが、これを独立学会の人たちは、琉球ナショナリズムに方向づけていくべきだと考えているんでしょうね。しかしその路線では、これから消耗戦に進んでしまうということですね。いま仲井真県知事や翁長那覇市長まで新基地建設反対に相乗りしてきて、それは世論に対する主導権を争奪しているということなのかもしれないですが、少なくともいまは、保革相乗りできていることが沖縄のみんなの力になりえている。これをどう考えますか。

川満　うん、そこはいちばん大事なところ。西銘順治を中心に考えてみればいいと思う。あれは青年のときは人民党よりもっとシャープな反体制派だった。

――『沖縄ヘラルド』とか『沖縄朝日新聞』の社長をしていたころですね。

川満　そう。ところが、次第、次第に、体制的に変質していく(笑)。

――そのアナロジーからいうと、いまの政治家も自分の政治資源へと引き出すだけ引き出したら、売っていく恐れがあると。

川満　そうだね。そして普天間、辺野古の問題は地元がどれだけ金を引き出せるかという問題に矮小化されていわれているけど、じつはいちばん金を引き出そうとしているのはアメリカだというのが大状況にある。アメリカは九六年に普天間は返してグアムに移転する方針を決めていて、その再編に日本政府の金を引き出させるために「普天間は世界一危険だよ」と沖縄をたきつけてきた。それで日本政府に「金で解決できるものは金で解決する」という方針を立てさせて、最初は普天間移転のための費用が三億とか言っていたのが、六三億になり、いまは一兆円になっている。こういうカードの使い方をしているのに対して、日本政府も沖縄も、おめおめとアメリカの策略に乗っている。こういう運動の仕方ではダメだというのが、ぼくの考え方なんだ。

――問題の大もとに手が届かずでは、何も解決できず、本質の手前で同士討ちし消耗するという意味ですね。

川満　もし日米沖のトライアングルを情況的に判断するんだったら、場合によっては「どうぞ普天間を好きなだけ使ってください」というパラドクスを出すぐらいの勇気がなきゃいけない。そうなるとアメリカはカードに使えなくなって困ってしまう。

――そうですね。事故なんか起こしたらアメリカが損な役回りになるから。

川満　いや、アメリカにとって大事なのは事故がどうのなんかじゃない。海兵隊員には事故機から脱出して命を守るだけの訓練はさせている。それだけはしているんだから、本国の青年が死ななければアメリカにとって、どうってことない。ひそかに進めているのは、沖縄を燃え上がらせること。かつての復帰運動の盛り上がりによって、施政権返還のなかでどれだけの軍事費をアメリカは日本政府から調達したかということを思い返さないといけない。

――沖縄が騒いで、その結果、日本政府は沖縄にあぶく銭をばらまき、アメリカには巨額の軍事費用を差し出す。アメリカが日沖をあやつって地歩を離さずにいると。うーん、川満さんはそういうところの戦略性や情況認識はすごくラディカルに根底的に突きつめて見ますよね。でもそこから先の対策のほうは、打って変わって現実的にはすごく困難ですよね。ヤマトの政府も巻きこんで、アメリカに尻尾をふって沖縄をいじめていればすむと思っている政府に心変わりさせて、沖縄と一緒に対米交渉に当たってカードを切れば日本もうまくいく、なんてところにいくためには、まずしっかり戦略を立てられるヤマト政府が必要になりますが、そんなもの、ないじゃないですか（笑）。

川満　ない。

――まず沖縄が覚悟を固めて、日本政府を巻き込み、そのうえでアメリカに向きあう、いったい何十年先になるかなあ……。

川満　うむ。東洋のキーストーンとして、沖縄の基地がとっても価値があるというなら、まあそうだということらしいんだが、それなら日本とかアメリカとだけ関係をとるのでなく国際オークションにかけて、中国でもロシアでもたくさん金を出すところに沖縄の基地を使わせましょうと、それくらいのことをもし仮にやるとすれば、日本政府もビビるでしょう？　アメリカも。冗談でもいいじゃないか（笑）。

――川満さんならではですね（笑）。分析はリアリズムでありながら、方法は……詩人だなあ。

川満　いや、戦後もう六〇何年間、もの心ついたときからアメリカとの矛盾の接点で、肌身をすり減らしてきてんだよ。そしてこれから先も、ぼくが生きているあいだは日米同盟関係における沖縄のポジション、これはどうしようもないなと、もちろん見えるわけ。

——ああ、そうであっても、戦後を生きてきた、いまを生きている人間として将来にわたる長期的な目標になるものは出しておこうと。

川満　それ。

3　大国から自立し開かれる

川満　琉球独立という場合には、農民が自分の持っていた畑を失いたくないというものと、琉球は日本とは違う独自の文化を持ってきたのだから、もうこんなにいじめられるのはゴメンだというもの、この二つは心情的にも思想的にも重なり合うんだけど、それは「守る」という閉じていく思想なんだ。しかしこれからは開くしかない。経済サイドからも情報サイドからも。国際資本、国境を越えた多国籍労働、インターネット。いまの末期的資本主義の金融資本が世界中にひろがってグローバル化してしまっている。そしてアメリカに替わるようにアジアで台頭してきている中国、その国家的解体にいたるまで視野に入れながら、この沖縄のポジションを考えなくちゃいけない。そうしなければ「尖閣を守れ」とかいう日中の動きに巻き込まれるか、「いやあれは沖縄のものだ」と国家間関係のマネをしたり、「閉じの思想」になっていく。こんな小さな島で閉じの思想をもったらどんなことになるか。

——そうですね。それに開かれてチャンプルしていく思想も沖縄の個性でもありますし。これから中国が近代一〇〇年の植民地化の反撃をどんどん進めていくとしたら、閉じていく沖縄は日中からどんな役割を負わされることになるか。

川満　そう。中国がアジアの主導権をとりもどしていくなかで琉球ナショナリズムがまかりまちがって独立をはたすとするならば、まちがいなく中国の尖兵、出先のようになるでしょうね。

——五〇年代にアメリカが沖縄を前線基地として自由に使ってアジアをコントロールしようとしたのと同じように、今度は中国が、日本やアメリカから琉球を救って独立を保護する代わりに、沖縄の守りを固めて足場にすると。

川満　そういうこと（笑）。

――では川満さんの思想闘争というものも、八〇年代にはまず沖縄自立とか共和社会憲法とかを出すことで日本との系列化から離れようとしてきたところから、アメリカや中国の動きをにらんだものに変化していくということですか？

川満　基本線に変わりはない。アメリカや中国は大陸ご都合主義、それに日本も韓国も大国ご都合主義。そのなかで、韓国で沖縄と同じようにしたたかな経験を負わされてきたのは済州島だ。それから中国方面では台湾、海南島もそう。こうした大陸と大国主義にはさまれた島々の連帯をいかに固めるか。そこから、それぞれの大陸・大国にむかってここは非武装地帯だと主張できる合意の体制をつくれるか。そしてここはアジアの非武装地帯だから、ここにアジア国連本部をもってこいと。

――そうですね。EUの議会本部はストラスブール、ドイツとフランスの谷間の土地なんですよね。国境線を何度も引きなおされた、かつての紛争地帯。

川満　そういうこと。

――それくらいの交渉力を持てればねえ。

川満　何はともあれ島々の連帯から。

――今度の本で何を追い求めたのかといえば、沖縄の戦後史が日本に対して、アメリカに対して、どう闘ったかということだけじゃなくて、その経験をとおして普遍的な、人間としての価値をつくりなおし、鍛えなおした側面です。

川満　そう、それが連帯の基礎になる。

――人間が人間を信頼して、大事にして、よわい立場の人を思いやり助け合おうという人道の価値を、戦後沖縄は社会的に築きあげてきたと思うんですが、よわい立場の困っているところはそれぞれ生きるために必死で、それぞれ済州島なり台湾なりの生存戦略がある。そのなかで、先に復帰後のヤマト化のなかで豊かさを獲得して目の前の食べていく課題から解放されて、歴史と世界を見渡す機会をもった沖縄は、これから閉じて守りに入るのでなく、日本の没落をこえるつながりへと開いていくべきかもしれません。そのつながりの核になる普遍的な思想を提起していく可能性はあるんじゃないかと思うんですが。

川満　東アジアの島々の連帯をとりもつのは沖縄だと、ぼくは思っているわけ。ぼくが書いたものでも、東アジア共同体の本部を沖縄に置くとしている。東京とかソウルとか北京とかに置くとなったら、また国と国との勢力争いで、共同性なんか、はなからできっこない。島々の連なりを非武装地帯として、そこに東アジア共同体の本部だとか国連のアジア支部を置くということにすれば、沖縄の可能性というのは開き始める。開きの思想で開き、開き、開く。そうすれば、それこそが、沖縄が東アジアの平和の発信基地となる道であり、国際的な、世界そのものに対する影響力というものになっていくと思う。

――今度の本で紹介した国場さんの〈あま世〉への願いと重なるわけですね。そうすることがアジアや人類の歴史に対する重要な働きかけだと思います。

川満　そうです。そしてそうすることが、沖縄戦という地上戦でこの地に眠る死者たちの想いを未来に橋渡しする構想じゃないかと、ぼくは思うんだ。

4　宮古から那覇へ

――あらためてうかがいますと、五〇年代の沖縄では現代世界の人間の根本的問題にかかわる何かが、これからの世界にも伝えるべき何かが築かれていったんじゃないかと思うんですが、その歩みを自分史的にたどると、どうでしょうか。まず何ゆえに、困窮の生活のなかから非合法共産党という組織に近づいていったんですか？

川満　……世のなかを、変えたいから。

――自分の胃袋を満たすことや立身出世じゃなく。

川満　うん、腹を満たすための……革命（笑）。

自分の幼少年期にすごした島の体験というのが、どうしても基本になるから。残念ながら、自分が学生のころは、情念だけが先に行っちゃって、日本語で文章を書くということさえ出来なかった。

――それは、生活言語とは違いますからねえ。

川満　はは（笑）。だけど、ちゃんとしたまともな教育を親の代から受けてきた家に育った学生なんかは、『琉大文学』なんかでも、しっかりした文章を書いてるけど、ぼくなんかダメなんだよ。情念はものすごく高ぶっているんだけど、活字文章ということになると、もうどうにもならない。

――宮古から那覇に出てくる段階から、壁があったのですか。

川満　いや島にいたときからだよ。ぼくの久松という部落《シマ》（日本本土における「部落」の概念とは異なり、村落単位の共同体の一般名詞）は、町のいちばん近くにあって魚や生産物を届けていたものだから、そういうところほど町の人から軽蔑されるという面白い現象があって。沖縄にもイチュマナーということばがあるでしょ。糸満で獲った青臭い魚を頭に乗せて那覇の町に売りに来るわけ。すると町の人たちは、炊いた魚はおいしいと食べるくせに、生の魚をもってくると「臭い」と軽蔑するわけ（笑）。

そして部落には人頭税というものが琉球王国の代から課せられていて、もし部落の娘さんが他所の青年と恋愛して出て行くことになると労働力が減るわけだから、他所の村の青年と恋愛関係になると、したたかな制裁を加える。そういう閉ざしの政策で、琉球王朝は人頭税を吸収していた。そのなかで三〇〇年間、ことば自体が部落ごとに断絶していく。現在生き残っている人間集団は、二つの原理を受け入れた者たちだというんですね。

――なるほど。文化人類学者のレヴィ＝ストロースが、人類学の発見した人類の教訓というのを書いています。ひとつは変化を受け入れよ。とどまろうとせず変化を受け入れて変わっていった者たちが生き残った。もうひとつは、欲しいものは与えよ。子どもを産むことのできる若い女性が集団には必要なのですが、その欲しいものをあえて他所の集団に与えた者たちは、回り回って他所から与えられることになった。逆に、欲しいものを与えず現状維持で閉じこもる文化を持った集団は滅びていったというんですね。

川満　なかなかいいじゃない。大事なことだ。

――すみません、沖縄の話でした。当時、人民党に関係すれば就職もできない、結婚もできないというなかで、なんで近づいていったんですか？

川満　人は新しい知識を得ると、そこで自分が知らなかった世界に開かれるという経験をくぐるんだな。高校時代はドストエフスキーの『罪と罰』とか読んで、高校を卒業するときには、それをアレンジしたような小説を高校の機関誌なんかに載せたんだ。三〇枚くらいだったかな。

――それを書くことで宮古のシマにいながら心が開かれて自由になれると。

川満　いやあ、なかなかそうはいかんでしょう。高校三年までは、その「黒い雲」と題した小説にもならんようなものを書いていた。ところが沖縄に出て琉大に来てから、むつかしくてねえ。そのころのノートには石川啄木的な短歌みたいな、泣きの涙みたいなものを書いていた。

――しかし、やっぱりことばのむつかしさとか社会の壁を自覚して、意識して創作などとりくんでいたから、結果的には勉強もそれなりにできて大学に入れたんですか。

川満　当時の琉大なんて、ぜんぜん、そんなことなかった。

――勉強は好きだったんですか？

川満　小学校は一年から六年まで、一位を維持していた。

――それはすごい！

川満　戦前は成績一位が級長をやる仕組みで、六年生までは級長だった。ところが戦後は民主主義になって、立候補して選挙して人気投票。そこへいくともうぼくなんか問題にもならんかった。

――支持されないデキヤーだったの（笑）。

川満　小学校六年まではね（笑）。

――いまからは想像もつかない。それで中高は？

川満　いや、旧制中学はいけないんだよ。小六になると、お金持ちの子どもばっかり集めて受験対策の特別授業なんかを小学校でやるんだけど、もう、うらやましくってねえ（笑）。この受験勉強っていうのは何だろうって、廊下から窓枠越しに教室のなかを覗いたり。追い出されたら、学校の外の門から「まだ続いているのかー」と眺めたり。

――ご自分は商業学校へ行くとかだったんですか？

川満　とんでもない！　小学校で終わりだよ。ただ、その点では戦争は、幸いだったかもしれないよ。

――共同体の階級構造とかをひっかきまわしたと。

川満　そうだな、ひっかきまわして、それで六三制の新しい教育制度になって、二級下の連中と新制中学の三年に編入されるんだ。

――それで高校も二年下の人と一緒に卒業して、それで琉大に来たと。

川満　でも琉大なんて行くつもりないよ。沖縄本島で軍作業をして食べるために来たんだ。一九五二年に高校を出てから来るんだが、先に来ていたおふくろのところにはいられなくて、宿なし。

それで琉大の宿舎に入ったあと、二年生の途中から三年生になるときまで、半年ぐらいだったかな、比嘉律雄さんの家に間借りした。ここにはガーブ川っていう泥川が流れていて、川を渡った向こう側、いまの角屋そば。山内ホテルの裏。あの辺は昔すごい窪地でね。ちょっと雨が降るだけで浸水してね。そこで赤痢にかかっちゃった。あはは、命からがら（笑）。

5　『琉大文学』と地下工作活動

――三年生のときというと五四年、経済学の研究会を始めるときですね。

川満　そう。五四年の春だったか、国場さんに続いて比嘉律雄さんが中央大学を卒業して帰省してきた。ぼくは律雄さんが留守中の部屋にいたもんだから、出ざるをえなくなった。

――それで、一方では研究会にも誘われてと。研究会は律雄さんが呼びかけたんですか。

川満　そう。律雄さんはすごいオルガナイザーだったから。国場さんよりも律雄さんのほうが、『琉大文学』には、じかに大きな影響を与えた。『琉大文学』には女子学生が三名いたんだが、この女子学生というのは、つねにグループの中核になるスターにほれるんだ。

――なるほど。で、誰だったんですか、そのスターは？

川満　それは比嘉律雄さんと新川明。いかれちゃって。しかたない。

――そういう流れもあって、扇動したわけでもなく自然に律雄さんに感化され影響を受けていくと。

川満　うん。そして『琉大文学』メンバーの一人が、真和志のほうの民政府住宅、当時はじつに洒落たモダンな住宅なんだが、そこに住んでいた。そのころは人が集まれる場所はそうないから、そこで集まっていた。せいぜい三人か四人だけど。

――琉大文芸クラブの集まりですね。そこで地下共産党の方針も？

川満　それは経済学研究会。詩人の大湾雅常さん（故人）の久茂地川近くの家などを使っていた。ほかにも琉球銀行の人などが参加したが、『琉大文学』のメンバー全員がこれに参加するわけじゃない。この経済学研究会に参加できるのは、日本共産党の地下工作隊の予備軍ということになるわけだ（笑）。明確な入党証とかあるわけじゃない。自分たちの意識のなかでだよ。

――たしかに、米軍統治下の反共弾圧の時期にわざわざ集まってというのは。

川満　もう大変な秘密、隠密行動だよ。大学に行ったらＣＩＣ（米陸軍の対敵諜報部隊）の手先が尾行して回ってる時代だから。

――小遣い銭稼ぎみたいな感じで、こまごまとした情報を琉大生が売っている報告文書がアメリカで公開されて、いまでは県の公文書館にも入っています。

川満　はっは（笑）。あのころは英文学専攻の連中を見たら全部ＣＩＣの手先と思えという、そういうことになっていたからね。

――ダンスパーティに行ったり、身なりも綺麗で、国文の学生なんかとは違ったみたいですね。それで経済学研究会のほうに『琉大文学』から参加していたのは川満さん、新川さんと岡本恵徳さん……。

川満　他に松島康子さん、豊川善一くん、喜舎場朝順くん、嶺井政和くんとかだったかなあ。

――それを始めた目的というのは、なんだったのですか。経済学の理論勉強もしながら交流して党活動にリクルートしていくと？

川満　最初は「勉強会しようや」っていうことから始まって、そこへテキストとして持ち出されたのが、マルクス経済学だった。二年くらい続いて、ソ連の科学アカデミーの『経済学教科書』なんかを使った。当時はすでに人民党弾圧が始まっていて、機関誌も発行停止、手入れもはいる。沖縄の言論暗黒時代が始まっていたんだけれど、そういう人民党サイドの情報は、ぼくらには間接的なかたちでしか入ってこなかった。

――そうしたなかで瀬長さんが牢屋に入れられるという大弾圧が来ます。それを見ていてどうでしたか？　もう人民党は瓦解する、つぶれるんじゃないかとか思われましたか。

川満　いや、ない。

――自分たちも捕まるんじゃないかとか？

川満　それは経済学研究のサークルをやったときから、いつ手が伸びてくるかということぐらいは覚悟していたから。しかしむしろ、ガキっていうのはおかしな発想をもつもので、そこで捕まって刑務所に入れられるということが、何か革命の一人前扱いだと。

――悲愴感が発奮材料になって、がんばっちゃう？

川満　ほほほ（笑）。司法の手が及ばないのは、自分がまだ、まともな勉強が足りない、ザコ扱いっていうふうに見るんだな。

――じゃあ瀬長さんや又吉一郎さんなんかが捕まっていくのを見るときの気持ちは……。

川満　おお、これはすごい英雄だあって。

――へえー、それは新川さんとか嶺井さんとか『琉大文学』のみなさんも、それを見てビビるんじゃなく……。

川満　ビビるんじゃない。むしろ英雄として憧れる感じだったと思う。

――それを見て、『琉大文学』は社会主義リアリズムに転換するんですか？　人民党弾圧に対するレスポンスみたいな、「黙っていないぞ」みたいな意味があったんでしょうか？

川満　それともちょっと違うなあ。その前からすでに準備されているからね。人民党は人民党で、こっちはあくまで文学サイドの問題だから。佐々木基一がルカーチの社会主義リアリズム論を翻訳したものとか、蔵原惟人のなんとか文学論なんて本が出ると、那覇に球陽堂という書店があって、一人が読むと、もうこれを読まないと自分が脱落したような感じになるからなあ（笑）。だれかが先に読んだとわかったら、すぐ球陽堂行って注文して。そうすることによって、何か不思議なコミュニケートができるんだ。同じ本読んで、同じ本持って歩いて。それから、雑誌の『詩学』なんかをみんなが読んだ。

――ほう、人民党事件なんかあっても関係なくですか。やっぱり学生は自由なんですね、恐いもの知らずというか。

川満　あはは（笑）、バカだよなあ。

――何度もすみませんが、弾圧を見ておれたちも文学の道で闘うぞと、発奮するようなことはあったんですか？

川満　いやもう、闘うということは前からあったわけだから。

――戦争から占領が続いて土地取り上げや恐怖政治がふたたび始まるという、情況のなかの一つであって、この情況のなかで闘わなきゃいけないと受けとめただけだと。

川満　そう。

――それで社会主義リアリズムになったと。うん、わかりました。国場さんからも聞いていたんですよ。べつに指示したわけじゃなくて、情況のなかで自然にそうなっていったと。

川満　そうそう。

――それが具体的にどういう雰囲気や流れで、というのがつかめなくて、いまひとつ納得できなかったんですけど、いまのお話でわかりました。

川満　ともかくも文学について何か指示を受けたことは一度もない。ただ、国場さんはここに来たときから、もう民衆工作で国民大衆を巻き込むことによって闘争を進めるという日本共産党の路線でいるんだから、ぼくも連れて行かれた。泡瀬（現沖縄市）の青年会にレクチャーするから、オルグするからと。あの青年会というのは珍しくて、二〇～三〇人くらい集まってね。

――どういうオルグをしたんですか？

川満　いや内容はもうあまり覚えていないが、「青年よ大志を抱け」みたいなもん（笑）。国場さんと一緒に行ったときには、階級論。「世のなかには階級というのがある。搾取される人と、搾取する人と。資本家っていうのはいかに……」っていうような、じつに幼稚な階級論（笑）。

――泡瀬の青年にわかるようなかたちで、怒りや発奮を引き出すような……。

川満　わかんない。どうだったかなぁ。「マルクスはこう言った」とか「レーニンは」とか言って、村の青年たちは実際の生活のなかで何を思っていたか。泡瀬には米軍基地、通信所があったからね、そこで働いている軍雇用員たちもたくさんいるわけ。そこへ「マルクスは」とかやって（笑）。

――どうして泡瀬に行くことになったんですか？

川満　わかんない。でもそこへ国場さんが行くっていうことは、国場さんのルートで、そこにそれだけの人数の青年を集めるだけの下地ができていたからでしょう。ただ、ぼくを連れて行ったのは、こういう若い学生もこんな考えを持っているぞというのをみんなに見せて（笑）、そして次に国場さんが、そこの青年たちの心をつかむような話をちゃーんとやるという、そういう前座だね（笑）。

――なるほどそれはたしかに、地下工作活動の予備軍という関係ですね。人前でそんな演説とかオルグとかするのは、それが初めてでしたか。

川満　ほとんど初めてでしょう。

――それはいつごろのこと、五四年の三年生のころですか？

川満　そのころでしょう、五五年に入ってからは土地闘争が始まる、その前だから。

――軍作業に出ている青年たちに、職場での矛盾の背景にはこういう仕組みがあるよと……。

川満　そこまでできたか。自分がナマかじりした知識をどうぶつけるかっていうだけで精一杯で（笑）。

――国場さんによると五四年四月から正式に組織活動を始めた非合法共産党は、最初一〇〇人くらいでスタートして数年で倍くらいになっていったと。そこにも細胞支部みたいなものがあったのでしょうか。

川満　一足先にそういう知識を持った人たちというのは、各地域それぞれに核になる部分としてあったはずだからね。

――そのときの国場さんの話しぶりというのは、やはり諄々と？

川満　いやあー、あの人の話はやわらかい！　ここに集まっている人たちがどういう位置にあるかっていうことを了解しながら、そのうえで話を進めていく。だから説得力もあるし、いつのまにか、こうジーンとくる。

──ウチナーグチですか？

川満　ううん、もちろんヤマトグチですよ。ここは明治時代から皇民化教育で方言の使えない人たちを育てているんだから。教育を受けていない人たちが方言を使う。

──一九五四年当時、瀬長さんも捕まってもうダメだなんていう雰囲気にはなっていなかったんですか。

川満　いやあ、ぜんぜん。人民党事件なんていうのは、前からそういう情況はどこにもあるんだから、それこそ人民党の中枢の人たちだけの問題であって。ただ、あのころの瀬長亀次郎さんの大衆的人気っていうのは熱狂的なものだったから、反発や抗議は大きかった。たとえば、学生のころ、首里の坂を琉大から降りてくるでしょ。そうすると浮浪者みたいな人が泡盛の二号瓶かついでフラフラしながら、すれ違いざま、いきなり「瀬長亀次郎っ、バンザーイ！」って叫ぶ。そんな時代だったから（笑）。

──ええ？　なんでそんな酔っ払いが叫ぶの？

川満　それだけ大衆的な人気があったから。

──希望の星、シンボルだったと。

川満　まあ言ってしまえばそうだね。抵抗の象徴。浮浪者みたいになればなるほど、下積みだから（笑）。

──日雇い労働者の人たちとかですか。いやあ、これまで非合法共産党の硬い報告書なんかばっかり読んできて、現場の感覚がわからなくて、そういうお話こそ聞きたかったですよ（笑）。じゃあやっぱり、新聞とかだけ見ると人民党事件とかがあって真っ暗闇で沈黙させられたとなりますが、社会の実相はそういうわけでもないと。

川満　いやあ、大衆は大衆だから。だってあのころは、与儀公園とか那覇高校とか空き地のあるところで、夜に人民党演説会、瀬長亀次郎の演説があるというと、どっからでもみんな目の色を変えて集まっていくぐらいの、そういう時代だからねえ。

――川満さんもそういうのを見て触発された感じですか？

川満　瀬長亀次郎の演説はおもしろいけど、ぼくらはもう国場さんや（比嘉）律雄さんから、研究会や個人的な付き合いなんかでレクチャーを受けているから。

――スタッフ的に内側から見ていたと。そうすると人民党事件の当時、弾圧抗議集会に何万人も集まって盛り上がりがあったと『アカハタ』なんかに記事があるのは、あながちオーバーではないと。

川満　うん。それはもう当たり前のこと。

6　宜野湾・伊佐浜の土地闘争

――そして五五年の三月と七月、伊佐浜の強制土地接収に来た米軍と向きあうわけですね。

川満　そう。国場さんの尖兵として（笑）。

――行けと言われれば「はいっ」という関係ですか？

川満　そう。国場さんは現場にはいないんだけれど、三月の一回目の武力出動を国場さんは小手調べだったと書いているね。でもあれは、現場ではそういうことじゃなかったと思う。ブルドーザーが有無を言わせず入ってきてしまって、やられて、ぼくはもうダメだと思ったんだけど、ショベルの下に人が入りこんで、運転台を奪って止めた。

二回目の七月のときは、強制接収がおこなわれるという予定日に何千も、たくさんの人が集まるんだけど、今日はやらないということになって、みんな解散したあと、伊佐浜のおばあがおにぎりを配ってくれて、『琉大文学』からは、ぼくと嶺井くんと、喜舎場くんだったかな、泊まりこんだ。

――岡本恵徳さんが、その日徹夜して、泊まりこんだと書いていましたね。

川満　岡本もいたかな。三月闘争と七月闘争の記憶がこんぐらがって……。

――そしてまだ暗いうちからやってきたと。

川満　もう、それはすごかったんだよ。その辺の情況は「飢餓の原基」(『新沖縄文学』四五号「総特集 沖縄移民」一九八〇年)で書いたんだけど、装甲車を先頭にして、その前に米兵が銃剣を構えて並んで、どんどんやってくるんだ。ぼくらはその前でスクラム組んで座りこんでいるんだけど、隣のおばあなんか銃剣でバンバン叩かれているけど絶対逃げない……。あーって見ると、ぼくの腕をつかまえてるんだ。

それでアメリカ兵が、このおばあを足で蹴とばして、もんどり打って。そして今度はぼくを、銃を逆さにして台尻でポンッて背中を打つんだ。するとフォッ!　て息が止まってしまうんだ(笑)。あとは襟首つかまれて一号線、いまの五八号線につまみ出されてしまうんだ。まるごとなんにも抵抗できない。もうダメ(笑)。

――当時の兵隊っていうのはでかくて……。

川満　いやあ大っきいよ!　朝から晩まで鍛えていて。相手はちょっとおどかすぐらいのつもりだったかもしれないけど、息が止まっちゃうんだよ。

道路に出されてから、前原穂積さんを中心にして、これからどうするか話し合っていたんだが、かれも国場さんにつづいて共産党の方針でここに送り込まれたメンバーだった。当時は野嵩高校の先生をしていたが、かれを見つけてMP(憲兵)が連行しようとするから、背中をつかまえてMPと引っ張り合いするわけだよ。そこへまたMPたちを乗せた車がダダーっと応援に入ってくるもんだから、「こりゃあヤバい」って、穂積さんをほったらかして今度はこっちが逃げるわけ。それで掘っ立て小屋のトイレのなかに逃げ込み内鍵をかけて、ちぢこまっているときに、「コンコン」と戸を叩く音がするんだよ。「こりゃMPがここまで探しにきたか」って思って、便所の板の隙間から覗いたら、女の人が立っている。「あれっ!?」って思って戸を開けたら、それが泡瀬の青年会の集会にいた、前の席に座っていた人だったんだよ。野良着を渡されて、「そんな格好じゃ学生とすぐわかるから、着替えて逃げなさい」って。それで白シャツと黒ズボンを脱いで野良着になって、脱出したんだ。

——へー、それは若い人でした？

川満　ぼくから四、五歳は下だったかな。でも軍作業へ行ってるから、幼くはなかった。

——なんでそこにいたんでしょうね。

川満　なんであの人が伊佐浜にいたのか、結局その人もあるルートで知らされて集まっていたんだろうな。ずっと後になって、ぼくが鹿児島支局にいるときにその人の弟が訪ねてきたんだよ。普天間派とコザ派のあのすさまじいヤクザ抗争で追われて、「じつは自分の姉さんから川満さんを頼れと言われて、ヤマトへ逃げるためにやってきました」と。「ほぉー、あっそうかー、あのときの！　じゃああのときの恩を返そう」って、家に泊めて、いろいろ手続きをやって、「おまえはバカみたいなヤクザなんかやるんじゃなくて、まだ若いんだから、しっかり東京で大学入って、自分の勉強をやり直して、こんなヤクザ世界から足洗って、ちゃんとやれ」って、鹿児島から東京へむけて汽車で出発させた。

——ふしぎな縁ですね。その伊佐浜の強制接収のときは、国場さんは泊まりこんでいなかったんですか？

川満　いやあ、ああいう人たちは那覇の中枢部にいて、あらゆる情報を集めて会議で検討する役目があって帰っていたんだ。だからぼくなんかは「鉄砲玉だった」ってわけ（笑）。

——伊佐浜の強制接収のときの写真に「金は一年　土地は万年」という幟のそばで若いお母さんが赤ん坊を抱えているシーンがあるのですが、こんな場面、見覚えありますか？

川満　このことばは阿波根昌鴻さんのことばだったと思うんだ。

——ああ、たしかに伊江島の人たちは陳情団でこんなことばを書いてかかげましたね。じゃあ応援に来ていたのかもしれませんね。乞食行進を始めたころですから。

川満　うん。伊佐浜の軍用地対策委員長の沢岻安良さんとか、副委員長の島袋全一さんたちは、あんまりこう文学的じゃなかったから、そういう着想はないんじゃないかな。この幟なんかは、伊江島の人たちが乞食行進で使っていたものだと思う。

――なるほど。この写真のようなお母さんたち、婦人が立ち上がったことが、伊佐浜闘争では画期的だったと国場さんが書いていますよね。現場でもやっぱりそんな感じでしたか？　母親たちの底力。

川満　そんなのはこちらではわかんない。ただ沢岻さんとか島袋さんとかは一所懸命みんなを領導して、やったということは憶えている。部落会議で話し合って琉球政府に直談判とか、その辺のいきさつは、ぼくはわかんない。その後、伊佐浜を追い出された人たちが大山小学校に入れられ、みんなが教室で雑魚寝しているとき、訪ねて行った。それから、そこを出てコザのインヌミヤードゥイ（地名）に移ったときも行った。あれは大変なところでねえ。ふきっさらし。しかもあそこは飛行場か収容所の跡地で、こんなところを農地にするなんて！　自分の出生地の宮古のことを思い出してねえ……。

ぼくらは小学校のころ、馬に鋤をつけて畑を耕すんだけど、順調に進んでいるときはいいんだけれど、畑のなかにまだ掘り残された根岩なんかがあるんだ。根のついたような岩で、それを知らないで鋤を進めていくとぶつかって、曳いていた馬もひっくり返って、自分も鋤に胸をぶちあててひっくり返る。そういう体験をしてるものだから、インヌミヤードゥイに行くと、わずか一〇坪くらいの土地を開拓するのに、周囲に山のように掘り出した石が積み上げられているんだ。まあーこれを見たときには、あー……また涙がとまらない。

伊佐浜について、強制接収されてぶちのめされたときのことは、あんまり感傷的な気持ちにはならない。涙を流して猛烈に悔しい思いをしたのは、あの大山の雑魚寝の状態を見たときと、インヌミヤードゥイ行ったとき。もうたまらなかったですなあ。

――それは援農とかで支援していた仲間たちで励ましに行くっていう感じですか？

川満　いや、そういうことじゃない。すでに新聞記者をしているときで、べつにそこを取材するっていう意味じゃなく。いや、辛かったなあ……。

7 「鋼鉄のボルシェヴィキ」と語りえぬもの

――国場さんは今度の本に収めた回想録で、その辛い経験がみんなを立ち上がらせる何かにつながった、起爆剤みたいになったと書かれていますが……。

川満　うん……。政治闘争っていうのは、伊佐浜の土地闘争が終わって、インヌミヤードゥイ行って、そこでどういう生活実態になっているのかということには、もうあまり関心はない。もっとたくさん、沖縄には政治的矛盾がおっかぶさっているんだから。

――非情にもならざるをえない。

川満　もちろんそうだよ。あまりにもたくさんの矛盾がおっかぶさっているから。そうすると五七年に伊佐浜の家族六〇世帯が南米に移民するとき、チャチャレンカ号とかいったかな、見送りに行ったときも、あれだけ伊佐浜の土地闘争を中心として島ぐるみ闘争をしていた反体制の人たちも、ちらほら、いくらも来ていない。見送りに来ていたのは、「自分たちは移民しない」ってがんばった伊佐浜の人たち、それから縁戚関係とか。運動で見慣れたような人たちの顔は、そんなにいなかったよ……ふふ。

――ちょっと国場さんには、表現しきれないものがあるんでしょうね。つらい部分とか哀しみとか、やっぱり全体を見わたして指揮を取る人だから。

川満　そういうこと。

――全体のなかで浮かばれない人とか、想いとか、国場さんはグッと飲みこんで語らないんでしょうね。

川満　そう、国場さんの語れない部分というのはたくさんある。もしそれを語ると、奇妙に、思想としては情感のほうに移行してしまい、思想的シビアさをどっかで失ってしまう。文学としてとっておきの部分と、情況に対して思想として処理していく部分とが、どうしても分離する。

――それはある意味で、国場さんの弱点というか……。

川満　国場さんは大学でも経済学をやって、また組織活動を指揮した人だけれど、あの人は非常に文学的な資質を持っていて、本当だったら文学をやったほうが自分の資質に合った表現世界を、もっとつくった人だと思うんだけどね。

――今度の本に収めた回想録の冒頭あたりとか幼少年期の思い出は、いいですねえ。しみじみとして、人の哀しみや心を見つめるまなざしを小さいころから多感にもっていたんですねえ。

川満　ああ、あなたがまとめたあの自分史！　この人は経済学じゃなくて文学をやるべき人だなあって。

――それをソテツ地獄が奪ったわけでしょう。

川満　あはは（笑）、まあそんなもんだよ。ぼくなんかも高校時代はドストエフスキーの『罪と罰』に影響されながら、あんなにムキになって図書館で小説の手習いをしていて、琉大に入っても小説を書きつづけるはずだったのに。ところがね、ダメなんだよ。情況が緊迫してるから。

――ああ、全体の構成を組み立てたり、神の視点で語ったりは……。

川満　間延びしちゃうんだよ。書いてるような暇はない。情況との関係での激情というものが、させないんだよ。

――ＣＩＣが人民党の情報を集めているなかに変なものがあって、五六年くらいに国場さんのお母さんが、戦時中に疎開したまま暮らしていた宮崎で病気だという連絡が来て、しかし帰りたくても帰れない、政治状況や党内事情は手を離せないし、そもそも米軍が渡航許可を出さない。それでその後、亡くなっている。

川満　いやあ、そりゃもうつらい！

――そしてそのころ、「コクバが酒呑んで騒いだり取り乱してる」という情報なんです。

川満　ぼくなんかも、桜坂でヤクザ相手にさんざん殴られて血みどろのバカを演じて。そういうのは情況から受けている辛さや情念の高ぶりを外にぶつけることによって中和させている作業だから。当然、国場さんも自分のお袋の死に目にもあえないなんて辛いことは、もし文学をやっていれば、それを主題にして一篇の小説を成り立たせるぐらいのインパクトだったろうと思うけど、あの人は経済学。しかもマルクス・レーニン主義。

――鋼鉄のボルシェヴィキ。

川満　そういうこと。

――鋼鉄なんかになれるわけないのに。

川満　だけど、オストロフスキーの『鋼鉄はいかに鍛えられたか』。そのことばをガキのころ、何度くりかえしたか……。

――あー、そうですか。いやあ、ちょっと個人的なことで、懺悔をすると……。

川満　なになに（笑）。

――国場さんといろいろお付き合いさせてもらって、じつは一回も一緒にお酒飲んだことがないんですよ。長いインタビューの後とか、何度か誘ってもらったんですけど。

川満　酒は飲まなきゃダメだよー。

――それが、自信がなかったんでしょうね。国場さんの話を聞いて、これはなんとかしないといけない、裏づけをとったり歴史にしないといけないとなって、それで頭も心もいっぱいになって。いまここで人間・国場幸太郎に触れると、処理しきれなくなる。それで受けつけられなかったんですよ。国場さんは公的な側面の話を延々と淡々とやるじゃない。非常に律儀で細やかに。国場さんとしては、ここまでは公的な表の話で、酒でも飲んでっていうつもりだったんでしょう。

川満　そういうこと。最大のチャンスを逃しているんだ。

――そうですねー。いつか国場さんが自分で回想録をまとめて発表してくれたら、自分の意見もいえる、ぶつけられると思って。

川満　なかなかそうはいかんぜ。

――はい、そうでした。悔やまれますね。国場さんの生前は、自分の非合法共産党の研究も博士論文でまとめていたのに、国場さんに関係する部分はほとんど発表しなかったんです。国場さんがまとめている回想録に影響を与えてもいけない、とか思って。結局、国場さんに何も見せられず、亡くなってしまった。そして遺稿の未完の回想録を、なくく、ぼくが編集することになった。こういうことじゃなかった。

川満　たとえば、ぼくなんかも『環』という雑誌や『情況』なんかに文章をいまも書くけど、自分個人のことなんか一行たりと書けるもんじゃない。それはあくまで思念の世界のことであり……どこにも発表できない。書けないところがある。だからかな、編集者には嫌われる。

――そこから人間解放にむけた川満さんの個人誌『カオスの貌』や、詩が生まれるんですね。

8　「沖縄の党」と自立思想

――さて最後に、沖縄の非合法共産党とは何だったのか。国場さんは「入党手続きも党員証もない、共産党らしくない非常にルーズな抵抗組織」だったと語っています。そして晩年、最後になって「沖縄の党」と呼ぶようになります。そこには七〇年代末の共産主義国同士の帝国主義的な戦争のショックも影響しているかもしれませんが、兵隊、鉄砲玉だったという川満さんの目からはどう見えますか。平たい緩やかさとか、自由なアソシエーションだったということでしょうか？

川満　いや、その緩やかさというのは、あくまで国場さん個人のキャラクターであって、その時期のもの。瀬長亀次郎さんが一九五〇年代に人民党として展開していたあの活動は、ぼくはいまでもじつに見事だったと思う。だけど日本共産党との奇妙な系列化に入ってきたときから、もう亀次郎さんはダメだなあって思った。

――その系列化になる前の人民党とか非合法共産党は、「沖縄の党」として自立できていた稀有な例だったんですかね。

川満　そう、人民党と社大党。しかし社大党の場合は、たしかにそれを支えているのは土着なんだけど、党の中枢にいる指導者たちは戦前の皇民化思想の体質をそのまま引きついでいるような、そういうタイプの人たちだった。この社大党のリーダーたちの限界は早ばやと見抜けるけど、瀬長亀次郎を中心とする人民党の思想的体質について若干の人間が気づき始めるのには、六〇年代末から国政参加選挙くらいまでかかった。

――国場さんの追放事件というのは、その前触れだったのかもしれませんね。

川満　そうだね。ただ、国場さんの人民党からの追放については、瀬長亀次郎さんの家庭との人間関係が大きいと思う。表のイデオロギー・サイドからだけ見ると、あの人間関係の奥行きの深さというのは、なかなかね。

――はい、それもよく聞きますね。そうすると、個人的な要素や歴史的経過の紆余曲折を仮に除いて、それでも大きく残って託されてくる歴史的遺産というのは、国場さんが非合法共産党について最後に言うようになった、どこにも系列化せずに世界につながる「沖縄の党」という理念ですかね。

川満　ぼく自身がこの歳になるまで理念的指標だと思っているのが、その「沖縄党」。市民運動をやっている連中にも言うんだけど、沖縄の政治に関心を持つんだったら民主党だの社大党だのとフラフラしていないで、政治に対する無駄なエネルギーを浪費しないで、沖縄党をつくれと。

――そうだったんですか。それはまだ見ぬものですよね。昨年は『琉球新報』が佐藤優さんと「県民党」だと論陣を張ったり、独立の議論も本格化していますけど、いまのところ、それらと国場さんが五〇年代の非合法共産党の経験に即していう「沖縄の党」のイメージとは違いますよね。まず現場があるかどうか。

川満　そう。

――ほんとに沖縄の生活者が直面している矛盾や苦しみの現場のただなかから、それをなくしていく取り組みをとおして党や運動が生まれ出てくるリアリティが、かつての国場さんの党にはあった。逆にそれがないままだと、ことばで運動を焚きつけることで個人が知的・経済的な利を得ようとしているかのように見えて、結局はみんなの想いがむなしさ、アパシーに引き込まれてしまうかもしれません。

川満　五〇年代あたりというのは、戦争でしたたかな目にあったもんだから、人びとの気持ちが経済問題よりも倫理的な反省のほうに軸を置いている。体制的な人間でも、発言するときは奇妙に、非常に倫理的な物言いになる。たとえば任命主席の比嘉秀平とか、親米派の新里銀造とかもそうだった。日本共産党の創立メンバーから親米独立派に変わった仲宗根源和も。かれにはずいぶん会って話した。それから崎間敏勝さん。金融公庫の総裁までやった経済界の人間が、復帰が近づくと琉球独立党なんかを始める。「あれっ、これはどういう発想なんだ？」と思った。野底土南とかもいたな。

――そうですね。琉球独立あなどるなかれと思います。それから喜友名嗣正、唐名で蔡璋。わたしも台湾に行っていたのでわかります。喜友名さんの娘さんにもお会いして聞きましたが、自宅の書斎で見た喜友名さんの姿とか、とてもいいですね。有象無象のいろんな党派の連中が来るんですが、蒋介石のスパイじゃないかと言われて、訪ねてくる連中も政治的に利用してやろうとか面白半分ばかり。でも、どんな人ともとことん付き合った。とくに青年たちには、どこでも進んで議論してまわったと聞きます。利用されようが使い捨てられようが、琉球が受けてきた苦しみや屈辱を断ち切ろうとする執念や愛情の深さというのは、人として胸を打つものだったと思います。しかもそれが開かれていた。

川満　喜友名さんは、台湾に行って帰ってくるとしょっちゅう、ぼくのところに顔を出して。吉本隆明の「異族の論理」（『情況』河出書房新社、一九七〇年所収）という文章をめぐってケンケンガクガクしたり、『新沖縄文学』の編集のあり方についても、ずいぶんやりあった。じつに大きくできた人だった。ヨーロッパ的資本主義の近代を越えようとした動きはいろいろあるが、北一輝なんかも軍隊の青年なんかに誤解されて使われて、権力に抹殺される。にわかに判断できない、わからないものに対してどっかのスパイだというのはお決まりだし、既成の政治勢力に利用されて抹殺されてきた。喜友名さんについては、ぜひ交遊録を書きたいと思っている。

――近現代の沖縄が所属不明、身分不明で捨てられ苦しめられてきた元凶は、近代の資本主義や帝国主義、国民国家ですから、それに対する沖縄の自立は、いやおうなく近代の見直しにつながっています。そこでは右や左の違いは踏み越えなくてはならないし、それを踏み越えたら、近代以前から沖縄が位置し、沖縄がかたちづくられてきたところの海流に開かれた世界が見えやすくなるかもしれませんね。「島ぐるみ闘争」をつくった「沖縄の党」の実在が明らかになってきたいま、自信や希望をもって、沖縄が自立する展望を独立論もふくめて広く議論しあうことができるようになってきたのかもしれませんね。

今日は長時間ありがとうございました。

川満　いやあ、楽しかったです。

（二〇一三年一〇月二三日、那覇市牧志にて）

＊付記　約半分の分量に圧縮した版が、「島々の連帯を――沖縄が東アジアの平和の発信基地となる道へ　川満信一インタビュー（聞き手・森宣雄）」と題して、『図書新聞』第三一三六号（二〇一三年一一月三〇日付）に掲載されている。

「沖縄の党」とあま世の連帯

新川明（聞き手・森宣雄）

1　「反復帰」論のルーツとしての国場事件

――国場幸太郎さんについて新川さんは『沖縄・統合と反逆』（筑摩書房、二〇〇〇年）の「自分史の中の「反復帰」論」や、国場さんが亡くなられたときの追悼文（『沖縄タイムス』二〇〇八年一〇月三〇日）、私たちが編集した『島ぐるみ闘争」はどう準備されたか』（不二出版、二〇一三年）所収の「いわゆる「国場事件」をめぐって」と大きく三回、書いてこられましたが、まだまだよくわからないところがあり、今日は込み入ったところもふくめて、おたずねできたらと思います。

まずは「自分史の中の「反復帰」論」での記述からふり返ってみますと、すこし長くなりますが、新川さんはこう書いておられます。

「反復帰」論が私の中で生成する端緒は、大阪で遭遇した三つの出来事によって開かれた。まず第一は島尾敏雄との「出会い」である。第二は国場幸太郎が沖縄人民党を追われたことを知らされた「衝撃」である。第三は六〇年安保との「接触」である。いずれも一九六〇年のことであった。（略）

沖縄の現況を話し合っているうちに、Nが発した一言は私をしたたかに打ちのめして限りがなかった。それは、あの敬愛していた国場幸太郎が沖縄人民党を追われた、という一言である。私は言葉を失い、滂沱と流れる涙を止めることが出来ず、人前を憚らず声を殺して泣いた。

他党のことだし、詳しい事情や理由は判らない、とNは言ったが、この時私の中で何かもっとも大切にしていたものが音を立てて崩れていくのを確かな手ごたえで感じたのである。

あの国場が、所属している党に対して重大な裏切りをするなどということは到底考えられないことであった。もしそうでなければ、政治的な路線をめぐって党首の瀬長亀次郎と対立が生じて排除されたのであろうか？

私の思考は千々に乱れたが、いずれにせよあの国場を切り捨てた沖縄人民党に対する懐疑は膨れ上がり、たとえ路線上の対立があったにしても、あの国場を受け入れることが出来ないこの党に対する失望が私の心に沈積した。かりに路線の対立があったとすれば、必ず国場の主張が正しいにちがいない、という感懐を消すことは出来なかった。それは双方の理論的な主張を吟味したうえでの判断ではなく、国場に対するまったく個人的な畏敬の思いから出る感懐であった。

のちに発表された国場の「沖縄とアメリカ帝国主義」（『経済評論』六二年一月号）、「沖縄の日本復帰運動と革新政党」（『思想』同年二月号）の二つの論文と『日本読書新聞』紙上で、森秀人の書評が引き金になって展開された「沖縄解放論争」（六三年二月一一日〜同年一一月四日）における新里恵二との論争などによって、この感懐は間違ってはいなかった、と私は自ら納得出来たことだった。

いずれにせよ、六〇年の冒頭でNによって知らされた沖縄人民党における国場追放の情報は、強いシンパシイを抱いていた沖縄人民党に対する失望と重なり合って、のちに「反復帰」論に到達する私の思想の土壌に、最初の一鍬を入れる衝撃的な出来事であった。

――「反復帰」論が生まれる最初のきっかけとして言及され、これで国場組社長ではない、もうひとりの国場幸太郎がいるということをつよく心に焼きつけた人も少なくなかったと思います。ぼくもこれを読んで、これほどまでに二人のきずなは深かったのかと、感動と同時につよい衝撃を受けました。

当時、新崎盛暉さんから、ぜひ話を聞くようにと国場さんを紹介していただいて、折よく加藤哲郎先生が発見された非合法共産党の党内文書の共同研究もスタートして、頻繁にご連絡するようになっていたころでした。しかしインタビューでかなりしつこく聞いても、謙虚な国場さんは自分が何に成功したとか、何に影響を与えたとか、少しでも自慢話めくような話はいっさいしませんから、周りから国場さんがどう見られていたかについては、まだぼんやりしていました。ところが新川さんの「自分史の中の「反復帰」論」の別の個所では、こう評されています。「沖縄における前衛党の〝希望の星〟とも言える存在として畏敬され」ていたと。

五〇年代の「島ぐるみ闘争」を準備した地下ネットワーク運動のリーダーが、一九七〇年前後の「反復帰」論の原点に、なにか深くかかわっている。この意味でも衝撃的でした。

ですが、まずは非合法共産党が残した当時の文書のほうをちゃんと調べないと次には進めないと思って、新川さんや川満さんにはずっとお聞きできませんでした。最近になって、ようやくですね。

新川　その組織との関係で、ぼく自身よくわからないのが、非合法共産党にとってぼくら琉大の学生たちはどういう位置づけだったのか。地下細胞ということだったのか。

ぼく自身は組織に入っていた自覚はない。党外にいるという認識だった。指令も受けていないしね。

共産党系の『経済学教科書』という新書版のマルクス主義経済学の入門書があって、それをテキストに『琉大文学』メンバーと、詩人の大湾雅常、日本留学帰りで琉球銀行に入った友人が参加して勉強会をしていた。ぼくらは人民党のシンパという位置だったと思う。

だが川満はちょっと、ちがうようだな。組織の一部にいたという自覚をもっていたと、発言したことがあったね。

――はい、けっこう何度も発言されています。「地下工作隊の予備軍のつもりだった」と。川満さんは国場さんより も比嘉律雄さんと親しくしておられたので、また別のかたちがあったかもしれませんね。

新川 そう、川満はもともと律雄さんの実家のウラザ、奥の一間に、お母さんと弟と、家族で間借りしていて、そこに律雄さんが一九五四年に中央大学を出て帰ってきて出会っている。律雄さんは沖縄タイムスに入社するんだが、がっちりした体格の偉丈夫、鉄人という感じで、まさに地下組織の闘士そのものだった。

その後、ぼくも五五年にタイムスに入社して、律雄さんと一時期一緒だったけど、律雄さんは人民党の専従というか、瀬長亀次郎さんが五七年に那覇市長になって、その市政スタッフになるかたちで退社した。その穴埋めということだったか、川満がタイムスに入ってきた。

――はい、川満さんは当時首里高校の夜間部の教員をしながら勉強にとりくんでいたのが、律雄さんに有無を言わさず命じられてタイムスに入ったと、先日お聞きしました。断れるような関係ではなかったようですね。それは組織としてというより、二人のあいだの人間関係だったようですね。

新川 そうだね。ぼくらは律雄さんから隠密に組合をつくるよう言われていた。律雄さんは組合づくりにとりくんだが会社側にばれて、できなかったというんだ。その経験をふまえて、ぼくらは細心の注意を払ってとりくんだ。

会社が終わった後、夜に集まるときも、それぞれ別の道を通って、時間もずらして集まった。そして一か所に長居はせずに転々として。別の場所に移るときも、違う道をつかって合流した。

ひとつ面白いことがあった。私用で東京に出ることがあったんだが、そのとき律雄さんが東京で人と会ってくれというんだ。それで市販の領収書を半分にちぎったのを渡されて、これが割符だと。

それで東京の地下鉄と地下鉄のあいだの地下道が待ち合わせ場所で、相手はこれこれの週刊誌をもっているのが目印だといわれて、行ってみると、週刊誌をもった男がいて、領収書の割符を出しあって、合わせて。それから話をした。あれは高安重正だったと思う。

それが何か任務や指令を与えられていたら、党組織の一員ということだったのかもしれないが、沖縄の一般的な状況を話してくれと言われただけだったからね。

――なるほど、高安さんはきっとそういう情報を集めて、党内で沖縄情勢報告を書いて上にあげていたんでしょう。かれの報告書は読んだことがあります。

新川 そうだね、こっちは新聞記者だしね。

――実態的にいえば情報提供の協力者、シンパという位置づけだったのですね。

新川 もうひとつ腑に落ちないのは、あの冷静な国場さんがどうして、強制入院につながるようなところに巻き込まれていったのか。あるいは精神的に参ってしまうことになったか。国場さんもインタビューで瀬長さんとは家族同然のつきあいだったと言っているが（『戦後初期沖縄解放運動資料集Ⅲ』(30)、(41)頁）、律雄さんもそうだ。六〇年代に入って律雄さんも精神的にまいってしまうが、あの「鋼鉄の人」がどうして、という疑問はある。その家族ぐるみの、家族同然のつきあいというところに問題の根はあったのではないかと思ったりする。

――律雄さんは瀬長亀次郎さんの娘さんと結婚し離婚されて、その後は、人民党の面倒をみていた人権弁護士の松島朝永さんの家でながくお世話になっていたとのことです。朝永弁護士の息子さんの松島朝義さんによると、律雄さんは松島家では「リツオ、リツオ」とよばれていて、こちらでも家族同然だったそうですね。

その律雄さんの次の世代の古堅実吉さんも、朝永弁護士の書生さんをして弁護士資格をとられた。古堅さんの『回想録　命《ぬち》かじり』（琉球新報社、二〇〇二年）にもほほえましい写真が載っていましたね。やんばる国頭出身で情のあつい古堅さんにとっては、中部地区反戦の新左翼武闘派とみられていた朝義さんも甥っ子のようなものなのか、のちに陶芸家になって個展を開いたら、「ヨシ坊ーっ」って、抱きつかんばかりに来てくれて、いつまでも子ども扱いで人前でやられると恥ずかしいと、朝義さんは嘆いていました。平和ですね（笑）。

国場さんについては、ＣＩＣがつかんだ党内からの情報で、戦争中に疎開したまま宮崎にいる国場さんのお母さんが五六年以降、病気になって、帰りたくても帰れない、それで精神的にまいっているようだというのがありました。それ以前の五四年から、経済的にたちゆかなくなったお母さんを沖縄に帰省させられないかと計画していたけれど、米軍弾圧の「暗黒時代」でかなわなかったとあります（沖縄県公文書館所蔵ＩＲＲ文書 Kotaro KOKUBA ファイル所収 'Agent Report, OKINAWA PEOPLE'S PARTY (OPP) (Members of the Central Committee) Ryukyu Islands,' 5 Nov 1957. 'AC INCOMING MESSAGE, HEADQUARTERS UNITED STATES ARMY FORCES, FAR EAST and EIGHTH UNITED STATES ARMY (REAR),' 17 Mar 1956)。

新川　もしそうだとしたら、家族想いの国場さんらしいと思う。一途で純情だから。

――新川さんの国場さんについての文章を読んだ何人かの人から感想を聞いたのですが、ちょっと国場さんと新川さんの関係がわかりにくいかなと思いました。背景がわからない人がみたら、国場さんは「反復帰」論の元祖のような存在で、国場さんは「反復帰」論の路線をもっていて瀬長さんと対立したかのように解釈されるかもしれない。

新川　それは困るな（笑）。国場さんは「反復帰」ではなく、沖縄返還については違う考えをもっていましたから。

――ですが、新川さんと国場さんの関係性が見えないと、国場さんに関する人民党内の路線対立と、「反復帰」をめぐる政治的対立を単純に重ねあわせてしまうのは避けがたいですね。

新川　そうだね。しかし、国場さんとの関係をどういったらいいのかなあ。畏敬する、敬慕する存在だったんだが。伊佐浜の強制接収（一九五五年七月）のときには、ぼくはもう琉大にはいなくて。川満や岡本はいつどこに集まってくれとか指令を受ける関係があったようだね。川満はそれで駆けつけて米兵になぐられている。だが、ぼくは国場さんとどこかで行動を共にしたという経験もないんだ。

なんというべきか、ぼくらが学習会なんかをやっているところに律雄さんは顔を出すが、その上にもっとすごい人がいる、瀬長さんの腹心、それが国場さんだという感じだった。そのような噂を聞いていたのが、実際に会ってみると、学究肌で、人当たりがとてもいい。温かい人なんだな。その人間・国場に惚れたということかな。一種のぼくの片想いの国場像というものがあったのだと思う。

情況にたいして抵抗する自分というものの位置を見定めるときの手がかり、よりどころとして人民党があり、国場さんがいたということだな。

――なるほど、そういう精神的なつながりだけだったんですか。しかしその精神的なつながりは決して薄い関係ではなくて、国場さんも新川さんの文学活動をすばらしいものだと高く評価していましたし、新川さんは国場さん追放の一報を聞いただけで人民党で何が起こっていたか事態を見抜くことができたぐらい深い理解を通わせていたんですね。

新川　そういう意味では深いつながりだった。

――川満さんと新川さんのお話で、だいぶ非合法共産党の内情についてイメージできるようになってきました。この地下党に関係した人たちには濃淡がすごくあって、なかには本当に強固な党派性をもった人民党兼任のメンバーがいて、さらに準党員の候補生の川満さんのような位置の人もいる。その一方で、国場さんもインタビューで言っていますが、入党手続きも党員証もなにもやっていない、ルーズな共産党という側面もあって、それが渾然一体になっているんですね。

新川　そう、ぼくなんかはそのルーズな方で、入党もしていないが、国場さんは『琉大文学』メンバーを、勉強会なんかで行動を共にしているひろい意味での仲間の一員と考えてくれていたみたいですね。

――はい、非合法共産党の資料を整理したあとで、晩年になって言うようになった「沖縄の党」のネットワークのメンバーです。政党組織ではない、あいまいな「党」、「党」のもともとの意味は「仲間」ですから、「沖縄の仲間たち」といったニュアンスが入りますね。

新川　テーゲー（大概）というか、沖縄ならではの考え方だと思う。あれはとても沖縄的な組織だったんだな。

（以上、二〇一三年八月一五日、那覇市久茂地にて）

2 前提としての同化主義批判

——前のインタビューのあと、鹿野さんを囲んだ座談会（本書所収）をお願いしました。そこでのお話も受けて、さらに新川さんに直々におたずねしなければという大事なポイントが浮かびあがりましたのでうかがいます。

一つめは、新川さんにとっての「沖縄の党」です。

国場さんのいう、政党ではない、ゆるいネットワークの「沖縄の党」にはシンパの新川さんも入れられているようですね。伊佐浜・伊江島の農民のみなさんも。また普天間基地のまわりに住んでいて、こっそり伊佐浜の強制土地接収にむけた米軍の情報を流してくれていたという「オンリー（現地妻）」とか「ハーニー」の女性たちも、そうなのかもしれません。国場さんは土地闘争のなかで彼女たちが協力してくれたことを、とても重く見て、感謝していました（前掲『資料集Ⅲ』(71)頁）。胸に迫るものがあります。

そんなふうで、「沖縄の党」には国場さんの「純情」な側面が反映された、少しロマンチックな印象もあるのですが、これを新川さんはどう見ますか？

さらにおたずねを進めると、事大主義や内なる同化主義に対する思想闘争を切りひらいてこられた新川さんにとって、「沖縄の党」というくるみ方はどうなのでしょうか。内なる同化主義を撃つというスタンスでいえば、沖縄の人だからといってすべてが団結できるわけじゃない、敵は内にあるともいえますが。

新川　いや、そこは矛盾しないんじゃないかな。国場さんのなかに「沖縄の党」というイメージがあったとして、そこにいたるまでの前提として、ウチナーンチュのなかにあるマイナスの、負の意識を克服しなければいけない。その前提をつくるつもりで、ぼくは言っていたんですけどね（笑）。

——なるほど。当時の新川さんによる批判や攻撃があまりに強烈なものですから、こんなおたずねをしました。たとえば人民党、瀬長さんたちと「挑み挑まれる関係」に立ったと、『反国家の兇区』（現代評論社、一九七一年）のあとがき（三三〇頁）でも書いておられますが、それはそういう論争をとおして、みんなに気づいてほしい、人民党も変わってほしいという意味のことだったのですか？

新川　うん、だけど人民党に変わってほしいという意識は、もうその時点ではなくなっていましたね。もうはっきりと、かれらの同化主義が「無条件全面返還」というかたちでできあがっていた。同一民族としての統一と団結による祖国復帰という闘いなわけだ。それにたいするノーというのが「反復帰」論のひとつの核ですから。

——その発端に、国場追放事件があるのですか？

新川　そうだね、きっかけではある。しかしぼく個人にとってみれば、露骨に個人攻撃を「アメリカ帝国主義の手先」だとやられていたからね。人民党の機関紙の『人民』や日本共産党の『前衛』でも、大々的な「反復帰」論・新川批判の特集を、党をあげてやっていましたから（『人民』一九七一年一月一六日・一月二三日・二月一三日記事など。『前衛』第三二六号、一九七一年七月掲載のシンポジウム「沖縄問題とイデオロギー闘争」など）。

——新川さんとしては、具体的な日程にのぼった返還協定を阻止する政治運動を企図していたわけではないのですよね。

新川　それよりも、思想的な同化主義批判のほうですね。それこそが、当時、多様な立場の人が共通してとりくんでいた「沖縄闘争」のなかで一番欠けていたし、またそれこそをもっとも大事な、闘いの中核にすえるべきだという考え方だった。ナマの政治的なあれこれについては、たとえば沖縄の意向をいっさい無視した返還協定への反対だとか粉砕だというのは当然の話であって、みんな共通するところでもあるんだけれど、その問題に対してどう向き合うかという思想の問題です。

——なるほど。若干の嚙みあわなさは、人民党と新川さんのあいだであったけれど、本質的には、ナマの政治と思想闘争が否応なく重なりあってくるポイントがあって、そこに「挑み挑まれる」関係があったのですね。人民党は政治闘争として全党的にキャンペーンを組み、新川さんは現実政治のゆくえからも自立した思想の領域を立てようとして、「反復帰」を思想運動として立てたわけですね。

3　テーゲーの人倫と自由

――では二つめですが、人民党の「無条件全面返還」祖国復帰論の核には同化主義があったとして、他方で「反復帰」論の核のほうはどうでしょう。一九七〇年前後のご論稿では、ヤマトとの「差意識」という結集軸をもっとも強く立てておられたと思います。

その差意識は、ある意味では外との関係です。外圧による団結ともいえますか。いまでいえば「オール沖縄」というのがありますが、内に引き裂かれる対立を抱えこんだ、抱えこまされている沖縄の人びとが団結しあえる、内部の軸や核とは、どんなものでしょう。

「反復帰」論への批判として新川さん自身が大きくうけとめ、次なる思想的展開へのつなぎになったものとして、谷川健一や川田洋さんの議論がありましたね。復帰してしまえば日本資本が乗り込んできて、また米軍政下に閉じられた沖縄人のコミュニティも壊されて、ヤマトとの「差意識」に頼った団結は社会基盤を失うだろう、けれども、むしろ「土着から流民への転生」のなかに新たな解放の力は生まれるといったものです（谷川健一「琉球弧の解放とは何か」『現代の眼』第一二巻八号、一九七一年八月。川田洋「「叛帝亡國・国境突破」の思想」『映画批評』第二七号、一九七二年一二月。また冨山一郎『流着の思想』インパクト出版会、二〇一三年参照）。これに対して新川さんは、もとより薩摩の侵攻による植民地化以来、「沖縄人は亡国の民」であり、流民化してきたのだと切り返しました。そして流民化はかならずしも土着の喪失とはならず、「亡国によって流民化したとしても、その出自によって規定される「土着」の志は、一〇〇年、あるいは一〇〇〇年の時間尺度をもってしても喪失しない」のだとしました。たとえ棲む土地を変えても、亡国の民としての沖縄人であるという「出自が規定する「土着」の志」といった精神性において、ヤマトと沖縄は依然として「決定的な位相のちがい」をもつとされ、「反復帰」を成り立たせた「差意識」は流亡のなかでも雲散することはないのだと書かれています（新川「土着と流亡」『現代の眼』第一四巻三号、一九七三年三月）。

この「一〇〇年、あるいは一〇〇〇年の時間尺度をもって」というくだりは、「狭い意味での沖縄ナショナリズムみたいな閉鎖的な生存空間、社会空間」をつきぬけて、五〇年一〇〇年単位で「強靭でしなやかな精神を取り戻す」「未来へのイメージ」として「沖縄独立の夢を語ろう」と提言する、九〇年代後半以降の独立論につながるものですね（新川明・池澤夏樹「〈対談〉沖縄独立の夢を語ろう」『世界』第六二五号、一九九六年八月、前掲『沖縄・統合と反逆』二五六頁）。

前置きが長くなりましたが、新川さんにお聞きしたいのはここからです。ぼく自身、新川さんのお人柄を知るにつれ、日本との差意識という外との関係、ある種の外圧よりも、具体的な人との友情、沖縄の社会が育んできた親愛、あるいは共同体的な感覚が、とても強い求心力をもっていて、新川さんはそこに立っている人だと思うようになりました。

なんて言えばいいんでしょうね、沖縄の友愛、同胞愛。それが本来ひらかれているから、新川さんは政治思想においてもナショナリズムとアナーキズム、そしてコスモポリタニズムを融合、共存させようとしている。そしてその融合のなかで「狭い意味での沖縄ナショナリズム」が閉鎖性を脱してパトリオティズム、普遍的な愛郷心につながる展望を得ようとしている。つまり「反復帰」論の核は、そういう友情じゃないかと思うんです。

新川　あっはっは（笑）。

――それは座談会でも島尾敏雄さんの新川さん評、「さわやか」だというのを引き合いに出して、清田政信さん、宮城啓さんとのつきあい方で触れたところです。川満さんと三人でお会いした際、新川さんから見せられた宮城啓さんのベルトの印象は強烈でした（座談会二五六―五七頁参照）。

表面上の歴史では、新川さんの『琉大文学』、「否《ノン》の文学」から「反復帰」論、沖縄タイムス社の社長、独立の思想といった流れと、啓さんの琉大マル研（琉球大学マルクス主義研究会）とその後の革マル派（日本革命的共産主義者同盟革命的マルクス主義派）にむかう党派活動の流れは、まったく別世界であるかもしれないけれど、党派が違ってもつなぎ合うきずながあって、ベルトで結ばれているんだと。

新川　ぼくなんかは党派に属したことは一度もないから、党派が違うもなにもないんだよ（笑）。啓なんかは党派をかたちづくっていたはずだけど、ぼくは党派は持たない。党派には属さない。党派が違うという意識もないよ。

――でも宮城啓さんは党派に属して沖縄の「奪還」ではなく「解放」だと、さかんに闘っていましたよね。

新川　かれらの政治的主張については、ぼくはよくわからない。まあ、ウチナーンチュのあれかもしれないけれど、ぼくの個人的なところからいうと、いいかげんなわけだよ（笑）。

相手の政治的な主張によって親しい感情をもつかどうかじゃなくて、なんとなくさ、会った感じで（笑）。「人間的に信頼できるんじゃない？」っていう感じでつきあうからね。基本的には国場さんでもそうなんです。うん、会った感じです。

――ただ、活字で残っているものを見ると、宮城啓さんは森秀人『甘蔗伐採期の思想』（現代思潮社、一九六三年）をめぐるシンポジウムを一九六三年一二月の琉球大大学祭で川満さんたちとやっています。そこでの宮城さんの報告が『琉球大学学生新聞』第六六・六九号（一九六四年）にわたって載っていますが、黒田寛一の理論に依拠して、国場は「構造改革派路線」だからダメだと批判していますね。後世になって文字だけからたどると、そういう政治的な立場しか見えないということになりがちですね。実際の生身の人間関係でも、もし当時、国場さんと宮城啓さんが向き合えば、論争や批判・攻撃とならざるをえなかったかもしれない。宮城さんはどんな人だったのですか？

新川　そのシンポジウムというのも、ぼくが沖縄にいないときだね。かれが書いたものは読んだ覚えがない。ただ、ぼくが八重山から沖縄にもどってきたあと、一九七〇年ごろかな、新聞社に電話をかけてきて、「近くにきているけれど」というから、喫茶店でこっそり会って話をするというのが一、二度あった。国政参加拒否闘争の集会の前後ですね。ぼくとか川満とか仲宗根勇くんとかでよびかけて、中核派を除き、ほとんど全部の党派が参加したんじゃないかな。

――コザで開催された「国政参加拒否大討論集会」（一九七〇年一〇月八日）ですね。中核派（革命的共産主義者同盟全国委員会の通称）だけは「革命的議会参入」の選挙闘争方針を立てていたので無理でしたが、その他の新左翼諸党派は、交流センターにもなっていた中部地区反戦の金城清二郎さん、今郁義さん、知念襄二さん、松島朝義さんたちがとりもって、勢ぞろいしました。その前後、啓さんとおつきあいがあったんですね。

新川　むこうはまあ、こちらに敵意を抱いてもいないし、ぼくはどこの党派にも属してもいないしさ、シンパだというぐらいには思っていたんじゃない？　だからたずねて会いたいと言ってくるんだろうしさ。ぼくはべつに、人民党・共産党なら別だけど、それ以外の人とはね。かれらは反代々木、反共産党で誕生したんでしょ、それは知っているわけだ。そのころ、ぼくも人民党・共産党からは全党的な批判がやられていたわけだから、そういう点では、なにか同志的な感じがあったかもしれない。むこうもそうかも知れないけれど、こちらも好感をもっているしね。琉大の後輩でもあるし。反人民党・反代々木で「話のわかるやつだ」という感じがあるからね。

だからその辺は、沖縄的といえば沖縄的でさ、なんとなく好感をもっているというだけの。ぼく自身、いいかげんな生き方をしていると思っているからさ。あっはっは（笑）。

――いいんじゃないですか、キチキチっと色分けしていかなくても（笑）。その「沖縄的」というのは、テーゲーですね。別の言葉で言えば、中庸。かたよらず、変わらない。変えない。普遍的な人倫というか、人道や生存権の考え方、自由の基礎とも言えるのかな。

新川　好ましいやつは好ましいやつでいい（笑）。

4　世代／時代をつなぐ身体感覚

新川（宮城）啓はそれぐらいだけど、清田（政信）くんは『琉大文学』の同人で、中里友豪くんたちと引き継いでくれていって、ちょっとしたつきあいはあったよね。その『琉大文学』なんかで、ずいぶん新川批判なんかやられたようだけど、ぼくはそのころ、かれの書いたものをちゃんと読んだ記憶がないんだな。かれの『抒情の浮域』（沖積舎、一九八一年）というのは買って読んだ憶えがあるけれど。だいたいぼくはあんまり勉強はしないんだ（笑）。本を買っても、あんまり読んでなくてね。

先日、ちょっと気になることがあって、伊礼孝くんの「「壊疽」の部分を設定し、撃て」（『琉大文学』第一八号、一九五九年一二月）という文章を見に図書館に行って、『琉大文学』を流し読みした。そうしたら、ちょうどその前後を通して、清田くんの「詩論の試み」（第一五〜二三号に連載、一九五八〜六二年）があって、そのなかでおれのことを批判してるんだ。ああ、こんなこと書いていたんだなって（笑）。

――『発想』で清田特集をやったときに、そのなかで新川さんも書かれていますね（新川明「清田政信に触れての二、三の断片的感想」『発想』第四号、沖大文学研究会、一九七〇年）。そのなかで、まあ乗りこえられるのはしょうがない、だけどあの時代はあの時代で一生懸命やったんだという趣旨のことを書いておられましたね（同五五頁、「批判しつくされ」「乗りこえられた」としても、「しかし、それにもかかわらず、やはりそのことは、いまにしていえることであり、そのことをもって当時（いわゆる五〇年代に）ボクをふくめてボクたちの仲間が果した一定の役割り（文学あるいは社会的な）をすべて無意味だということはあたらないと考える」）。

新川　ああそうか。

――それを読んで、ずっと考えてきました。……沖縄の情況は厳しいじゃないですか。この『琉大文学』でものを言うってことだけで、外から狭められてくる。そこでさらに、その内部でグループに分かれて、食ってかかるなんてことをやってたら、みんな立つ瀬がなくなりますよね。後輩が先輩を、先輩が後輩をとか。だからそこは、批判したかったらどうぞ、ということで、あんまりトゲトゲしくやりあわなくてもいいんじゃないかっていう、そんな感じがあったんじゃないですか？

新川　あっはっは、わからん（笑）。清田くんが学生だったときからつきあいはあって、そのときは先輩後輩という関係だったけれど、かれとやりあったという記憶はないね。

――清田さんの文章を読むと、なんというか、すごくからんでくるというか……清田さんにはとても濃密な共同体の出身だという背景がありますよね。人間関係はとても近い、愛憎もなかばする。それを骨がらみ抱えながら、戦争や占領、近代化でそれが屈折してくる。その屈折の乗りこえかたの問題を、戦後沖縄文学の兄貴分の新川さんにぶつけてくるとか、兄貴に反抗したがるという感じはなかったですか。好きだから否定する、憧れるから乗りこえてやるとか。

新川　あっはっは（笑）。かれがどう思っていたか、よくわからないけれど。かれの出版祝賀会があって、川満も行ったけれど、川満とは、こうムキになって喧嘩腰でやりあうというのはあったな。だけど、おれとはそういうのはないんだな。批判しているっていうことは知っていたけど。

――どうして平然としていられたんですか？

新川　いやべつに。批判はあたりまえだしなー。

――詩の世界なんて主観ひとつですからね。

新川　それもあるけど、たとえばぼくが学生のころに「船越義彰試論」（『琉大文学』第六号、一九五四年七月）というのを書いて批判した。前にどっかにも書いたんだけれど、船越を批判するということは、ぼく自身のそれまでの詩にたいする姿勢とか手法を批判する、そういうことでもあったわけだな。

――自分を相手に見いだして。

新川　そうそう、そういう意味であったわけだから。だから後輩がぼくを批判するというのも……当然だろうという感じがあるし。ぼくは船越義彰を批判したわけだが、日常生活のなかではね、かれのウチナー名は「タロー」っていうんだが、「タローッチィ」というわけさ。「タローのヤッチィ（兄貴）」をつづめて。会えば「タローッチィ、タローッチィ」という感じでつきあって、家に遊びにもいくからね。だからそういう感じであるからね、そのころ清田くんに道で会っても「ようよう久しぶりだねえー」っていう感じになるわね。沖縄的でしょ、きわめて（笑）。

——「お腹すいてないか？」っていうのが挨拶ですものねえ（笑）。人と人のあいだが近いですよ。そうすると、逆に大城立裕さんなんかが特別なのですか？

新川　かれの場合はねー、うーん。よくわからないけど（笑）。

——不思議なんです。後年の自伝で新川さんたちをまた全否定して、それを見た国場幸太郎さんに新聞の投書で反論されて、「尊敬する先輩なのに情けないですよ」といさめられたのに、それにたいしてウンともスンともない。反論もしない。

新川　そうなんだよ（笑）、立裕さんの場合はね。かれが学生だったぼくらを批判して、ぼくらも反論して、だけど何の応答もなくて、後になってまた同じことをくり返すから（座談会二三六頁参照）。

——ものすごい多作な人ですよね。それだけ書かずにいられない何かが自分のなかにいっぱい詰まっているから、批判を受けつけられないのかな。

新川　わからない。かれはかれでプライドの高い人間でもあるから。

5　固有のなかにつくる普遍

——次の質問は、一九六〇年代です。国場事件が「反復帰」論に鍬を入れた原点だという自分史の説明がわかりにくかったのですが、六四年から六五年に『沖縄タイムス』に連載された『新南島風土記』（単行本は大和書房、一九七八年、朝日文庫版、一九八七年、岩波現代文庫版、二〇〇五年もある）の最後に出てくる反共主義批判を読んで、あれ？と思いました。薩摩の鼻息をうかがっていた首里王府の政争で、良吏に「鬼利死旦」の汚名をかぶせ火あぶりにした事件をとりあげ、「歴史とは皮肉なもので、あたかも現代の一部の人たちが権力者の鼻息をうかがい、反対者をことごとく「アカ」呼ばわりして保身につとめている姿をほうふつとさせる」、「「悲惨なる滑稽」の状態は、多くの教訓をわれわれに示唆しているのではないか」とあります。近世の薩摩の鼻息、五〇年代の米軍の鼻息の次は、六〇年代からはヤマトの鼻息ということで、七〇年前後の「反復帰」論の同化主義批判にいたる道が連続して見えてきますよね。するとここには、国場さんのことがイメージされているのでしょうか。

新川　どれどれ。……うーん、だけどこの六四年の時点では「反復帰」論のような議論には、まだなってないからね。

――そうですか。「反復帰」論は、国家統合にむけた系列化というかたちの没主体化・脱沖縄化の道を進む人民党を批判して沖縄の精神的自立を説く議論なわけですよね。しかしその出発点は、国場さんの追放を知ったショックだったのだとしたら、復帰直前に「反復帰」論が表面化して人民党との激しい挑み合いにいたるまで、国場さんへの不当な処分の汚名をそそぐチャンスをうかがうというかたちで、ずーっと背後にモチーフはつながっていたのかなと思ったんです。それを暗示したのが、『新南島風土記』の最後をかざる、同化主義による弾圧に対する批判なのではないかと……。

新川　いやーっ、そんなにうまく整理されたら、それはちょっと違うって感じだよなあ。あんたはそういうふうに整理したいだろうけど（笑）。

国場さんについてはまったく単純で、国場さんという人間に惚れているわけだな。それに政治についての見解でも、「国場・新里論争」が六三年にあって、共産党の立場の新里恵二と国場さんの言い分をそれぞれ読んでいけば、この国場さんの言い分を切った共産党の方がおかしいということがわかるじゃないですか。その意識はそのころからずーっとあるわけだ。かといって、この『新南島風土記』を書いたときに、それを意識して書いた記憶はないですね。いま読み返してみても、……国場事件に限らず、歴史というものは、この「悲惨なる滑稽」というものをくり返す、そういうことを言いたかったんじゃないかな。もっと普遍的な問題として。

――シルークルー（白黒）の党派対立など、そういうことは多いですよね。『新南島風土記』の最初のほうでも、島に二つの漁業組合ができてしまう当時の例があげられていますね。

新川　そういう普遍的なことを言いたかったんじゃないかな。だからこれを読んで、たとえば森さんという人が国場さんのことを思い浮かべても、それは書いた本人としてはいいことだよ。

――それはこっちの解釈ですからね。

新川　そう。

――これは一本取られましたね（笑）。国場さんとのおつきあいもふくめて、人間を普遍化する。聞き手と語り手の、なんというか「攻守逆転」ですね。しかしこれでまた振り出しに戻ってしまった（笑）。では率直に、「反復帰」論と国場さんって、どうつながっているんですか？

新川　つまりはさ、国場さんが切られたのはなぜか、それは政治的な路線対立じゃないかと六〇年の初めから推測していたわけだが、いま言ったように「国場・新里論争」を読んで、明らかに路線が違うということがわかった。新里恵二が依拠している共産党の民族の統一戦線、そしてのちの無条件全面復帰という丸投げにする路線が、国場さんの主張に照らせばおかしい、矛盾だらけだということに気づく、国場さんの言い分の方が正しい。その延長線上に「反復帰」論は出てくるわけだ。だから言ってみれば、国場さんの主張も、ぼく流の解釈でいえば、いわば「反復帰」論。だからルーツはそこにあると言ってもいいんじゃない。

――はあーっ、そうですか！　それは驚きますねえ。

新川　なんで？　だからぼくはぼくなりに、国場さんの書いたものを見て解釈して、勝手に考えているんだから。

――国場さんが「反復帰」論だなんて思ったことはなかったです。公式的に律する面がつよい人じゃないですか。キチッと。だから「反復帰」論的な物言いは一度もしたことがなかったんじゃないですか。

新川　はい。

――ともかくどんな悪い政府のもとでも労働者は連帯するべきだ、それが正解だ。だから「反復帰」論と国場さんは、結びつけるなんて思いもよらなかった（笑）。しかし言われてみれば、森秀人も『甘蔗伐採期の思想』で共産党の民族統一路線のまずさを示す例として、国場さんを引き合いに出していましたよね。

新川　そうだったか。それはあんまり意識しなかったけどね。

――ともあれ、沖縄の自立的な解放をめざすという点では一緒だということですか。

新川　そう。だからそういう意味で、宮城啓なんかにも非常に近しい感情を持つわけだ。それは政治的な理論とかじゃなくてさ。マル研の政治思想に共鳴してとかじゃないわけだ。

――なるほど。ではマル研についても、六〇年代後半になると、どんどん日本の党派に系列化、一体化されていきますね。まるで国場さんのあとの人民党の二の舞というか、そういう目で啓さんのことを見ていたんですか？

新川　いや、その辺のことは、ぼくはまったくわからない。そういった意味でのつきあいはなかったからね。ぼくはただかれらが「反代々木」ということだけで親近感を持ったというだけだから。

――その「反代々木」ということの出発点が、国場さんの追放事件だったと。

新川　そうですね。

――なるほど。やっと整理がつきました。固有から普遍へ、とよく言うけれど、普遍というのはどこかにあるものじゃなくて、あるいは誰かからこれは普遍、これは固有だと名づけられるものじゃなくて、自分から発して他者と出会い、つながることで、自分のなかにつくるものですね。では、いまのようなことを、たとえば国場さんと会ったときに、おたがい政治的なスタンスは違うけれど、普遍の部分で、同志という感じを共有していたんですか？

新川　いや、ぼくの方は尊敬する兄貴分と思っていたが、むこうがどう思っていたかはわからない。弟分ぐらいには思ってくれていたかな？

――とても尊敬していましたよ。それは書かれたものの端々にも、にじみ出ていると思います。戦後沖縄を象徴する詩人として位置づけていた。それが面白いところで、国場さんは新川さんについて言及するとき、名前の次にカッコして「(詩人、元沖縄タイムス社社長、会長)」というふうにするんです。社会一般には新川さんは思想家なんでしょうけど。かたや川満さんについては、一般に詩人と見られ、本人もそうしているのに、国場さんは詩人とは見ない。むしろ直々に指導した後輩の活動家なんですよね。だから川満さんが一生懸命「琉球共和社会憲法」をつくって国場さんの思想闘争を引き継いでいるつもりでも、国場さんの目からは革命運動を茶化すふまじめなことを書いて活動家くずれになってと、説教をする。

新川　そうなんだよね（笑）。川満も、あれで国場さんに距離を置いてしまって。ぼくは国場さんとはそんなに話した憶えもないしね。ただ、会った時でも、そんなに話をしなくてもわかり合っているという感じじゃなかったかな。国場さんの書いた論文も買って持ってはいたけど、あんまり読んだ憶えはないんだな。

――難しいですよね。

新川　そうだね、でも感じでわかってる。

――新川さんは自由をもとめて自由になっているんですね。その自由さはぼくにないものだし、もしかしたら国場さんも、その新川さんに憧れていたのかもしれませんね。

6　革命と暴力

――では、もう大詰めに入りますが、鹿野さんに今回、国場さんの『沖縄の歩み』を読むかたちで国場論を書いていただきました（本書鹿野論文の第二節として所収）。それを新川さんにも読んでいただきましたが、どうでしょう。

新川　いや、ぜんぜん違和感なかったし、よかったよ。今日、やっと読んだんだけれどね（笑）。ぼくも『沖縄の歩み』を読んで考えていたことを、鹿野さんが丁寧に論じてくれた。

一つはタイトルを『沖縄の歴史』じゃなくて「歩み」としたこと。その意味するところは何かと考えていた。権力の歴史じゃなくて民衆の歩みなんだな。

二つめは沖縄戦から書き出したこと。ぼくが『沖縄タイムス』に書いた国場さんへの追悼文（前出）でも、「『太平洋戦争のいきさつ』から入って『沖縄戦の悲劇』を詳述する章を巻頭に置くという異色の構成だ」と書いている。

三つめは、これは鹿野さんは触れてないんだけど、最後をコザ騒動で締めたこと。将来の連帯への展望、メッセージにいく前の、具体的な沖縄の歴史叙述の最後にコザ騒動を置いた。この事件でとめた。これは何を意味するか、ずっと考えてきた。

つまり沖縄の運動というのは、国場さん自身の「島ぐるみ闘争」もそうだし、それから鹿野さんも書いている阿波根昌鴻の長い土地闘争、安里清信の金武湾を守る闘い。すべて非暴力の闘いなんだな。それがシンボルだと、いまでもさかんに言われているんだけど、コザ騒動というのは、あれ非暴力ではないさな。米軍車両をひっくり返して基地のなかに突入して米軍施設を焼き払うんだから暴力的だよね（笑）。

だからあれを最後に持ってきて、沖縄人も差別と植民地支配のなかで忍従を重ねてきたんだけれど、その限度を越えると、こういうエネルギーを持っているよということを訴えたかったのか。コザ騒動を最後に持ってくることで何を言いたかったのかな……と。

この三点だけは前から考えてきたんだ。だから鹿野さんがこのことをどう評価するのか、意義づけするのか、聞いてみたい。ぼくはギリギリの線を越えたところでは、暴力的な闘いも、人間としてさ、避けるべきではないというメッセージとして考えるわけだな（笑）。しかしそういうと、深読みしすぎるかなあと考えるんだが、冷静な鹿野さんならどう考えるだろう。

――そうなんじゃないですか。レーニンの『国家と革命』が国場さんにとっての一番の教科書だから。理論的にも、反乱を起こさないと革命が起こらないですよ（笑）。

新川　そうそう（笑）、そうだよね。だとしたら、これはとっても国場さんらしい。アジテーションのような口調じゃなくてさ、さらっと書く。それが国場さんのやり方なんだ。

――なるほど。その一方で、国場さんは瀬長さんのことを民衆をふるい立たせるアジテーターとしてとても尊敬していました（「よく人の心を引きつける、巧みな演説をよくやっていました。そういう才能がある人です。その辺の瀬長さんの沖縄に果たした役割というのは、戦後は非常に大きいと思います。正しく評価しなければいけない。……彼の存在が大きく沖縄の闘争を奮い立たせたということです」『資料集Ⅲ』(31)頁）。国場さんとぼくは、史料や証言を整理する仲間として、公正に歴史をまとめる仕事をとおして、ある意味公式的なところでおつきあいしてきたから、わからなかった。やっと国場さんの内に秘めたエネルギーの核心部分の人間性について、新川さんから教えてもらったと思います。

7 日本との連帯、あま世へ

――では最後です。鹿野さんは今回の論文の最後で、国場さんの『沖縄の歩み』における主張をこうまとめています。日本がアメリカへの植民地的従属を脱して近隣アジア諸国民と連帯して平和をつくれるように、日本国民が日本を組み替えよう、「沖縄の苦難に満ちた歴史を教訓として、沖縄県民だけでなく、日本国民みんなが」と。そしてこのよびかけに応えて、「辺野古から日本史を組み替えてみる」と書いています。

また、国場さんのよびかけには「ウチナー世」には止まらないような、隔てのない社会＝「あま世」への気息を感じます」と書いて、それなら自分もそこに一緒にいられそうだ、沖縄の人と連帯できるありようが見つかったと、座談会での発言とあわせると、言っているように思います。

これまで鹿野さんは、沖縄の人との関係でいえば、申し訳ないというか、批判は絶対できないということで、及び腰のようなところがある、その一線は越えられないと座談会でも発言していますね（座談会二二九頁参照）。しかし、沖縄は沖縄で歩みを進めて、日本の人間は日本でみずからの課題を進めて、そのいくつもの道、新川さんの独立論や、国場さんの社会主義革命への道、川満さんの描く大陸・大国のあいだに挟まれた島々の非武装連帯、日本の自立などが、より上の次元というか、「あま世」といわれるようなユートピアをめざす心では、ひとつにつながっている。そのイメージは、たとえば現在の独立論との関わりで、どうでしょう。

新川　うん、それはそのとおり。隔てのない世界というのも、そうだろうとは思うけどね。ぼくの考え方は、松島邸での座談会でも、独立論をめぐって同じような意味のことを言ったと思う。鹿野さんは論文で国場さんのスタンスをこうまとめていますね。日本本土からの恒常的な差別にたいするキリキリした感情、拒否感をも糧として、日本国民にたいして、アメリカの帝国主義のもとにある被抑圧者としてのみずからの位置への覚醒と、それを基とする被抑圧者同士の連帯を求めた、と。ぼくも、日本人がみずからについて目覚めて、日本自身がちゃんと独立することが、沖縄の独立解放に連帯することだという意味のことを座談会で言ったと思うけど、そのひとつじゃないの。

――なるほど。ところで、よそからお前ああしたらいいよ、こうしなさいと言うことは、難しいところがあるじゃないですか。とくにウチナーンチュはそういうのを好まない。ケンカだったら別だけど。とくに近い関係だと言いにくいですよね。

新川　うん。

――それがですね、国場さんがこうしっかりと、闘いや挫折、苦しみをくぐって、その上で書いた言葉を、鹿野さんがまたきちんと冷静に分析して受けとめて、言葉にする。そしてそれをうけて、新川さんが座談会発言に補足して応答する、そうだよと。そういう積み重ねで、やっと「そうなのかな」と呑みこめるようなものになるかな。

新川　あっはっは（笑）。

――なかなか面と向かって、お前たち日本人はこうしなさいとか、沖縄人はこうしなさいとか言えないし、言えるときはケンカ腰で。だから言っても伝わらない、染みとおらないじゃないですか。

新川　そうかもね（笑）。

――正解を無理やり呑みこませれば、正解も不正解になる。自戒を込めてですが。関係が大事で、関係を変える、しっかりとした指針となる言葉を、一人じゃなくてみんなのこころと体でともにつむぐ。

沖縄と日本の関係について、しっかりとした指針となる言葉は、あまりないです。「あま世」へという言葉は、伊波普猷が絶筆でのこしたものですが、今回、その言葉を実際に生きる関係を、国場さん、鹿野さん、新川さんにやってみせてもらうってことだったのかな。とてもよかったと思います。鹿野さんの書いた国場論を読んできて、コメントを聞かせてくださいとお願いしたのは、そういう意味でのリクエストでした。たぶん（笑）。

新川　はい（笑）。それはそうと、なにか、あなたたちで声明を準備しているの？

——はい、そうなんです。菅義偉官房長官の、自分は戦後生まれなので沖縄の歴史はわからないが、日本全国苦労したので沖縄だけが特別じゃないという趣旨の発言にたいする抗議声明です（「戦後沖縄・歴史認識アピール」『世界』第八七七号、二〇一六年一月 https://goo.gl/HUO5iM）。そしてこの機会に日本の人たちの戦後史認識、沖縄認識を真剣にともに考えようとするもので、これから発表するものなんです。これが草稿です。

これまでも新川さんはつねに厳しく真摯に沖縄・日本の連帯のありようについて論じてこられましたね。戸邉さんからは、「大江健三郎への手紙」（前掲『反国家の兇区』所収）を書かれた新川さんの目からみて、今回のアピールの草稿をどう評価されるか、ご意見がもらえたらと聞いてきました。どうでしょう。

新川　……いやあ、私はアドバイスできる立場じゃないね。だけどそうね、日本の人に国場さんの本、この『沖縄の歩み』を復刊して読んでもらう。それに尽きるんじゃないですか。

——ああ、そうですね。鹿野さんはシンポジウムで公言して、いまもその気ですから、ぜひやりましょう！　今日はほんとにいろいろと聞きにくいことまでおつきあいいただき、ありがとうございました。

新川　いやいや、とんでもありません。こちらこそ。

（以上、二〇一五年一一月二五日、那覇市沖縄県立美術館にて）

戦後の沖縄戦を生きぬく

松島朝義（聞き手・森宣雄）

1　学徒隊の末裔、人権弁護士の子

——お父さんの松島朝永さんは、米軍政下沖縄の「人権弁護士」として有名な方ですね。

松島　親父は民連の時、弁護団に入っていました。ぼくの家には人民党の人なんかがよく来ていました。当時、この家だけが安全だったんですよ。弁護士の家は治外法権みたいな雰囲気になっていたから、軍が入ってきてとっつかまる心配もないし。そこで、政治的な話ができる場として集まっていた。地下組織のどこかで話すのとは別に、公に集まってしゃべれる場だったみたいです。

——朝永さんは占領の初期に八重山支庁で裁判長を勤め、それから沖縄島に戻っていますね。一九五一年四月には全琉の臨時中央政府（琉球政府の前身）の発足にあたり米国民政府から上訴裁判所判事に任命されました。

松島　だからぼくの家庭はここ（沖縄島）で戦《イク》さを迎えてはいないわけ。ただ、親父は長男ですが三男が朝三《ともぞう》といって、大田昌秀さんや外間守善さんなんかと沖縄師範学校で同級生なんです。師範学校の龍潭同窓会が出した『龍潭　同窓会会員名簿』（一九七八年）を見ると書いてあります。昭和二〇年卒業（予定）となっているクラスの名簿を見たら、「戦死」や「入隊して不明」ばかりが延々と並んでいる。

大田さんが知事している時に会ったことがある。いまの県庁が建っているところは湧田といって昔焼き物の産地だった。県庁舎の建設中に窯跡が出てきたものだから頼まれて鑑定した。ところが県庁ができてみるとモニュメントも何もないものだから、その湧田の土を勝手に取って焼いて、県庁に持っていった。あんたの座っている真下は、かつては物をつくっていた場所だから、モニュメントぐらいつくってくれと言いに。ここの土で作ったものだからどうぞって。そうしたら大田さんが驚いて「あんたあの松島さんの何か」と聞くもんだから「甥っ子だ」と。そしたら墓前にこれを御供えしてくれというもんで、『総史沖縄戦』（岩波書店、一九八二年）という本に一筆書いて、ぼくにくれたわけ。それで話は焼き物のことでなく、ずーっと師範学校時代の話ばっかりになった。あんたのおじさんは空手の使い手で番長だったと。戦さになったときも真っ先に突っ込んで行くタイプで最初のころに死んだらしいのよ。そのおじさんとぼくはよく似てると。

親父は沖縄に帰ってきてから、米軍の下ではやってられないとかで弁護士になった。当時、那覇の久茂地にあった教職員会館に弁護士事務所がないと困るということで、一階に弁護士事務所を開業した。だから表には教職員会と親父の弁護士事務所の看板が二つ並べて掲げてあった。上の階にあがる角にあったものだから、警察や米軍が勝手に上（教職員会事務所）にあがっていけないようになっていた。弁護士という肩書だけでも、ガードしているようなかたちになっていた。

――戦後、沖縄教職員会の会長だった屋良朝苗さんも、敗戦まで台湾で先生をしていたんですよね。

松島　そうです。一九六八年の主席公選の時には、親父は屋良さんの陣営の革新共闘会議の弁護団長をしていた。ぼくは当時留学で東京へ行っていて、「いいバイトがある、屋良朝苗のボディガードせい」って親父がいうんで、ハイってすぐ帰ってきた。柔道するやつと空手するやつとで二人、屋良さんといつも行動を共にしていた。ぼくらは車の中に寝たんだけどね。ふつうの公務員の月給が約三〇ドルの時に、月四〇ドルもらっていた。本島だけで、離島には行かなかった。社会党の成田知巳委員長が沖縄に来たときにもボディガードをやった。これは警備としてだけですが、革新とか何かというイメージはぼくの中にもう、その前からあった。

こういうことはもう話してもいいのかな。ぼくが小学校五年の時かな、弁護士事務所を自宅と兼用みたいなかたちにして、教職員会館から那覇の松尾のほうに引っ越したんです。そこで開業していたとき、古堅実吉さん、復帰後に沖縄選出の国会議員もやった共産党の人が二年ぐらい秘書として勤めていた。それで彼は布令弁護士の資格を取ったんです。それと革新系の弁護士だった金城睦さんも、沖縄に帰ってきてから少しの間いましたね。

当時の沖縄では法曹の大部分は「布令弁護士」で、国家試験を通っている人は戦前からやっている人しかいなかった。人材不足のため、裁判所などで二年の法曹勤務経験があれば特例で自動的に布令弁護士の資格が取れる時代だったから、当時弁護士になるのは警察官が多かった。それと秘書官みたいな人も。親父は本土の国家試験を通っていたものだから、書生を取って教える役目を負った。

小さいときに親父のところに瀬長亀次郎さんたちが来ていて、その後、二代目というか次期指導者となるような人たちが国家試験を受けたり、資格取って独立していくという流れだったんでしょう。国場幸太郎さんと比嘉律雄さんと、もう一人古堅実吉さんの一つ上ぐらいの人が、いつも三人でずっと親父のところに入りびたっていた時代がある。ぼくは子どものころから人民党の人たちを見て知っていたんだけど、いつのことかな、亀次郎さんのすぐ下の代にあたる律雄さんや国場さんがいなくなっちゃって、その次だったはずの古堅実吉さんとかが継ぐかたちになっていった。「あれ？　あの人たちが確かにいたのにどこに行っちゃったのかな」と不思議でしたよ。律雄さんは親父が九五年に亡くなったとき、告別式には来なかったけれど、後で線香一本持って来たりした。

ぼくの親父には、政治的な主義主張みたいなものはないですよ。人道主義っていうのかな、戦後の本土の法律を適用しようと思っても、軍事占領で法律がないから、それでがんばってやるだけであって、政治的にどうのこうのというのはなかったでしょう。

2　沖縄闘争学生委員会での活動

――松島さんは自分は運動の現場の人間だったとおっしゃいますけど、実際の運動に関わるのはいつからですか？

松島　きっかけとしては、一九六八年一月、奨学金を打ち切られた同期の留学生の支援活動がありました。ぼくらの時代に大学といえば、琉球大学、沖縄大学、国際大学、それと国費自費の留学制度、あるいは個人単独で本土の大学を受験する私費留学かでした。国費自費の留学制度というのは、学力のレベルでいえば当時の沖縄の学生は医学部なんかに受からないですから、医者をつくれということで始まった制度。それから法学部。国家試験に受かる学生をつくれという。琉大に法学科はあったけど、そこから国家試験に受かった実績がないものだから。

毎年二〇〇人ぐらい沖縄中から選抜試験で取って、文部省の支援でそれを全国の国公立大学に散らしたんです。成績がいいのが東大だという感じでもなかった。私立大学へは、早稲田と中央が選択肢にあった。中央大学にはぼくらの年に七名ぐらい。ここから一人ぐらい司法試験に受かればいいという感じでしたよ。だから中大の法学部も激戦区でした。ここからは司法試験にいっぱい受かる、専門学校みたいな大学でしたから。

ぼくは一九六六年、この留学制度で中大の法学部にたまたま入ったんです。法学部の漠然としたイメージしかなかった。ところが入ったとたん、むこうは法学の専門学校だから、一年生から国家試験を目指したゼミとかあって、半分プロ集団なわけよね。ぼくなんかは高校のときに六法全書など読んだことないですよ。ところがこいつらはみんな読んでるわけ、何だコイツって（笑）。ぼくらのクラスでも二、三人が三年時に司法試験に受かってましたよ。ぼくはほとんどクラスに行ってないけど。

そのころ、九州大学に行った与那原恵永君が学生運動で逮捕された（六七年一〇月、佐藤栄作首相の南ベトナム訪問に反対する全学連・反戦青年委員会が阻止行動を起こした第一次羽田事件。初めてヘルメット、ゲバ棒スタイルで機動隊と衝突）。それを理由に六八年一月に文部省が奨学金の給費を打ち切ったことで、全国に散っていた国費留学生たちが自然発生的に急遽集まった。これが「与那原君を守る会」です。育英会の本部がある東京に全員集まって押し掛けて、撤回せよと抗議した。それが沖闘委のスタート。沖縄闘争学生委員会（沖闘委）・準備会の結成はその年の七月のはずです。

――するとそこで結集したのは、みんな同期の留学生たちだったんですか？

松島　いや、沖縄から秀才と呼ばれて留学に行った連中がいたわけよ。そのなかで東大行った連中が中心だったんじゃないかね。それもぼくらより一、二歳上とかの。たとえば渡名喜明も東大で一九四五年生まれでしょ。一九四三年生まれの学生まで関係を持っていたと思う。だから六〇年安保と七〇年安保に挟まれた世代が集まったという感じだね。沖闘委の委員長になった知念襄二もそう。彼は一期上で、いま精神科の医者をしている。沖闘委もいい加減なんだけど、表に立つ顔が必要ということで、あんたは東大だし人当たりがいいから、委員長だとなった（笑）。それでも、リーダーの下でというのはなくて、みんなそれぞれ個人の意思で。

――沖闘委は結成当初から、米軍政下で自由に行動・発言できない人権抑圧状況を変えるため、渡航制限撤廃闘争を始めます。六八年の八月二三日には、那覇から晴海に入港したひめゆり丸から強行上陸しますね。新崎盛暉さんは、この船に乗り合わせていたことを何度か書かれていますが、渡名喜さんが沖闘委のトップだと書いているので、そうなのかなと思ってました（新崎盛暉「古波津英興さんのこと」『民権の火よ永遠に』沖縄民権の会、二〇〇一年など）。

松島　渡名喜が沖縄に来てなにかやるということはほとんどなかったはずよ。国費留学生というのは最初船で鹿児島へ行って、そこからみんなで電車に乗って、段々に降りていって、北海道まで散らばっていく。与那原君の処分が起こったときに、ぼくと当時広島大学にいた黒島善輝というぼくより一期下のやつと二人で、いきなり沖縄に行くのはまずいから、新しい国費留学生が鹿児島の宿舎に来ていたところを襲った。……襲ったというのは、要するにビラまきと宣伝に行ったわけよ。「こういうことが起こっている、撤回運動せんといかんよ」とぶったことがある。船で上陸した二〇〇人ぐらいのいる宿舎の懇親会みたいな場に、強引に乗り込んでいって。

――匿名ですけど、『中央公論』一九六八年一二月号に沖闘委による座談会「「祖国」を告発する」が載っていて、東大や国際基督教大学の学生が話しています。総合雑誌に載るのはちょっと意外でしたが、時代の問題を象徴する存在だったのでしょう。

松島　当時ぼくらの動きを一番よく追ってマスコミに報じていたのは、おそらく『沖縄タイムス』東京支局の記者だった由井晶子さんだと思う。ぼくらをべ平連とくっつけたり、いろんなことをした。沖闘委の初期のころに由井さんに取材されて、東京で学生がこんなことをやっていると匿名で一人ずつ紹介した記事が『タイムス』に載った。沖縄の七人のサムライとかいって。キューバ革命も七人だったから、こんなのもいいかなって（笑）。

――『沖縄タイムス』六九年一一月一一日～一二月二日まで一五回連載の学生問題取材班「若者の理論と行動」のなかで沖闘委のノンセクトとセクトの学生計七名が紹介されています。これですね。その前の六月二六日には、長期連載「沖縄を演出する」のうちの一回として「沖縄闘争学生委員会／主体的な沖縄闘争／身をもって本土政府を告発」があり、この時点で沖闘委の「会員はいま全国で一二〇人ほどだそうである。在本土学生は四千人を越すから、せいぜい三％、数の上では文字通り〃一部学生〃に過ぎない」とも書かれています。

松島　沖闘委は多いときで二〇〇人近く集まったかな。本土の学園紛争と時期的にかぶったものだから、沖闘委に集まった者もやがてノンセクトとセクトに分かれていく。最初にぶつかったのは沖縄県学生会連絡会議といったかな、県人会の学生組織みたいなもので、ほとんど民青（共産党系の日本民主青年同盟）だった。与那原君は新左翼セクトの中核派と関係があったものだから、それで民青の県学連では反共産党的なトロツキストの支援はしないというので。

六九年の四・二八行動（サンフランシスコ講和条約発効日。「沖縄デー」として例年、沖縄復帰・返還運動が組まれた）のために復帰協（沖縄県祖国復帰協議会）の代表団が東京に来たときは、上陸した四月二四日に沖闘委としてデモをした。そのころが、いろんな学生が入ってきて最大の人数になった。それを指揮するやつがいないので、ぼくが指揮して、ぼくだけとっつかまっているんだよ。

その前には六八年八月、沖縄に行って運動やって、東京に帰るときに、晴海埠頭でパスポート拒否して捕まっている。その少し前には沖縄発鹿児島着の船でやった。これはベ平連が中心となって先発隊として行かせた。それでぼくらが後続で、沖縄へ行って戻るときの晴海で、一〇何名が強行上陸しようとした。それで八人ぐらいだったかが、拘留期限ぎりぎりの二三日間、東京で拘留された。

そのとき、ぼくらはパスポートを燃やしているから身分としては沖縄にいることになっている。だからこの次に六九年後半に沖縄で闘争しようというとき、パスポートを持ってないのが、ぼくと委員長の知念の二人いて、沖縄に帰るときパスポートもないから申請できない。書類上は沖縄にいることになっている。だから偽造して帰っている。他人になりすまして。パッと名前を言われたらハイっと返事できるように練習した（笑）。

それで船だとやばいから、鹿児島から飛行機で那覇に行った。そこでぼくは突入闘争で嘉手納基地に入ったものだから、これでとっつかまったのが三回目（六九年一〇月二〇日）。その時、罪名がないということになった。公務執行妨害でもないし不法入国でもない。基地内でやったことにどういう法を適用するか。基地内の治外法権の場所で何かやった時は民間に裁判移送するということで、コザ署に移された。ところがコザ署には権限がないから軍法会議にかけろとまた戻された。両方ともそっちでやれと、ずっと困っていた。それで出入国管理法違反という罪名がくっついてきた。お前は東京の留学生のはずだがどうやって来たかと尋問されて、島づたいに奄美を通ってきたと答えたら天候はどうだったかと、向こうは天候まで調べていた。この嘉手納基地闘争の時は、ぼくが責任者になって、中核派から三人、沖闘委からぼくら二人、五人で基地内に入った。

――ベトナムへの爆撃にむかうB52に火炎瓶を投げて戦争をとめるということですね。この沖縄研究会編『沖縄解放への視角』（田畑書店、一九七一年）という本に、松島「乗りこえの論理」という文章（初出は沖闘委現地闘争団『現闘団ニュース』一～五号）が収められているんですが、これは松島さんが書かれた文章ですか？

松島　嘉手納基地突入闘争の時に書いたものです。『現闘団ニュース』に関わったのはぼくともう一人、仲里哲雄。二人だけで五号まで出したと思います。彼は当時、京都外国語大学にいて、しょっちゅう東京まで出ていた。劇団創造の中里友豪の弟で、やはり文学青年だったから、文章が上手だろうから書けといった。『沖闘委とはなにか』の「何故に「沖縄学生」のみの「沖闘委」とするのか」（一九六九年六月。新崎盛暉編『ドキュメント沖縄闘争』亜紀書房、一九六九年所収）などは彼が書いていると思う。

彼は琉大の自治会との内ゲバの時に捕まった。ぼくらが沖縄に行った時に、琉大で、革マル派の自治会と対立するグループが理工学部を陣取った。それで自治会とにらみ合いが二週間ぐらい続いた。そこに機動隊が入ってきたものだから、ぶつかって捕まった（衝突事件となって報道されたのは一九六九年一〇月二〇～二三日）。その時に琉大自治会の連中はほとんど捕まっていないはずよ。だけど沖闘委の主力メンバーはほとんど捕まっている。ぼくらはその時にはもう嘉手納基地に入って捕まっていたんだけど。

3　非党派・中部反戦へ

松島　この文章（「乗りこえの論理」）を書いたことは憶えているけど、この本（『沖縄解放への視角』）を見るのは初めて（笑）。この本はおそらく今郁義が関わっているはずよ。掲載資料は今さんが集めたものじゃないかな。今さんの奥さんが保育園の保母さんをしていて、中部反戦で一緒になった。奥さんは劇団創造のメンバー。保母さんとかバスガイドしている女の人たちが劇団創造のメンバーだった。そのメンバーの内の、教師をしている中里友豪さんみたいな穏健派を除いたグループが、ゴソッと中部反戦に入ってきたわけよ。創造の教員たちのグループだけは、そこで入らなかった。

――正式名は沖縄中部地区反戦青年委員会ですね。六九年一一月九日の結成大会では六〇人ほど集まったと報道されていますが、メンバーはそのぐらいですか？

松島　組織自体に組織論がなく自由だったから、友達の友達とかで集まっていて、数はわからない。要するに関係者だよね。中部反戦というのは、金城清二郎さんというコザ市役所にいて市職労で活動していた人が中心的な存在になっていた。反復帰論をうけて国政参加拒否のシンポジウムをやる時、ビラの作成から撒くまで、中部反戦が全部やって、那覇から新川明や川満信一なんかが来た。それから全軍労の青年部と官公労とか自治労とかの役所の青年部の人間をくっつけたのも中部反戦がやっている。そういういろんな職種に分かれていた動きを横断してつなぐ一つの場として中部反戦が機能したのは確かですよ。本土から来る学生運動や反戦青年運動のグループはみんな中部反戦の事務所に出入りして、機関誌なんかを置いていった。センターみたいな位置だった。

それから高校生まで取り込もうということで、ぼくら学生が中部の高校生と関係をつけたので、前原高校なんかの高校生も、いつもいましたよ。劇団創造がコザにあったから、コザ高校など高校生の間でも演劇が盛んで、そういうところからも来ていたんです。ただ教員とはつながっていない。教員は教員でまた別の、教職員としてまとまっていたから。

――『べ平連ニュース』六二号（一九七〇年一二月）に、アメリカから来た反戦活動家のバーバラ・バイと、松島さんの当時の筆名である宮城島明が、一一月二〇日に沖縄で話し合ったときの対話の一部抜粋があります。この対話記事では麻薬の話が出てきて、沖縄の麻薬流通を掌握しているのは白人で、そこから沖縄の基地周辺での白人と黒人の間の支配関係や対立が、具体的なレベルで作られていると議論されています。

松島　ぼくは中部反戦の何人かと一緒に、基地内の裁判に入っていって傍聴した覚えがありますよ。

――それはヤン・イークス、アニー・イークスなんかが基地内のブラックパンサーと連携してやっていたんですか。中部反戦とパンサーやブッシュ・マスターなどの黒人との交流でも、松島さんは一緒でしたか。

松島　そうそう。彼ら基地内の運動への支援部隊は基地の外にいて、泡瀬とかに事務所を間借りしていた。基地の中からじゃなくて、外から連結していた。ぼくら中部反戦は基地内から出てきた連中と会って話したりした。

――宮城島明の筆名で書いたものを合わせると、この時期、松島さんぐらいたくさん書いていた人は、反復帰論の三人（新川明・川満信一・岡本恵徳）を除けばほかにいません。探し出せただけでも、次の文献を挙げることができます（他に中部反戦・離島社の内部資料があるが、公刊された文章に限定）。七一年に集中していますね（松島朝義：沖縄中部地区反戦「復帰運動の終焉」『情況』第二八号、一九七一年一月、谷川健一・松島朝義「〈対談〉沖縄＝国家を越える無限旋律」『情況』第三一号、一九七一年四月、宮城島明：離島社「〝何故沖縄人か〟」『構造』一九七一年六月号、宮城島明：離島社「叛逆罪は裁かれない」『現代の眼』第一二巻第七号、一九七一年七月、宮城島明：離島社同人「民族・国民・帰属」『序章』第六号、一九七一年一〇月、松島朝義「沖縄解放とウチナーンチュウ」『情況』第四一号、一九七一年一二月、松島朝義「沖縄・分離―融合論の係数――幻の琉球共和国建国批判」『情況』第五三号、一九七二年一二月）。

松島　ぼくはかつて、こんなふうに一所懸命書いたというのはあるんだけれど、それは自分を相対化するためでね。だから組織とか政治とかいうことは、そんなに勉強もしていないし、あんまり考えてもないですよ。ただ啓蒙的なことは、されるのも嫌だしするのも嫌だから、組織としては動けない人間だったかなと思います。共産党がなぜ嫌かと言えば、その組織としての文体が嫌だったというのはありますね。ここが論理的にまちがっているとかは言わない。こう言うこと自体がおかしいというふうな距離の取り方だった。人との接し方もそうだった。だからぼくがいくら書いてもおそらくだれも読まないだろうと考えていた。

雑誌なんかに載ったものを自分で見た覚えは、ほとんどのものはないですね。東京で雑誌なんかに書いた原稿料を、自分では一円も使わずに中部反戦に全部送っているはずですよ。出版社に振込先をいって中部反戦の事務所にその都度原稿料を送らせていたから金額はわからない。

――すると中部反戦の人たちにも、こういう文章を書いたから読んでくれとか言わなかったんですか？　勉強会の離島社の同人とか、あるいは本土で沖縄闘争をやっている沖縄出身学生のセクトとかノンセクトとかに読んでもらう、そういう人にむけて語りかける、というような意味で書いたものでもなかったんですか？

松島　そういうことを言った覚えは、まったくなし。だからこの送金がどういう経緯で来たのか、わからなかったと思いますよ。離島社のメンバーでも、こういうのを読んでとか、そういうことは一度もない（編者注：その後、元中部反戦メンバーの方がたにお聞きすると、出版社からの入金が松島氏からのカンパであることは当時から察しており、また松島論文をガリ版で印刷した勉強会もしていたとのこと）。

4　島と島の反目とつながりのあいだの「離島社」

——当時すでに著名だった谷川健一との対談がありますが、どういうつながりだったんですか？

松島　あのころ、谷川さんの『沖縄　辺境の空間と時間』という本が三一書房から出て、その書評を『情況』に書けと言われた。そしたら谷川さんが地元の人間と対談したいみたいだから、やるかと言われてこうなった。ぼくはその後焼き物をするようになってから弟の雁さんとは親しく付き合ったんだけど、健一さんとはそれだけ。沖闘委で、こういうメディアに書いたのは、『現代の眼』（第一二巻第八号、一九七一年八月）に、沖縄の戦さのときの死を、政治的な死みたいに捉えられるんじゃないかということで、「あまりに沖縄的な〈死〉」という題名の論文を書いたことがあるんです。三章に分けて最後をぼくが書いて、他は池間正嗣（筆名・友利雅人）と知念襄二に書いてもらった。あれは「友利雅人（離島社）」の名前で出ているけど、三人で章ごとに別々に書いた。でも沖闘委としても離島社としても、メディアに向けてまとまって書いたのはこれぐらいじゃないかね。『現代の眼』からぼくに書いてくれと依頼が来たから、どうするかと三人で相談してこうなった。

——離島社というのは、一九七一年当時、東京にいる元沖闘委の人たちで作られたということですか？

松島　沖闘委というのは当時エリートみたいに東京なんかに来ているでしょ。ところがぼくなんか大学に行ったのは三カ月間だけ。入ってみたら、沖縄の問題は国際法に関わっているから、これはもう国際法をやるしかないと思って三カ月間は国際法の勉強を一所懸命した覚えはあるけれど、それ以降は一切勉強した覚えはない。それでぼくはやめたけれど、他のメンバーは医者にならなくちゃいけないとかで学校との縁を切れない。

だから一九七〇年一二月、コザ暴動の直前に沖縄から出て上京し、沖闘委の連中と再会したときに、集まってできるのはもう唯一勉強会ぐらいしかないわけよ。それで一人から三〇〇〇円ぐらいずつ集めて荻窪にマンションの一室を借りて、ぼくが名義人と管理人になって住んでいたわけよ。ぼくだけが自由人というか、時間があったから。七〇年の初めから、そこに毎週、レジュメを切って勉強会やるから来いといって、いろんな人が東京やその周辺から来てやっていたわけ。その集まりが離島社だった。地方から東京に来た学生なんかも、ここだったら寝泊まりできる。沖縄から自治労とかで東京に来たときに泊まる場所がないから、ここで泊めたりもしたしね。そこは革マル派でも中核派でもない場所だった。

――沖縄青年委員会（沖青委）、のちの沖縄青年同盟（沖青同）の人たちとはつきあいがあったんですか？

松島　沖青委というのは中核派の、ほとんど青年組織だったね、学生組織じゃなくて。中核派系の反戦青年委員会として県反戦とか那覇反戦とかありますよね。その在日沖縄青年版というかたちで沖青委があった。だからまったくの中核派的な組織だった。沖青委と県反戦は組織論としては別です。人間は二つを兼ねていたんだけど。高校の同級生が、私費で留学したり、集団就職で出てきているところで東京で再会して、そこから沖青同とか、三つぐらいに分かれていく。沖青同は舞台としてはまったく東京だけで、沖縄ではそういう動きはほとんどない。あるのはその中の学生組織が、休みのたびに帰ってきて運動を起こして帰るというものだった。

――復帰直前のころは、中部反戦や離島社はどんなことをしていたんですか。

松島　沖闘委で六九年秋に現地闘争をやったとき、最後まで沖縄に残ったのはぼくと知念の二人だった。二人だけ残って何かしようというのと、反戦青年委員会の流れで中部反戦を作る動きがちょうどぶつかって、二人は中部反戦の事務所の家主になって住み込んだ。知念も、あれは医学部だから一二年間在籍できるっていうんで残った。それで一二年かけて大学を卒業したのかな。知念も、よく琉大の革マルの自治会なんかから狙われたよ。中部反戦に送った原稿料で、ピックアップという物を運べる車を安く買ったんだけど、今度は中核派に壊された。国政参加拒否闘争では革マル派は一緒になってやったけれど、中核派は選挙に参加する方針だったから。革マル派からも中核派からもやられるように中部反戦はなっていた（笑）。

それから中部の暴力団からも狙われた。たとえば全軍労闘争でも、第二ゲート前でピケをして米軍と対峙していると、Aサインバーの建物の屋上からこちらにビンが飛んでくる。米軍とぶつからんで、こっちとぶつかるわけ。ところがコザ暴動が起きたら、おれらにビンを投げていたAサインバーのやつらがドンパチやるわけね。ぼくは暴動が起こる三日前に金城清二郎さんと東京に行っていた。あとのメンバーは夜まで酒呑んでいるときに暴動とぶつかって、知念なんかが動いた。車は燃やしていいんだけど、人間は傷つけたらいかんと、統制は取れていたらしい。車も、軍のナンバーのだけやれ、黒人の車なら見逃せとかね。これに中部反戦の連中は一緒になってやっているんだけど、どっちかといえば抑える側に回っているはずよ。おれらのデモのときにビンをボンボン投げている連中が、もうカーッとなっているからね。

中部反戦の事務所はそのころは嘉間良《かまはら》というところで、一軒家を借りていた。ぼくらは学生で自由な身分だったから、Aサインバーが頼んだヤクザの襲撃に備えて、自衛のために自分たちで作った短刀を持って事務所に寝泊まりしていましたよ（笑）。あとはみんな職を持っているからね。

――沖闘委の流れから見ると、現地の中部反戦と本土の離島社というように二つがあるということですか？

松島　いや、沖闘委の元メンバーが離島社になっていくんです。沖闘委メンバーは六九年秋、現地闘争で沖縄に入っていって、すぐセクトの同盟員のほうに流れていって闘争で逮捕されたり、裁判を引きずったりして、もう関係を取れなくなった。自然消滅です。その沖闘委の当初からノンセクトの立場で活動を続けて残っていたぼくと知念の二人は、中部反戦と合流して一緒にやった。七〇年末、ぼくは知念より半年ぐらい先に東京に戻って、元沖闘委のノンセクトのメンバーと会って、何かしようということで学習会を中心にして離島社を始めた。元沖闘委のノンセクトがだいたい一〇人ぐらい、いつも集まって、ぼくがレジュメを切って「今日はここの沖縄史の勉強をしよう」とやっていた。

——でもなんで「離島」なんですか？

松島　地理的な離島というイメージじゃなくて、日本と沖縄、沖縄内部の離島差別、こんな差別の折り重なりの問題をどうするかという時に、「島」という単位を意識するというようなことです。一つの島といっても内部はものすごく複雑でしょう。当時、人間の世界観は半径四キロメートルの視覚的に確認できる空間を基盤にできている、生産拠点から墓所まで、そしてその四キロの外が異界、ニライカナイで、宇宙というのはすべてそこに入っているんじゃないかというような議論もありました。民俗学とかの古層文化論ですね。この島、あるいは村落共同体という意味のシマを、近代国家は全部かっさらって一つにたばね、資本主義と戦争を展開している。その中で島々の反目しあいが近代的な規模と装いで起こってくるのに対して、たとえば島尾敏雄さんなんかは、国家の表層の皮膚をはがして中身を見ていく方法を出していましたよね。日本列島をヤポネシアという島々の連なりとして見るとか。

——離島社をつくる直前、六九年に『琉球弧の視点から』という評論集が講談社から出ていますね。

松島　それも意識していたと思いますよ。実際、沖闘委の中にも「俺は宮古だ、沖縄から差別されてきた」と言って周囲を糾弾しながら、本土の女性のヒモで貴族みたいな生活を送っているメンバーがいた。この厄介な問題も含めて、ある集合性をつくらなければいけないんじゃないかと思っていた。こういう主体性論みたいのが離島社にしようという理由だったんです。日本もこの意味では離島だということです。

——シマの原像、古層からの人間性に意識をさかのぼらせつつ、近代の差別と分断を突き抜けるということですね。

松島　そうです。東京タワーに立てこもって天皇を糾弾した富村順一さんの支援も離島社の時にやった。でもこれはぼくだけがやっていて、組織として動いたわけじゃない。富村さんの支援は、沖青委は組織として一所懸命やっていましたよ。ぼくはそのメンバーとよく裁判所の前で会いました。

——沖青委と、沖闘委あるいは離島社との間は交流が密だったんですか？

松島　いや富村裁判支援の時に、ぼくが一緒にやっただけ。沖闘委は国費自費の留学生の集まりで、どっかに選ばれた者としての意識があった。エリートとして選ばれたものが全国に散らばっている。それが学生運動やったときに処分された、身分を剝奪されたということで、与那原君の支援で集まったんだけど、それは運動をやったら剝奪される身分を持っているということが前提にある。学費と生活費を全部支給される国費留学生と、生活費だけは自分で出しなさいという自費留学生、これの集まりだった。これに対して沖青委は沖縄から出稼ぎで来ていた青年労働者を中核派で組織しようということで始まった。そこに自力で受験して自分で生活費を稼ぎながら勉強する、いわゆる私費留学生も入った集まり。だから沖青委・沖青同には国費自費の留学生は一人も入ってないはずよ。沖闘委から沖青委に行ったり、またその逆もまったくなかった。

富村裁判支援の時は、明日公判があるから行きたければ行こうって、離島社のメンバーに言って知らせてはいたけど、べつに強制するようなことはないから、ぼく一人でやっていた。レジュメとかビラとか面会とか支援運動はぼくがやって、沖青委が関わり、それから新左翼党派のあいだで主導権争いがはじまった。そのときにぼくはもうこの運動と関係が取れなくなったから、自然に身を引いたわけ。

――なぜ富村裁判支援をしようと思ったんですか？

松島　富村さんはずっと出稼ぎで沖縄からも追放され、ヤマト社会からも追放されるような、喧嘩ばっかりしながら生きてきたタイプの人だった。ルンペンの典型的な人なわけ。でなおかつ「沖縄人って？」と指をさしていったら「この人だ！」というぐらいの。沖縄の近代、戦後を象徴するところがあったんだろうね。その象徴性で、新左翼の党派が持ち上げて引きずり回していた。彼も生き延びるために何でもやってきた。追放されて行き場がないから、徹底的な詐欺師でもあったでしょうね。ああいう天皇糾弾のスローガンとかマスコミ受けする「自分はこうです」と訴えるペテン師性というのか。党派は「第二、第三の富村を」というように反乱をあおり立てて党派の勢力や正義を獲得しようとする支援の仕方なんだけれど、ぼくなんかは、いや、こういう人をもう出さないようにするために支援して付き合う。沖縄に備わった階級的かつ民族的なルンペン性や周縁性を持ち上げず、また隠しもせず、国家の反逆罪などの法と対峙するというような関わり方だった。嘉手納基地闘争でも、ぼくらは弁護料がもったいないから弁護士を雇わなくて自分らで一所懸命勉強して、裁判官への忌避とか異議中立とかいろいろ調べていたので、その延長線上。

富村さんの『わんがうまりあ沖縄』(柘植書房、一九七二年)には、ぼくの実名が出てくる。Mとも書いてもあったかな。当時、岡本恵徳さんが東京に来ていて富村裁判に関心を持ち、人づてにビラなんかの文書をほしいと言われて送ったことがあるよ。岡本さんの富村論(「富村順一　沖縄民衆の怨念」『現代の眼』第一二巻第五号、一九七一年五月)は、ぼくが送った資料なんか使って書いているんじゃないかな。でも、離島社として資料を提供しただけだから、ぼくが何を書いていたことなんか知らないと思いますよ。

それで離島社だけど、知念も東京に戻ってから参加した。でも彼や他のメンバーは国家試験の勉強や卒業で忙しくなったので、荻窪の部屋を引き払った。ぼくの中大卒業は七三年だけど、七二年の三月には沖縄に戻ったと思う。そこで離島社は消滅した。それからぼくはずっと職がないから、土方していた。

5　先行者との出会いと孤独

松島　六七年ぐらいからかな、吉本隆明だけはずっと読んでいた。あれを読むだけで他のセクトの連中からさんざんいじめられたんだけど(笑)。沖縄にいたころから荒地派の詩、田村隆一とか鮎川信夫とかをよく読んでいたので、そこから知るようになった。高校から大学の初めにかけて、ぼくは自作の詩集を二冊ほど自分でまとめたことがあった。体育系の者がこんなの出してと、驚かれたり笑われたりした。いまとなってはその詩集もどこに行ったかわからないけどね。

戦時中に軍国少年だった体験から思想を展開させる吉本が強烈だと思ってね。ぼくらみたいな体育系からいうと、戦争のさなかも反戦派だったというやつのいうことはどっか信用できないところがある。圧倒的な多数が圧倒的な一つの動きをとると、その中でどうするかしか、自分を見る位置はないんじゃないかと思うんだけど、最初から自分は外から見られる位置にあったというのは、人間的じゃないなという気がする。

吉本については「反核反対」とかで右に転向したとよく言われるけど、ぼくの読みは全然変わっていないなというものの。多感なときに戦さをくぐったことが原点にあるんでしょうね。軍国少年としてどっぷりと生きた経験を全部思想的に展開しないと生きていく自分の立場がない、という感覚が吉本には見えるのよ。

沖縄では人格が全否定されるような厳しい内的な関門をくぐれてきてないんじゃないかと、ぼくなんかはふと思う。だから反復帰論とか国家論なんかでも、開かれるという一つの理念が言いきれないところがある。国家というのは解体して拡がった方がいい、民族というのも開かれた方がいいという理念を、本当にものにするための方法論がないわけでしょ。ぼくなんかにもないんだけど。たとえば五〇年代の『琉大文学』なんかはロシアのマルクス主義に浸って社会主義リアリズムを外から持ってくる。そういうところは進化してないんじゃないか。情況がものすごく混沌としたときには、外から情況性や思想を受け取って混沌とした文章を出せるんだけど、安定なり停滞なりしてくる時はどうするかというと、「世の中が悪い」みたいな言い方を案外平気で言ったりする（笑）。恨み辛みの文章になると、これはやばいなって思うんだよね。

――でも五〇年代末からは、清田政信の登場などで『琉大文学』も変わってきますよね。岡本恵徳さんとの対談では松島さんも清田に言及していますね。清田の詩も読んだんですか？

松島　はい。大学生になってから、沖縄でどういう表現活動があるかと思って、清田さんが沖縄大学の人たちと出していた『発想』という同人誌を読んで以来です。個人的にも付き合いをもっていたんですよ。清田さんが『詩・現実』という個人誌の最後の方で、ぼくのことを書いたこともあります。まあ民芸派の代表みたいになっているけれど（笑）。でも、『発想』のメンバーや川満さんとか詩人たちが集まる飲み屋で会っても、自分の論文や運動の経験を話したことはありません。

――すでにお話のなかにありましたが、松島さんが書かれた文章というのは、運動の中から出て運動の中で読まれていったのではなくて、もっぱら個人の思考の営みとしてあったということですか？

松島　そう。だって当時、運動をしていたら本を読むどころではないわけよね。自分が何者かというので精一杯なわけでしょ。まず学生としての身分、これはこういうことをすれば剝奪される、運動をやってとっつかまると親に知らせるよとか、おどされる。その一方でみんなから期待されてきているから資格だけは取って帰りたいとか、自分以外のことにそんなに余裕がないのよ。それでも運動やってるけど、むしろ一所懸命現場主義で動いてやったようなグループは卒業している。他方で中途半端にやったような連中は中退しているんだよ、不思議と。人間とは何かとか、いきなり二〇歳ぐらいの学生に全部覆い被さってくるでしょ。全存在が自分に覆い被さってくるというのは、たとえば親とか親戚とか共同体とかに、頭が良くてこいつならって思われていたようなやつが、だいたい中退している。もろに感受性で受けとめちゃったからだと思う。沖縄では学問狂い、「ガクブリ」という言葉があるよね。余裕がなくなっちゃってね。運動に関わると、主力部隊に入らなくても後援部隊というかたちで入って、たまたまとっつかまったりするわけよ。そうすると本人はとてもパニックになるわけです。

ぼくなんかは国費留学生の中でも成績は一番ケツの方にいる部類のはずよ。しかも体育系だから、全体がよく見える位置にいるわけ。たとえばとっつかまっても、機動隊は武道なんかやっているやつはあまり殴らないのね。髪長くていかにも文学青年というやつなんかは殴るわけよ。彼らは中学の時から、人間はできるやつとできないやつというふうに振り分けられているから、人間の体格を見て、できそうな方をやるわけよ。頭が良くて暗いやつは文系の何かという話しになるわけ。丸坊主で体のでかいやつは体育系というイメージがあって、そういうのが機動隊なんかになる。それで髪が長いのと髪が短いのがいれば、長いやつを目のカタキにしますよ。

ぼくは小学校高学年からずっと柔道だけしかやっていないから。習っていたのは警察署の警察官の道場で、町道場とかは知らなかった。那覇の辺でも町道場というのは、ずっと継続して開かれていたわけじゃなかったから。それで、沖縄でデモをすれば、機動隊にいるのは柔道で相手をしていたやつや学校の柔道部の同期なんかですよ。だからぼくは名指し。いつもデモを引っぱる係で先頭にいたから、「そこの松島くん、いや松島さん、もっと静かにあそこに移動してください」って。そしたら革マルが、なんで名前まで知っているか、「こいつスパイだ」ってね（笑）。委員長の知念のそばにいつもいたから、前は「委員長の用心棒だ」って呼ばれていたけど。

――松島さんは当時、活動家としてよく知られている存在だったんですか？

松島　うーん、どっかでアナーキズムみたいに思われていたんじゃないかな。組織にも入れない、じゃあ自分である論理を作って何かするっていうこともできないから。でもこうしか展開できなかったということ（笑）。これ以上でもこれ以下でもない。だから、学生運動をして挫折したとかいう、あれがないのよ。最初から挫折してるのに何をいうかってね。こうやってきて、ここに来て折れた、とかいうことでしょう、ならば折れるぐらい何かがお前にあったのか、命かけて何かやったのか、とね。

6　民族主義をこえる沖縄人プロレタリアート

松島　そういえばこの宮城島明「〝何故沖縄人か〟」（『構造』一九七一年六月号）というのだけはよく憶えているよ。題名の「沖縄人」に「カウナアーンチュ」なんて変なルビを誤植されて。文句言ったことがあってね。

――松島さんの論文の中には入管闘争との関わりを意識した部分が結構出てきますよね。こっちの宮城島明「民族・国民・帰属」（『序章』六号、一九七一年一〇月）は、京都のブント系の雑誌に載ったものですね。

松島　この雑誌もぼくよく知らないよ（笑）。でもこの二つの文章はおそらく関係があるでしょ？

――おそらくって……（笑）。そうです、内容上は連作みたいですね。『構造』の論文で「沖縄人プロレタリアート」

という存在規定を提起して、『序章』の論文ではまず冒頭で、自分らは「沖縄人プロレタリアート」というのを立てたというところから始まって、復帰後、沖縄人が日本国民になって、沖縄にいる台湾人とか外国人を抑圧する国民の立場になる、沖縄人としてそれをどう受けとめるか、それが主題になっている。その点で連続しています。この『序章』論文に、具徳焕という在日朝鮮人の人が応答した文章が次の号に載ったんですよ。だから応答はあったんです。

松島　ああ、それは知らない。でもそれは応答といっても、「生ぬるい」という応答じゃないかね。はっきりしない、ぐずぐず言ったってわからんよという。

——そうですね。もっと民族とかプロレタリアートとかはっきりしてという感じです。

松島　だからそのぐずぐずを一番問題にしたいんだし問題なんだということを、ぼくは一所懸命言おうとしているのに、いきなり「ぐずぐずはイカンよ」って言われたらね（笑）。だから「お前はぐずぐずしていないのか、お前そんなに立派な人間か？」という反論になる（笑）。

——そういう意味では受けとめる人はいなかったということでしょうね。宮城島明で発表された論文で印象に残ったのは、いわゆる華青闘告発みたいなものに対して、沖縄人の側がどう受けとめるかというモチーフがよく出ている点です。華青闘（華僑青年闘争委員会）は一九七〇年七月七日、新左翼諸党派の入管闘争における関わりかたを「帝国主義本国人民」の自覚がなく戦前からの差別を反復する在日アジア人への利用主義だと糾弾しました（「七・七告発」）。この告発に対する総懺悔の後、歴史的な血の債務、「血債」の償還をめざしてアジアに革命戦線を展開するのが日本人プロレタリアートの使命だといった議論が生まれますが、松島さんもこの告発にやはり衝撃を受けたんですか？

松島　いや衝撃を受けたということはなかったね。自分の問題として引っぱって来るには濃すぎるのよ。民族的差別の加害被害や責任を「はっきりしろ」と、華青闘とかは言うんだが、沖縄の場合は、はっきりしようにも、はっきりさせないところこそが問題じゃないかということがあった。

——なるほど。包摂しながら排除する日琉同祖論とか、沖縄自体に備わった開かれたチャンプル性とか、今でこそ白黒はっきりできない微妙なところの問題性や可能性が議論されつつありますが、そこをすでに見すえていて、沖縄の問題や可能性を世界のあり方の問題に押しひろげたのは非常に先駆的です。在日朝鮮人論の方面でも、明確な民族対決図式がほんとにどこまで現実の人間に当てはまるのか分からないという位相が自覚されるのは八〇年代後半以降、冷戦終結後でしょう。

松島　それが言葉としてうまく表現しきれない。こっちははっきりしない、薄いのに濃いと言うわけにも、濃くするわけにもいかんし、自分を出し切れない。

ぼくは本名と筆名の宮城島を使い分けていたところがあったね。「〝何故沖縄人か〟」で、なぜぼくは松島にしなかったかという理由は、こういう「なんとか人」か、「ウチナーンチュ」かと言った場合に、在日ナニ人とか、部落人とか自己を言う人たちがいるでしょう、こういう人たちから生ぬるいと言われるんじゃないかという考えが、まず最初からあったよね。このペンネームはそういう考えがあったと思う。

宮城島という島をずっと眺めながら、中部反戦で東海岸の石油基地反対闘争をしていたわけね。宮城島は石油基地開発計画を拒否していくんだけれども、宮城島と橋でつながっていた隣接の平安座島が受け容れた。その取引条件として、平安座島から本島へ長々と海中道路で橋が架かっていく。そうすると平安座島にすぐ隣接している宮城島も一緒に、離れ島だったものが半島になっていくわけよ。これに対して、ぼくらには橋まで爆破せいっていう論理はなかった。

たとえば人種問題が形質人類学の目に見える部分じゃなくてDNAの問題になったら、結局ゆるくして薄くして拡げた方がいいという理屈になるんじゃないか。どこかに固定的な原像を求めるということじゃなくて、原像なんてないんだというか、むしろ開かれるということこそが原像だと言い切れればいいんだ。

本当に言いたいことはそんなことだった。ナショナリズムの言葉として「ウチナーンチュ」ということをストレートに言ったら、何かが抜け落ちるんじゃないかと。ナニ人というときは、独自の言葉、美意識があるかということが支えになって言われる。だけどそれだけではどっか抜け落ちる。ウチナーンチュという言葉にはまさに抜け落ちる部分がたくさんある。たとえば「おもろ」の言葉から民族を立てられるかというと、そうもいかない。

このウチナーンチュというものができたのは、戦さを通過して沖縄という共通の空間がイメージされたこと、それと移民や出稼ぎに行って他者として名指しされた経験があるだろう。出稼ぎに行くのは経済のためであって、経済を理由にして人種でもない民族でもない、要するに差意識の言葉が出てきたのではないか。

——はっきりしないものであるにせよ、ウチナーンチュという位置なり足もとを基盤として受けとめて出発しなければならないことと、他方ではプロレタリアートという普遍的な労働者としての越境的な経験や概念を用い直して、この二つを合わせることで「世界」というものを造り出していく。それが松島さんの考える「沖縄人プロレタリアート」の遂行的な主体性ですね。

松島　考えてみたらそういうふうにしか造れないんじゃないか、そういうことで位置が取れるんじゃないかということは、その当時ずっと思っていましたよ。いまでも、そこからそうブレていない、離れてないと思う。

——そうですね。論文の中の言葉と合わせて考えてみると、華青闘告発というのは、ある民族性の枠を濃くして固めることで、無色透明の普遍主義を語るような位置にある日本人なり帝国主義に自己とその人間経験を対峙して見せた。これを受けて日本人側はぺしゃんこになって、あわてて総懺悔とか言語障害になった後、また普遍主義的な世界革命論のアジア版へと、決意主義的に邁進していく。アジアの革命や解放に命をかける宿命や血債を負っているというかたちで、また世界革命論の中心に居座りつづけることになる。こういう濃い者と無色の者の焚き付けあう昂進現象を見ていて、その間にはさまれて、濃い民族性を立てて日本人を自分から切り離して糾弾することも、かといってアジアからの濃い告発を帝国主義本国人として受け取って、そこから「血債の思想」の決意主義に立つことも、両方できない存在として、「沖縄人」という自分の位置を見定めたのですか。

松島　そうだと思いますよ。どちらにもなれないところで持つ客観性というのが、沖縄の特徴だと思いますよ。

——目の前で中国人対日本人という構図が、情況の中から出てくる、それを見ることによって両方になれない「沖縄人」というものが内部に浮き彫りにされる。告発も総懺悔もできない、その隘路から人間や世界の本質をつかみとる視点に飛翔する可能性があると。

松島　そうそう。お前も濃くなれとか薄くなれとか言ったってしょうがないじゃない。おれはおれだというしかない。知らなければ何もなかったのに知ってしまったがゆえに怒りがこみ上げてくるというのがあるよね。差意識を観念のなかで植え付けていくと、それだけが増殖していく。

――そこには確かに党派の代理糾弾と同じようなものがありますよね。沖青同とかが、新川さんの「差意識」から、内国植民地を突破するために「沖縄人民権力」の奪還というような権力闘争論に行かねばすまなくなって、その流れは沖縄解放同盟（一九七五年の皇太子来沖時に「ひめゆりの塔」で火炎瓶を投擲する糾弾事件を起こす）の方につながっていく。けれども、その人民権力奪還の闘争主体はどこにいるのか、自分たちがその名づけ役になり、また権力の行使者にならざるをえなくなる。七〇年ごろの復帰を目前にしたその時代の観念を持って、過去の歴史にも、現在にも、未来にも、その「真の沖縄人民」を探していくことになるというところがありますね。

松島　そういう観念が増殖する世界というのは厄介なんですよ。観念の憎悪が増殖するときに、実体験を持った人が諭す、たとえば戦争中に片手切られた人が、「いや、ひどい目にあったんだけど、また誰かが同じように切られるのは、いいことじゃないよ」と、体験のない若者たちを諭すぐらいならいいんだけど、切られたことのないやつが、相手の右腕を切れと、こういくのは、もうややっこしいですよ。

――それこそ「血債の思想」ですね。

松島　それで観念の増殖から始まっているから、権力を作るとかという時に、具体的な政治論にならない。心情論にはなっているけど。実現するためのどういう戦略があり方法論があり、という話には一切なっていない。ぼくなんかは国民国家というのは開いていくために解体していく、解体していった方が人間というのは人間性を持って生きられるというイメージはずっと持ってる。それを具体的にどうすればいいのかという方法論はわからないんだけど。ただ国民国家は自然に解体していく時間軸に、いまの段階はきているという気はする。解体するというのは開かれるための方法論であって、国民国家を解体するためにまた何か対抗主体を組むという動きでは絶対におかしい。

——逆の方向から国民国家の羈絆《きはん》を生き延びさせる、真の国家、国民、あるいは共同体の原像を求めることにつながると危惧されているわけですね。

松島　それはことごとく失敗しているよね。

7　肉体性と世界

——松島さんが復帰前後に書いた多くの文章の最後に当たるのは、本名で発表された「沖縄・分離—融合論の係数」ですね。これは太田竜の琉球独立論への批判なんですが、正面から太田を世界革命のための利用主義だとか「血債の思想」の硬直だとか批判するんじゃなくて、琉球料理の話に、単なる比喩以上に真剣に持ち込んでいく。琉球という材料はどうすればおいしく食べられるかという問題へと、太田の利用主義が出した問題をひたすら持ち込んで、まじめに論じていくわけです。結論部では、自分が食う人であるからには、たとえプロが作ったものがあったとしても、それよりも自分で作って食った方がいい、それが自由と腹を満たすということの本質ではないのかと出しています。もちろん料理の材料としての琉球というのは利用主義への皮肉でしょうが、その告発・糾弾がまた決意主義を相乗効果で高めていくようなことを避けるかのように、問題を自分の側の主体的な対応のあり方へと引き込んでいく姿勢が見えます。観念論をずらしてモノづくりへと向かうというのは、その後の松島さんの陶芸家としての、沖縄の土、木材、窯にこだわった焼物へとつながっていくとも読めるんですが……。外から来るものを受けいれて、また利用され材料にされるしかない琉球という、この独自性を自分たちの存在の基盤としてどう受けとめて、何を自己表現していくか、ずらして切り返している。かなりぶっ飛んだ文章ですが（笑）。

一九七〇年前後には膨大な量の沖縄論が出ていて、一般には新川さんたちの「反復帰」論が思想的な頂点と思われていますが、必ずしもそうだったとは思わないんです。新川さん自身にとっても、「反復帰」論は新川さんが抱えている問題と可能性の一部分が情況的に突出したもので、本領とは違う。新川さんもぶつかっていた隘路を突破するところに行ったのが宮城島、つまり松島さんの文章だと思います。新川さんたちは五〇年代以来の視点や課題で七〇年に書いている。時代の課題に正面から全身でぶつかって、まさに乗りこえたのは、松島さんや中部反戦の方だと思います。

七二年に入って復帰が近づくと、潮が引くように沖縄論は姿を消します。松島さんの一連の文章は、この時期の沖縄論の最後のものですね。沖縄に帰ってからは書かなかったのですか。

松島　そうです。当時こういうのを書いて発表できるような場はなかったでしょう。ぼくが書いていること自体、誰も知らなかったでしょうからね。自分の見つめ直し方が時代と情況の揺れと重なると、ぼくみたいな人間でも、こういうところではこういう動きをするのだな、人間というものはわからないものだなと、どっかで醒めていた部分はあるよね。何かあれば、どこにでも行きうるんじゃないかと思った。

それとぼくは沖縄に帰ってきてから台湾に行こうと思ったことがある。行かなかったけど、林景明さんとか東京で台湾独立運動のメンバーと接触したことがあって、それとコンタクト取ろうと思った。沖縄では居場所がないんじゃないかと思って、台湾ならもっとこみ入っていて、会った台湾人はみんな、こう入り乱れていて、いいんじゃないかなと。

――論文で自分の中で突き詰めてきた問題を、さらに突き詰めていくための場所としてですか。

松島　そうそう。台湾という場所自体が歴史的に、沖縄どころか、もっと複雑でしょ。

――自分が身体的に身を置く世界を、思想的な到達点に合わせようとしたのですか。でもその一方で、論文「〝何故沖縄人か〟」には、自ら〈世界〉をつくるという思想が現れていますね。「沖縄人とは、まさにこのようなものとして存在する日本人、日本民族を告発し、国家に規定される国民を分解する武器として世界に存在しているのである」とある。ここで出てくる世界という言葉が面白いと思ったのは、現にある「世界」と同じものではないということです。

松島　そうそう。ぼくの「世界革命」という言葉の意味について、送ってもらった博士論文の原稿で森さんは「ここでの革命とは、歴史―現在―未来をめぐる想像力と関係性の世界革命のことである」と解釈して論じているけれど、そういうことだと思う。むしろ森さんの方が出し切っている。国家を解体して開いていくという時も、やっぱりそれしかないと思う。それ以上のことはないですよ。

――運動実践の側からは、それは結局幻想だ、現にある「世界」を変える直接性がなくて幻想の〈世界〉構築に逃げていると言われるかもしれないけど。

松島　いやしかし、そのほうが一番キツイと思いますよ。運動はある意味で肉体性だから、どんな観念を持っていってもそれがぶつかる場というのは、ものすごい矮小な肉体性でしかない。肉体というのはいくらでも代わりがきくようになっている。制度もそうだけれど、おれじゃないと現実のこの場面には対応できないというようにはなっていない。

ぼくは体育系で育ったものだから、最初は肉体だと、肉体というのは大したものだと思ったわけよ。拷問されても自白しないような存在になるとかね。しかしそれよりも、人間とは何かといったら観念、言葉だと思うようになった。これだけはあの時代に感じたと言えると思う。

かといって、いつまでも信念を曲げないのがいいかというと、とんでもないな。時代も変わってくるし世界も動いている。ある観念なり思想が一〇年持てば、超一流の思想だと思うな。普通はそんなには持たない。ぼくはどこかで誰か思想家に出会っても、ああすごいっていうことはほとんどないのよ。ただ、すべて変わっていくしかない人間世界のなかで、観念というのはすごいものだなという考えはあってね。こわいものでもある。すぐ暴力にもなるし、何にでもなる。

――観念のすごさを崇めるのでなく、それが時代の情況次第で自己増殖していってしまう厄介さやこわさを自覚しつつ、沖縄人＋プロレタリアというように組み合わせたりして〈世界〉に向き合ってきたんですね。

松島　基地に入って闘争をやるときに、ぼくは死んでもいいという思いがあったのよ。これが政治的効果になるならば、肉体の死と引き替えでもいいんじゃないかと。ところが中核派か誰かが前もってマスコミとかに流しているのよ。だから米軍のほうにも情報が入っているわけ。それが読めなかった。ぼくらはB52を何とかしようということで、火炎瓶の高度なやつを持って、B52が駐留している近くのフェンスから入った。そしたら軍用犬のシェパードが何十頭か来たけど、こういうとき人間は血相変わっているから向こうも襲いきれない。それで一人一本ずつ持っていた火炎瓶を、ぼくが結局全部投げたんだけど、一発しか発火しなかった。そしたら兵隊が一〇〇人ぐらい来て囲まれて、銃を突きつけられて、ホールドアップになった。その時は、死ななくても誰かがやられれば、発砲してくれれば、という気持ちが強かった。基地内で発砲して学生がやられれば、これはニュースになる、B52駐留の問題も出てくるし、ベトナムへの爆撃を止めようとするならば、これだけでインパクトがあるんじゃないかとぼくは思っていた。それに沖縄でもB52の墜落事故を起こしたのを、ぼくはたまたま見ているから。

でも捕まったらなんてことはない、連行されていくとき、遠くを見たら兵隊たちが水着を着て泳いでいる。非常事態になったといっても、軍は全体が一斉に動くわけじゃない。中部反戦でも一時期どうやって米軍の機能を止めようか方法を考えたこともあったけれど、その時も同じ問題にぶつかりましたね。

8　戦争と革命の前衛の系譜から

――個々の肉体や有限性を持った人間をイデオロギーの観念やきちっとした組織でしめるのでない、ゆるい関係の、社会変革のための集まりというか運動体をつくろうとする理念は、沖闘委のノンセクトから中部反戦に展開するなかで生まれたんですか。

松島　うん、ぼくは沖縄人としての経験とか、沖縄人意識で閉じていくようなかたちで急進的になるというのは、どっかでまずいなという感じがあった。組織という問題についても、セクトの指導者が書く文章があるでしょ、あれを見てもすっきりしないわけよ。運動する場合は共闘できる部分があれば一緒にやったほうが力になるから共闘してやるわけだけど、それを見ると彼らはすっきりしているわけ。政治戦略があって、これはこうなって、次はこうなってと。これで動けるなら楽だろうなという違和感があって、なんでおれは楽になれんのかなと思った(笑)。それでちょっとは考えた気はする。言葉を考えたというか、自分を考えたということ。ただ堂々と誰かにおれはこれ書いたからと見せることもできないし。現実の何かの組織の中にあって、自分の位置を堂々としゃべりきれたらいいんだけども、すぐ一人になるからね。関係は切れて、こちらからも関係を作ってある一つの運動体を作ろうという気分もなかったし。

そのときぼくの目の前に来たのは、めしを食わなきゃいかんということ。どっかに就職してやるというのでは、そういう切れてしまうということがあるし、一人で二四時間できる仕事はないかと思っていた。かといって、こういう文章を書いてめしを食えるわけでもないしね。

――そこである日、骨董市に通りかかって焼き物を見て出会ったわけですね。

松島 そう、むかしの焼き締めの喜納焼なんだけど、それを見て「いいな」と思って、買おうと思っても高くて買えない。帰ってから形を思い出そうとするんだけど、あれ、どんな形だったか思い出せない。もう一回見て帰っても思い出せない。おれの目はどうかなっているんじゃないかと思ってね。じゃあ自分で作ろうと。それから焼き物づくりの方に行った。これなら一日中一人でできる仕事だし、いいかなと思って。

――一九七四年に首里当蔵で作陶を始めた松島さんは、以後、数々の受賞歴を重ね、陶芸家として名を馳せます。そのなかで七〇年前後に書かれた旺盛な思想論考はすっかり埋もれていきました。けれども、松島さんの論文は三〇年経ってやっと読めるようになってきたものだと思います。それは私にとってもそうで、文献資料が中心だけれども近代から戦後史、現在までたどるなかで、初めて読めるようになりました。

松島 嘉手納基地に入って捕まって、米兵に部屋に連れていかれてコーヒー飲まされたことがあった。その時、「あれ？ 精神的な死というのはどういう死なのかな」と、ふと思ったりした。それから「沖縄」を捉えたときに、戦さの時の「沖縄的な死」というのは「政治的な死」として捉えられる。その「政治的な死」は、ベトナム戦争や復帰運動、内ゲバなんかをめぐるぼくらの情況ともつながっているという考えがあった。戦さを実際にくぐっていないにもかかわらず、自分たちの経験からそういう言葉を造れる、導き出せるなって思った。そういう感覚は、離島社のメンバーは共通していたと思う。

セクトなんかの同盟員になるような組織では、厳しいことがあるとみんな脱落したり、組織自体が解体していった。ところが離島社のようなゆるい集まりは、案外持ちこたえて関係が作れていた。個々人が忙しくなったり、別の用事が始まったりしたものだから自然に解体したけど、また何かで集まる可能性はなきにしもあらずという感じだった。

でも実際に集まって話すことは、おそらく今後もなさそうだな、と思っていた時に、森さんから今回の連絡が来たものだから、しかも国場幸太郎さんと関係をとっているというから、エッと思ったわけよ。

ぼくら自身のことというより、国場幸太郎さんのことだけは、沖縄の問題をやるというなら何とかしなければいかんということは、前から沖闘委や離島社の何人かと話してきた。ぼくら体験していない者から見ても、五〇年代の国場さんたちの情況と、七〇年前後の情況というのは違っているね。そのへんが分かればいいなと思っていた。国場さんなんかの時代は、運動への存在のかけ方とか、経済とか政治の状況がもっと厳しかったかと思う。全体が厳しかった。それに対して七〇年あたりというのは、全体ではなくて個々人が厳しかった時代だったという感じがする。運動についていけないとか、自分自身のことで不意にいなくなるとか一杯いたからね。自殺したり、アルコール中毒になったり。もっと言うと内ゲバみたいなものでやられたやつもいる。かつては粛清だったのが、ぼくらの時はもう内ゲバだったものね。精神を病んでいまも苦しんでいるやつもいる。あの頃、いま森さんの書いている文章みたいなものがあれば、ちがっていたと思う。

――中核・革マルそれぞれの党史の年表なんか見ると、七〇年代に入ってから、沖縄では内ゲバが非常に多いですね。

松島　沖闘委は内ゲバの合間をずうっと縫って歩いてきた。沖縄で内ゲバが始まる最初のきっかけは、沖闘委だったと思う。沖闘委でセクトの同盟員になるかならないかというようなやつは、セクトと沖闘委と両方使い分けていた。それが沖闘委として現地闘争へ行くと、いきなり琉大の革マルの自治会の中にメンバーがいたりする。それでかつて一緒だったものが分かれて、やりあうようになっていく。沖闘委から中核派に六、革マル派に四ぐらいの割合かな。だから組織として会うのと、道で歩いていて会うのとは違う。異様でしたよ、「お前こないだあそこの組織にいただろ」とか。沖闘委の中で、同盟員までも屈服させるほど論理的にやってきていればよかったんだけど、去るやつをつかまえて、「お前こっちにおれ」と言えるような論理はなかったからね。

――みんなそれぞれの判断で同盟員として入っていく。それでやりあいになる。そこには何があったんですか。

松島　系列化と同じで、県委員会の委員長なんかに沖闘委のメンバーがなるのよ。革共同中核派、革マル派の県委員会委員長というのに。むこうの組織としてもいいわけよ。地元の人間がやったほうがちゃんとした組織として拡がっていると見えるから。実態は早稲田の革マルのやつがきて、教え育てるようなかたちなんだけど。だからぼくらもケンカする時は変なもので、琉大の自治会とやるといっても、相手は琉大の学生じゃなくて、プロみたいなやつがいるのよ。ぼくらと同じような。

――そういう系列化の中の問題でいうと、琉大マル研、のちの琉大の革マル派の指導者で、山里章というペンネームを使っていた宮城啓がいますよね。

松島　いまは運動から抜けて、どっか外国に潜んでいるって話だね。ぼくらが沖闘委で活動していた時の、琉大の自治会の委員長とか、マスコミとかにもそれぞれ彼ら同盟員がいた。山里章は姉妹が多くて、それが沖闘委にも何人かいたけど、みんな革マルになっていった。それがみんな沖縄から消えて、いなくなった。

――山里さんたちの、運動とのそうした関わり方は、国場さんが被った人民党内部の分裂・追放から、ずっと続いている問題なんでしょうね。私が復帰前後を研究するようになったのも、そのことに関わりがあります。終戦直後の沖縄人連盟から非合法共産党、国場さんとたどっていくと、どうしても復帰前後の時期まで見通さなければ、現在の位置から歴史をつかまえ直すことができないからでした。直接国場さんと関係のあった新川さんや川満さんは、「島ぐるみ闘争」の前に就職して、職場で労組をつくって沖縄の外に飛ばされたりして、五〇年代末の国場追放から六〇年代の運動のきついところには実は立ち合っていません。ところが山里さんや清田さん、自殺した中屋幸吉たちの世代は、琉大の非合法共産党細胞に関わった当初から、国場さんの追放問題なんかに出会っている。そして五九年に国場さんが追放されるのと前後して瀬長の人民党に対峙する活動を始めて、日本共産党を批判したブントを、日本本土から「これだ」ってつかまえてきて、それが琉大マル研になり、ブントの解体をへて革共同に行き、それから革マル派の沖縄マル同へと移っていく。さらに九〇年代になると内部で組織問題があって、その人たちが沖縄からいなくなる。中屋幸吉の抱えていたものはずっと続いていて、国場さんのぶつかった問題の継続ということになってしまうんです。国場さんのお話を聞くだけでなく、国場さんの活動を歴史にどう位置づけるかという問題を考えていくと、どうしてもここまで一連の事態として現れてきてしまう。それで松島さんからお話をうかがいたいと思ったんです。

松島　山里さんと最初に会ったのは沖闘委の頃で、革命をやるというのは命がけでやるんだという気配はありましたよ。なんであんな血相変えて？（笑）って思った。命をかけなくても運動はできますよ、あんたと心中するわけにいかんよって感じだったんだけど。

――松島さんも命がけじゃないですか（笑）。沖縄戦が終わっていない「戦後」の沖縄戦の学徒隊どうし。朝三さんの生まれ変わりとまではいわないまでも、甥っ子の後裔ですね。

松島　人間というのは時代の流れしだいで、時代が逆流したらまた「特攻隊で突っ込め！」というようにすぐなりかねない存在ですよ。男たちは特にそうです。組織も変わらない。だからよく歴史を、時代のなかに生きた人間たちを見て学ばないと、民族とか階級とか国家とかの枠に閉じていって、また殺し合いをするはめになる。アイデンティティもイデオロギーも万能ではないわけで、歴史はくり返すというけれど、そのくり返しのなかの人間の動き方をよく知っておく必要があるんじゃないかね。

——今日は時代と世代のいろいろなつながりを教えていただき、その循環の中にありつつ、行き詰まりを突き抜けて開かれてゆく思想や、肉体性や自然との関係のとり方、運動の場がつくる関係性など、貴重なことをうかがえて幸いでした。長時間ありがとうございました。

（二〇〇二年一二月二〇日、那覇市首里でのインタビューに加筆）

第II部

帝国へ／帝国から

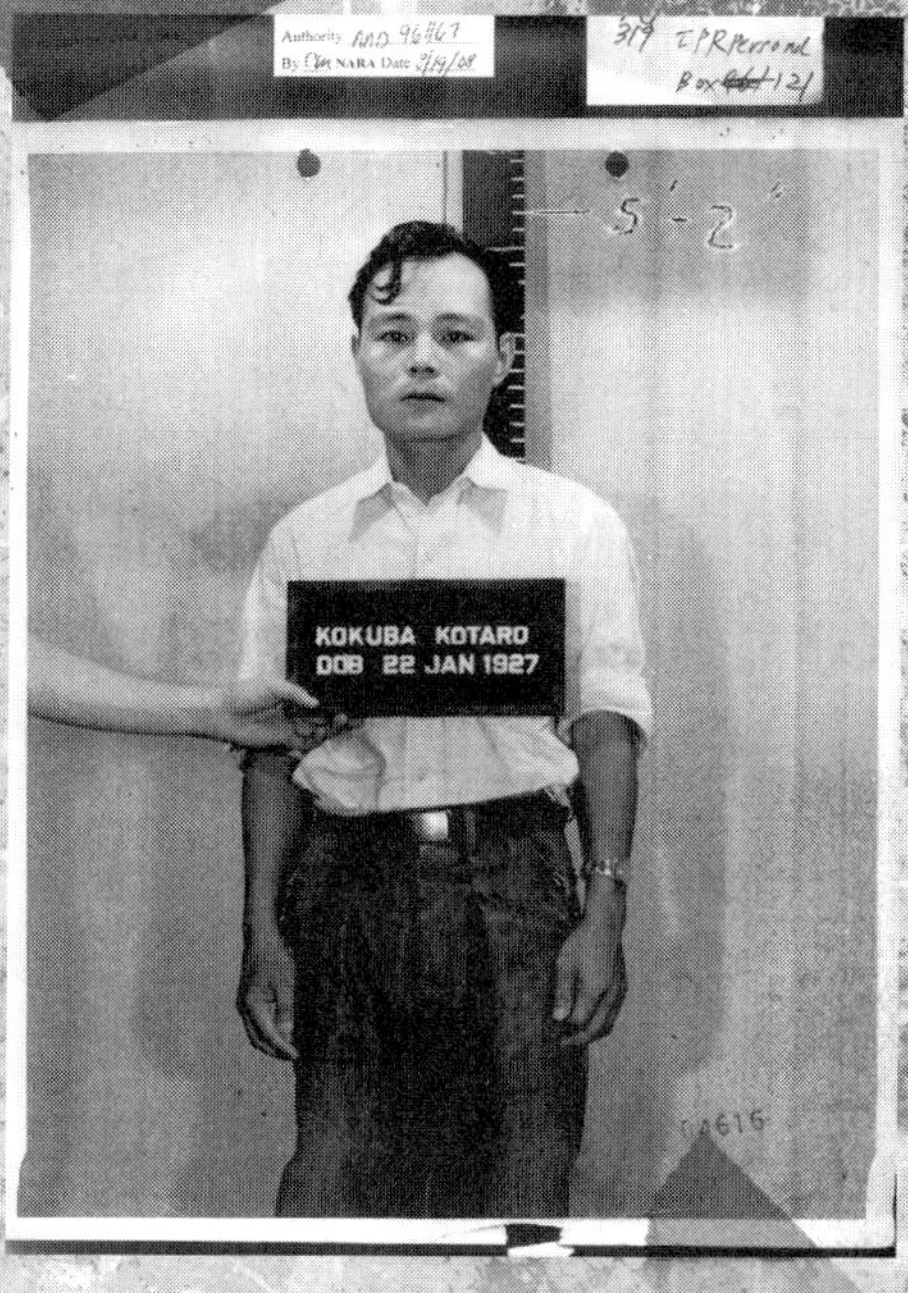

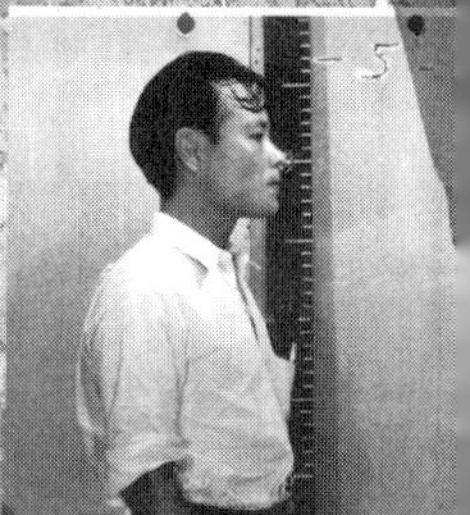

1955年8月、CIC（米軍対敵諜報部隊）に拉致連行されたときの国場幸太郎。国場は4日にわたる監禁・拷問にも抵抗をつらぬき、米軍は起訴して弾圧が明るみになるのを避けて不起訴・釈放した。
（米国国立公文書館所蔵KOKUBA Kotaroファイルより）

国場幸太郎における民族主義と「島」

冨山一郎

1 民族という問い

京都から来ました冨山です。[*1] よろしくお願いします。今日ここでお話ししたいと思っていることは、国場さんが一九六二年に書かれた、二つの論文についてです。この二つの論文については、この本[*2]でも複数の方々が言及されていますが、題名をあらためて述べれば、「沖縄とアメリカ帝国主義――経済政策を中心に」(『経済評論』第一一巻一号、一九六二年一月)と、「沖縄の日本復帰運動と革新政党――民族意識形成の問題に寄せて」(『思想』第四五二号、一九六二年二月)です。いま、順に『経済評論』に掲載された方を一つ目、『思想』に掲載された方を二つ目としておきます。

私は国場さんの晩年に森さんに誘われて議論をしたことはありますが、それまで直接的関係があったわけではなく、私にとって国場さんは、まずこの二つの論文において出会ったといえます。もう一二、三年近く前になるでしょうか、朝の一〇時に沖縄にかかわる論文を読む会というのを私の自宅で森さんと他数名でやっていました。「十時の会」といっていたのですが、そこでこの二つの論文を森さんが持ち出してきて、一緒に読んだように思います。その時は、論文における国場さんの思考の緻密さ、そして明晰さに心を打たれた記憶があります。またこの論文が一九六二年にかかれたということの意味についても、驚きとともに議論をしたように思います。

したがいまして、私の場合今日は、どこまでも文章を通じて見出される国場さんの姿を述べることになります。その姿は、国場さんを直接ご存知の方々からすれば、場合によっては、ずれているかもしれません。ですが残された文章においてこそ議論できることがあるとも思います。そしてまあ、きっとあるに違いないということで、今日登壇させていただきました。そしてこの間、この二つ論文をあらためて読み直していたのですが、まさしく今の状況において再読されるべきものであると確信しました。もちろんこの二つの文章は時代状況的なものですが、今日は、この二つの論文を読み、その今日的な意味を考えるということで、発言させていただきます。[*3]

その際、議論の焦点にすえてみたいのは、意外に思われるかもしれませんが、民族あるいは民族主義という問題です。この多くの手あかがついた言葉に対しては、すぐさまそれを嫌悪し、否定的に解説したり、また逆にそれを動かし難い運命として全肯定する態度が存在するでしょう。ですが、こうした二つの立場を意識しながらも、今日は国場さんの思考にそくして、注意深く考えていきたいと思います。

まず国場さんは二つ目の論文「沖縄の日本復帰運動と革新政党──民族意識形成の問題に寄せて」において戦後沖縄を、三つの時期に区分しています。第一期を一九五〇年まで、すなわち沖縄群島知事選挙までとし、第二期を島ぐるみ闘争をはさんで通貨がドルに切り替えられる一九五八年まで、そしてそれ以降を第三期としているのですが、これらの時期区分の底流には一貫して民族意識、民族運動、民族主義などを、どのように構成していくのかということが問題意識として存在しています。

たとえば第一期から島ぐるみ闘争に向かう第二期の移行において国場さんは論文の中で、「住民の民族意識を再構成する転機」が生まれたと述べ、[*4]また第二期から第三期においてもこれまでの「民族主義」ではだめで、新たに「弱点を克服」していかなければならないと述べています。[*5]民族を構成する。たびたび登場するこうした操作的表現に、まずは注目したいと思います。民族は運命的な前提ではなく、構成するものだというわけです。また後でも議論しますが、この第二期から第三期における民族主義の再構成という問いは、同時に瀬長亀次郎氏を軸とした沖縄人民党のあり方への批判として存在します。そこではこの第三期の沖縄における民族主義が、国場さんにおいては否定的な展開を遂げていったという認識が前提になっています。そのような意味で、この論文はまさしく現状介入的な政治論文であり、その介入の焦点の一つとして、「民族を構成する」という表現が登場しているといえるでしょう。

また民族や民族主義という言葉において捉えられている問題は、第一期における仲宗根源和氏らの独立論であり、復帰運動における日本への民族的一体感ですが、やや議論を先取りしていえば、そこには沖縄か日本かという民族区分的な問題というよりも、民族という領域それ自体への極めて深く、また冷静な思考が存在しています。またさらにいえば、ここでいう民族とは、島ぐるみ闘争における「島」という問題であり、今に引きつけていえば「オール沖縄」ということにもかかわります。

2　努力の総体

ところで国場さんの二つの論文にそくしながら、こうした民族という領域にかかわる議論を立てるために、最初に少しだけ私の方からの論点を提示しておきたいと思います。私が議論の補助線としてここでもってきたいのは、アルジェリアの民族解放闘争を指導したフランツ・ファノンの民族文化にかかわる議論です。ファノンは次のように述べています。

民族文化とは、民衆が自己を形成した行動、自己を維持した行動を、描き、正当化し、歌いあげるために、民衆によって思考の領域においてなされる努力の総体である。[*6]

ここでいう「努力の総体」とは、フランス語ではL'ensemble des effortsとなっています。ややくどく訳しなおせば、「複数の努力の調和あるいは合力」ということです。そこでのポイントは、民族が力にかかわる概念であるということであり、また複数の異なる動きが重なり合っていくプロセスにかかわることだという点です。またこの文章だけだと分かりにくいかもしれませんが、注意すべきはファノンにおいてこの調和あるいは合力は、バラバラになっている集団のたんなる足し算や最大公約数ではないという点です。それは既存の秩序においては区分された集団が、その区分を成り立たせている前提である秩序自体を問う中で、集団が変容し、これまでになかった関係性と集団性が見出されていくというプロセスです。すなわちいいかえればそれは、それぞれが変わりながら繋がっていくというプロセスであり、強引に一つにまとめるということではありません。異なる者たちが、自らを変えながら合力を作り上げていくプロセス、やや理念的にいえば、諸集団の前提を動かさないまま表面的に足し算をしていくことではなく、前提それ自体が別物に変わっていくプロセスです。

このファノンの議論を念頭に少し先取りしていえば、国場さんが民族や民族主義といった言葉で示そうとしているのは、民族という言葉においてそれを批判しようとする人がすぐさま思い浮かべる均質な同一性や人類学的カテゴリーなどではなく、総体としての力を確保し続けようとするプロセスです。そしてこのプロセスがプロセスとして成り立つためには、前提を問い続ける作業が必要になるでしょう。では国場さんにとってこの作業は、だれが担うものとして想定されているのでしょうか。この問いを抱えながら次に、国場さんの示した時期区分にそくして少し考えてみます。

3　構成された民族主義——島ぐるみ闘争

先ほども述べたように、第一期において議論されているのは、仲宗根源和氏らの沖縄民主同盟ですが、さらにそこには戦後初期の沖縄人連盟に対して出された日本共産党による「沖縄民族の独立を祝う」というメッセージにみられる独立論もとりあげられています。そして国場さんはこうした独立論を、反軍国主義、反天皇制という点において評価しつつも、[*7]郷党的、すなわち村的で閉鎖的な共同体に根ざしており、またアメリカ解放軍規定という誤った認識の産物であるとして批判します。

私自身は、この時期の独立論的な主張については、それが沖縄の外に流出した人々のネットワークと共にあり、またその際、沖縄人連盟とともにハワイやカリフォルニア、あるいは南米といった地域に越境的に広がった沖縄出身者のネットワークが大きな意味を持つと考えているので、閉鎖的な村的共同体という国場さんの評価に対しては批判があります。また、アメリカや米軍のヘゲモニーの問題も日本共産党の解放軍規定ということではなく、こうした越境的なネットワークの広がりと米国および米軍の関係の問題として、注意深く議論しないといけないと考えていますが、いまはそれは、すこしおいておくことにします。[*8]

さて、こうした国場さんの独立論批判において注目すべきは、国場さんより二年早く東京大学の経済学部を卒業した日本共産党の上田耕一郎に国場さんが言及しながら、日米による沖縄支配について検討している点です。そこで国場さんは、民族という領域について、日本資本主義においては実はそれは重要ではなく、他方でアメリカ帝国主義のヘゲモニーにおいては重要であると述べています。つまりどういうことかというと、日本資本主義は民族的差別や民族的階層構造にそれほど資本蓄積の基盤をおいているわけではなく、したがって単に支配されていた沖縄民族の独立ということだけではこれまでの日本帝国主義の歴史に対峙することはできないのであり、また新たに始まるアメリカ帝国主義の支配においては、民族が支配の回路になっており、米国が支配のために設定した、あえていえば上からの民族主義を、乗り越える民族主義が必要とされている、というのです。そしてこの二つの点において郷党的、村的な独立論は不十分であり、民族主義は新たに再構成されなければならないとしたわけです。

この構成といういいかたは、先ほども述べたように国場さんの言葉ですが、同じく国場さんの言葉を借りれば、反軍国主義的性格を持つ村的な独立論を弁証法的に止揚しなければならないともいっています。いずれにしてもそこにあるのは、米国が提示する民族主義を乗り越える「挑戦的な民族主義」[*9]であり、かつ資本主義とも対峙できる民族主義ということです。そしてこの論点こそが、民族主義再構成のポイントになるのです。

くりかえしますが、この再構成で問われているのは、沖縄の解放運動において民族という領域をどのように設定するのかということであり、沖縄か日本かという帰属の問題ではありません。あえていえば、復帰においても独立においても問われるべき民族の領域があるのです。また民族とは政治の前提ではなく、まさしく不断に見いだされ、再構成され続ける対象であるといってもいいかもしれません。ただこうしたことをふまえた上で、国場さんにおいて民族が沖縄の民族であるということは、明らかです。そこでは国場さんは、「沖縄のおかれた特殊な歴史的、社会的条件」といういいかたをして、民族という言葉を使っています。すなわちこの「沖縄のおかれた特殊な歴史的、社会的条件」において、復帰運動をになう沖縄の政党には日本の政党とは異なる「「民族的」な性格」があると述べ、いわゆる日本の政党との系列化を批判しているのです。[*10]またそれは、後にこの本にある国場さんの文章の中で「沖縄の党」といういいかたで述べられていることにもつながっていると思います。[*11]

ともあれこうした再構成において、第二期の島ぐるみ闘争が問題になります。すなわち独立論から新たに再構成された民族主義こそ、島ぐるみ闘争にほかならないというわけです。そしてその再構成のプロセスにおいて国場さんが注目するのが、一九五〇年の沖縄群島知事選挙です。この知事選挙が、米軍統治の回路としての自治であることはいうまでもありませんが、国場さんはその上からの自治を自分たちの自治として獲得していくプロセスをそこに見いだし、それこそが典型的な民族運動なのだと述べています。それは日本への帰属を求める日本復帰運動の始まりではあるのですが、国場さんにとっては日本ということが焦点ではなく、民族主義の再構成が重要なのであり、その再構成の軸になっているのが自治という問題でした。ここが極めて重要です。民族とは自治の問題であり、いわば先ほど述べた米国の支配の回路としての民族を自らの民族として乗り越えていくプロセスが、この群島知事選挙だったというわけです。さらにこの民族の再構成において国場さんは、沖縄人民党が郷党的、村的集まりから民族戦線構築に変化したとも述べています。

　ではこの変化は一体何だったのでしょうか。一九六二年の論文では全く触れられていませんが、そこには明らかに国場さんがいう「沖縄の党」すなわち非合法共産党の存在が念頭に置かれていたことでしょう。この点において、あえてこの「沖縄の党」ということを問題にすれば、それは単に人民党の地下組織ということだけではないと私は考えます。それはまさしく先ほど少しふれたような、「沖縄のおかれた特殊な歴史的、社会的条件」から生まれる複数の努力を組み合わせていくプロセスとしての党だということです。つまり何らかの固定的な利害を代表するのではなく、利害を構成している前提自体を問い、新たな関係を見いだしていく努力の総体としての党なのであり、それはいわゆる政党に還元されるものではありません。そしてそこに国場さんは、民族主義の再構成を重ねたわけです。いいかえればこの本や資料集[*12]で示された非合法共産党の存在と一九五二年の労働者のストライキを、島ぐるみ闘争の底流にすえることは、郷党的で村的な集団が沖縄解放のための民族主義に変わっていくプロセスとして、島ぐるみ闘争があるということにほかなりません。またそこには、奄美から労働者として流入する人々の存在も念頭にあったでしょう。国場さんが島ぐるみ闘争を自然発生的なものではないといいつづけるのも、[*13]この政党とは異なる「沖縄の党」の存在を念頭においていたからであり、民族主義の再構成、すなわち多様なモーメントの総体としての民族が生成していくプロセスを重視していたからにほかならないと私は考えています。したがってこの第一期から第二期に向かう先ほど述べた郷党的村的集まりから民族戦線へという変化は、人民党の方針の変化という形でおさえるべきではなく、もっと重層的なプロセスなのです。

　そしてだからこそ、島ぐるみ闘争の後におこった人民党と社会大衆党の対立は、単に政党間の連携の分裂ということではなく、この努力の総体としての民族主義の消滅、すなわち利害の前提を変えていくことを放棄していく展開として、国場さんにはうつったのではないでしょうか。人民党が日本共産党の系列におかれ、同時に社会大衆党と対立していくプロセスは、単に政党間の連携や対立、また政党の系列化ということだけで片付けられる問題ではなく、再構成され続ける民族主義の消滅であり、既存の秩序の中で区分された集団を重ね合わせていくという努力の放棄であり、「沖縄の党」の消滅だったのではないでしょうか。それは、国場さんにとっては決して受け入れることのできない事態だったと思います。それが第三期の問題です。

4　資本という問題

ところで国場さんは、この第三期を、通貨のドルへの切り替えにおいて区分しています。したがいまして、通貨ということを画期にしている第三期の展開を考えるには、これまで述べてきた民族主義の再構成という問題に、資本という論点を重ねて検討しなければなりません。またそこにこそ国場さんのこの二つの論文の、今日においても決して色あせない力があります。最初の第一期の独立論のところでものべましたように、国場さんにとっては資本主義と対峙していくということは、沖縄解放において極めて重要な軸であり、民族主義をこの資本との対峙の中でどのように再構成するのかということが大切でした。そしてこうした論点においても、国場さんにとって島ぐるみ闘争の後の人民党の展開は、決して受け入れられるものではなかったと思います。

論文においては直接的な人民党批判はなされていません。しかし、日本の左翼政党の綱領をそのまま受け入れることへの批判は、文章の中で何度も何度もくりかえし登場します。[*14] すなわち民族の再構成と資本への対峙をどう重ねるのかということが、重大な問題としてせりあがってくる状況であるにもかかわらず、後者の資本との対峙を日本の左翼政党の方針受け入れの問題に解消してしまうことは、同時に前者の民族という領域を、自然化された素朴な一体感として放置することでもあったわけです。日本共産党との関係を強化するという一見左翼的展開に見える動きは、革命の放棄と民族の自然化、すなわち系列化と同時に素朴な日本主義に民族主義が陥没して行く事態として国場さんには見えたのではないでしょうか。階級闘争の系列化と素朴な日本主義への回帰、あえていえばこの第三期の人民党の展開は、国場さんにとっては郷党的で村的な閉じた共同体としての民族主義に回帰していくプロセスだったのではないでしょうか。またそれは、まさしくこの時期に突きつけられた資本という問題を手放すこととしてありました。[*15]

ところで第三期の画期として指摘されている通貨切り替えの意味を考えるには、『経済評論』に掲載された一つ目の論文「沖縄とアメリカ帝国主義――経済政策を中心に」が極めて重要です。また先取りしていえばそこで展開されているのは、今日の状況まで見通せる国場さんの沖縄にかかわる深い現状分析です。[*16]

この一つ目の論文で中心的に展開されているのは、第三期における米国の沖縄統治の転換ですが、それは同時に戦後における米国支配の本質にかかわる問題として見出されています。この論文が書かれたのが一九六二年で、国場さんが第三期の画期と位置づけた一九五八年の通貨の切り替えからまだ三年しかたっていません。したがいまして、ここで国場さんが見出した第三期の沖縄統治の内実が、すぐさま今日にまで続く沖縄支配の本質というわけでは到底あり得ません。それは当然のことでしょう。ですが、にもかかわらず、国場さんがたった三年のあいだに見出した沖縄統治の本質は、今日においても極めて重要な諸点を提示しています。またあらかじめ指摘すべきは、ここで国場さんが沖縄統治の問題として指摘しているのは、米国だけのことではありません。国場さんの表現をそのまま引用すれば、沖縄の統治は、「米日両帝国主義が反共軍事同盟の強化を背景にして、アジアの諸国に対する一種の集団的植民地主義を推進する政策」としてあります。[*17] またその際、国場さんが重視するのは、グローバルなミリタリズムの展開の中で自由に使える軍事基地というだけではなく、沖縄にかかわる日米両帝国主義の資本の動向です。沖縄統治は日米両帝国主義による支配なのです。少し具体的に見ていきたいと思います。

5 日米両帝国主義による占領

まず論文ではこうした第三期の展開の前史として、第二期の島ぐるみ闘争の時期における経済分析がなされています。そこでは、人口の拡大と基地にかかわる収入の限界の中で、生活が困窮し、いわゆる基地経済を軸とした沖縄経済が限界にきていることが指摘されています。さらにいえば、国場さんにとって島ぐるみ闘争は、単に土地問題というだけではなく、こうした基地経済の限界を契機にしているということでもあるでしょう。だからこそ第三期の展開において、その運動の契機である基盤が変化したということを、新たな解放闘争の構築の問題として考える必要があったというわけです。ではどのように変化したのでしょうか。

注目すべきは、本質的には重なる二つの点です。一つは先ほどから述べているドルへの通貨切り替えであり、今一つは軍用地料の大幅引き上げです。まず前者の切り替えの意味は、金融資本の形成という点にあります。つまりそれは、琉球銀行に加え沖縄銀行の設立（一九五六年）、復興金融基金の琉球開発金融公社への移行（一九五九年）、また米国からのバンク・オブ・アメリカの侵出の中で進行する金融資本の形成を、ドル通貨への切り替えに重ね合わせているのです。またこうした動きと対応して、伊藤忠商事、三菱商事、三井物産といった商業資本が沖縄に侵出してきます。すなわちドルへの切り替えによる貨幣量の拡大が、金融と商業の資本形成を急激に促すという事態として、第三期があったわけです。もちろん生産業としては、パイン工場や製糖工場が投資先にはなっているのですが、重要なのは生産業より金融資本であり商業資本が軸になるという点です。いいかえれば生産業がつぶれようが、金融資本はまた別の投資先、たとえば観光や大型開発事業に向かえばいいのであり、やや乱暴にいえば、農業も含めた生産業自体においては先が見えないにもかかわらず、なんとなく金が回っているというゆるやかなバブルのような経済が継続する構造が、ここにできあがったわけです。[*18]

また軍用地料の引き上げも、国場さんはこの金融資本の形成の文脈において理解しています。すなわち一九五九年の新たな軍用地料の算定水準は、たとえば来間泰男さんの言い方を借りれば、戦前日本の寄生地主制の高額小作料のような高額地代になります。[*19] そしてこうした地代が銀行を介して金融資本に転化していくのだと、国場さんは分析しました。

このように第三期において統治は、金融資本を軸に再編されました。またこうした統治の軸である金融資本は、電力や水道といった公的部門にも向かい、いわば日常生活にかかわる公的部門を買い取る形で投資が行われていきます。国場さんの表現をそのまま引用すれば、米国と米軍は「金融機関やエネルギー源など、沖縄経済の中枢部分を直接の管理下におくことによって、沖縄経済全体を管理できる体制を築くことになった」[*20]、というわけです。

このような支配を表現するのに、単に植民地政策というだけでは、言葉が足りません。国場さんは何度も米国の統治は超過利潤を獲得する「古典的な意味における〝植民地化政策〟でない」と述べています[*21]。また同時に、戦後展開した生産分業と貿易を軸にした不等価交換による新植民地主義とよばれる事態とも違うと述べています。それは、グローバルなミリタリズムの展開と金融資本による生活にかかわる公的領域までも支配するやりかた、すなわちグローバル・ミリタリズムと金融資本を軸とした新自由主義による統治ということになるかもしれません。事実国場さんは、この論文で自由貿易と自由貿易地区の設定に対し最大限の警戒を表明しています[*22]。またそこでは、日本からの資本流入も念頭に置かれているのであり、国場さんはこうした動きを、「最近とみに自立的傾向と帝国主義復活の傾向を強めて来た日本独占資本」と述べています[*23]。いずれにしても第三期は、日米両帝国主義が沖縄において全面的に顔を出す時期といってもいいでしょう[*24]。

そしてなによりもこのような統治の構造は、一九七二年で消滅したわけではなく、沖縄は依然として自由に使える軍事基地でありつづけ、同時に金融資本による展開がその後も続くことになります。また金融資本が軸である以上、基本的には大型観光開発やそれに便乗した回収しやすい土木事業に投資が向かうわけですから、自然環境はどんどん破壊されていきます。

また沖縄戦から継続する占領ということを考えると、一切を破壊した後、立法的統治や民主主義的制度ではなく、軍事的支配を根幹とする日常的な戒厳令状態に人々をおきながら、他方で生活領域までも市場化し金融資本に包摂していくということした展開は、今日も世界各地で展開する支配形態かもしれません。ナオミ・クラインというカナダのジャーナリストはこうした世界に蔓延する支配を「ショック・ドクトリン」という言い方で説明し、そこでの資本のありかたを惨事便乗型資本主義と述べています[*25]。それは、二〇〇一年の九・一一以降におきた戦争と支配の問題でもあり、あるいは東日本大震災以降の日本の問題でもあるでしょう。そして今私は、国場さんの論文を読みながら、国場さんは今日世界各地で生じている軍事と資本主義のあり方を、一九六二年の時点ですでに沖縄に見出していたのではないかとさえ思います。このあたりはこれからゆっくり考えたいところです。

6　沖縄の党

ともあれ、国場さんにおいては、第三期は極めて大きな転換期でした。そしてだからこそ資本の動きに対応した民族主義の再構成の必要性を押し出そうとしたのです。それがどのようなものであったのかは、論文からは明確にはわかりません。しかしながら想像すべきは、金融資本による新自由主義的展開の中で、総じて不安低層にならざるを得ない圧倒的な人々を「沖縄の党」が繋いでいくような展開を、国場さんは考えていたのではないでしょうか。それは単に階層区分や利害集団のことではありません。階層横断的に総じて不安定にならざるを得ない潜在的可能性を発見し、連結させていく努力の総体としての民族主義のありかたです。また、だとするならば、先ほども述べたように資本の問題を本土の左派の綱領や方針におきかえ、民族主義を日の丸と血のつながりによるただの一体感に棚上げしてしまった人民党の展開を、国場さんが到底受け入れられないのは、容易に想像できます。

そう考えた時、国場さんが抱え込んでいた水脈、すなわち林義巳さんの奄美の党とともに非合法共産党を担い、ストライキを闘い、島ぐるみ闘争を組織していった水脈は、人民党をはじめとする政党とは質的に全く異なるものであったことがわかります。くりかえしますがそれは、既存の集団や利害を代表する政党ではなく、既存の集団から別の展開を引き出し、新たな関係性と集団性を模索し続ける党です。集団を代表するのではなく、集団の前提自体を問う作業を担う存在こそ、国場さんがいう「沖縄の党」にほかならないのではないでしょうか。そしてそれは民族主義でもあり、自治でもあり、島ぐるみのシマでもあり、オール沖縄とも無関係ではないでしょう。そしてこのような国場さんの水脈を、今の状況の中でどう引き継ぐのかということが、この二つの論文を読む際の重要な論点であると私は考えます。以上です。ありがとうございました。

＊1　以下の文章は、二〇一三年に那覇の沖縄タイムス社のタイムスホールで行われたシンポジウム「〈島ぐるみ闘争〉はどう準備されたか――国場幸太郎と沖縄・歴史の自立」で行った報告のためのものである。このシンポジウムは、森宣雄・鳥山淳編著『「島ぐるみ闘争」はどう準備されたか――沖縄が目指す〈あま世〉への道』（不二出版、二〇一三年）の出版記念シンポジウムである。また文章に関しては、基本的には内容には手を入れていないが、付け加えたいことなどは、注釈として書き加えた。

＊2　森・鳥山編著『「島ぐるみ闘争」はどう準備されたか』（前掲）。以下、本章で「この本」とは同書を指す。

＊3　島ぐるみ闘争という運動を、論文で読むということにおいて検討することそれ自体が、運動を記述するということ、またそれを読むということが運動においていかなる意味を生み出すのかという、深く考えなければならない論点でもある。いいかえればそれは、運動と言葉の関係にかかわる問題である。これまで多くの運動が、文書を残してきた。しかし文書がそのまま運動なのではない。残された綱領や運動方針、あるいは証言集やビラが、運動なのではないのだ。重要なのは、そのような文書を読むことがいかなる運動の可能性を切り開くのか、あるいは可能性を封じ込めることになるのかという問いである。このようなことを考えるとき、シンポジウムの表題である「どう準備されたか」という問いかけは、考察する者と運動を担う者の区分（さらにこの区分は日本／沖縄、知識人／民衆といった分断においても文節化される）を前提にしているという点で、不十分であるように思う。奄美で出会ったある方が、資料を探しに来た者たちに、「何を書こうと何を論じようと、すべてそれは支配者のものだ」といったことを思い出す。いかに書くかではなく、言葉それ自体が支配なのだ。それはまた植民地主義を論じる際に最も顕著な形で登場するだろう。この点については、ホミ・K・バーバ『文化の場所――ポストコロニアリズムの位相』（本橋哲也・正木恒夫・外岡尚美・阪元留美訳、法政大学出版局、二〇〇五年）の第五章「ずらされた礼節／こずるい市民たち」を参照。ところで国場幸太郎さん自身は、一九九九年のインタビューにおいて、この二つの論文を書くに至った経緯を、「通貨切り替えの前後からアメリカの統治政策の転換があったのだけれども、これに対してわれわれは対応できなかったのだという反省を込めて」書いたのだと述べている（「国場幸太郎インタビュー記録（第二回）」森宣雄・国場幸太郎編『戦後初期沖縄解放運動資料集Ⅲ』不二出版、二〇〇五年、(56)頁）。この「対応できなかったのだという反省」は、国場さんが人民党を離れ、また沖縄を離れ、東京でこの論文を書いたという文脈において受け止めなければならないだろう。またここで言及されている「アメリカの統治政策の転換」にかかわる情勢分析は、本章で

とりあげている『経済評論』に掲載された論文におけるドル切り替えに対する鋭い指摘とともに、瀬長亀次郎との路線対立とも深く関係する。またさらに、この二つの論文がある意味で運動の渦中から距離を置く位置に立ったところで書かれたということをふまえなら、同論文のもつ運動に対する意味を考えなければならないだろう。この点に関して、二〇一三年の同シンポジウムに登壇した由井晶子さんが、沖縄の運動を「星雲状態」といい、国場さんを「行動の人」とよんだ上で、後に国場さんが「現場で闘っている人がいる限りは運動がなくなることはない」と述べたと話されたことは、極めて重要であると考える。あえていえば、運動は、指導部や党の残した方針や綱領の文書、あるいは中心人物の証言において定義されるのではないのだ。かかる意味でこの二つの論文は、極めて状況介入的であり、その介入の中で獲得された現実批判こそ、今読むという行為において発見されなければならないのだ。それは、運動を書くことそしてそれを読むこととは何かという、最初の問いでもある。

＊4　国場幸太郎「沖縄の日本復帰運動と革新政党──民族意識形成の問題に寄せて」『思想』第四五二号、一九六二年二月、八四頁。

＊5　同、九一頁。

＊6　フランツ・ファノン『地に呪われたる者』鈴木道彦・浦野衣子訳、みすず書房、一九六九年、一三三頁。

＊7　国場幸太郎さんは、一九七三年に『沖縄の歩み』（牧書店）という児童向けの本を書いている。同書は復帰直後に書かれたものであり、復帰運動のとりあえずの帰結において書かれたという点において、一九六二年に発表された二つの論文とは異なるが、同書には、沖縄戦に帰結する沖縄の近代の歩みをふまえるならば、独立は、「余りにもとうぜんのなりゆきといえましょう」とある（同書二四一頁）。またさらにその根拠として、沖縄戦における日本軍の住民虐殺に言及している。

＊8　冨山一郎『流着の思想──「沖縄問題」の系譜学』（インパクト出版会、二〇一三年）の終章を参照。

＊9　島ぐるみ闘争のきっかけとなった「プライス勧告」においては、「琉球列島には挑戦的な民族主義運動がないので、アメリカは、この島々を長期にわたって、アジア・太平洋地域における前進基地として使用することができる」とある。国場さんの遺稿となった「沖縄の人々の歩み」では、国場さんにとって島ぐるみ闘争はこの米国が怖れる挑戦的な民族主義運動として理解されている。そこには本文でも展開したように、上からの民族主義をどう再構成するのかという国場さんの民族主義に対する基本的な構えを、看取することができるだろう。国場幸太郎「沖縄の人びとの歩み──戦世から占領下のくらしと抵抗」森・鳥山編著『「島ぐるみ闘争」はどう準備されたのか』（前掲）一九四─九五頁。

＊10　以上、国場「沖縄の日本復帰運動と革新政党」（前掲）八八頁。

＊11　国場「沖縄の人びとの歩み」（前掲）一四一頁。

＊12　加藤哲郎・森宣雄・鳥山淳・国場幸太郎編『戦後初期沖縄解放運動資料集』全三巻、不二出版、二〇〇四～〇五年。

＊13　国場「沖縄の日本復帰運動と革新政党」（前掲）で展開されているように、第一期の郷党的な民族に対して、再構成された島ぐるみ闘争における民族は、その含意からして自然的なものではない。さらに国場さんの遺稿となった「沖縄の人びとの歩み」（前掲、一四八頁）では、島ぐるみ闘争に連なる具志での闘争に言及し、「具志区民の土地取り上げ反対闘争はよく言われるような「住民の自然発生的な抵抗」ではなく、人民党の組織的活動に支えられていた」と記されている。そこには、「島ぐるみ」という共同体的な土着性に闘争の基盤を還元することへの批判と、自然的な前提を力として組織するところに党を措定しようとする国場さんの運動に対する基本的な構えがあるだろう。私はさらにこの国場さんの構えに、ファノンの暴力論における「自然発生の偉大と弱点」の章を重ねたくなる（フランツ・ファノン『地に呪われたる者』前掲）。

＊14　たとえば国場「沖縄の日本復帰運動と革新政党」（前掲）九一頁を参照。

＊15　いわゆる「国場事件」をどのような出来事として理解するのかということについては、この民族と資本という二重ではあるが一体である問題構成に対する人民党の位置づけが、大きな論点としてあると私は考えている。だからこそこの「事件」は、個人的な事件でもなければ人民党の系列化をめぐる単なる路線対立でもなく、革命という問いにかかわる根源的な出来事ではないだろうか。「国場事件」については以下を参照。森宣雄「沖縄戦後史の分岐点が残したある事件――「国場事件」について」『サピエンチア』第四四号、二〇一〇年。新川明「いわゆる「国場事件」をめぐって」森・鳥山編著『「島ぐるみ闘争」はどう準備されたのか』（前掲）。

＊16　国場さんの帝国主義理解については、別に論じたことがある。冨山一郎「明晰な人――国場幸太郎の帝国主義論」森・鳥山編著『「島ぐるみ闘争」はどう準備されたのか』（前掲）。

＊17　国場幸太郎「沖縄とアメリカ帝国主義――経済政策を中心に」『経済評論』第一一巻一号、一九六二年一月、一一四頁。

＊18　国場さんは『沖縄の歩み』（前掲）三〇七頁において、こうしたバブル的事態を「ドルの雨」と呼んでいる。

＊19　来間泰男『沖縄の米軍基地と軍用地料』榕樹書林、二〇一二年。

＊20　国場「沖縄とアメリカ帝国主義」（前掲）一一八頁。

＊21　同、一一三頁。

＊22　同、一二四頁。いわゆるＦＴＺ（Free Trade Zone）については、復帰後の大田昌秀知事、稲嶺恵一知事といった保守と革新を貫く共通の政策として登場する。かかる意味で、自由貿易地区の設定を日米両帝国主義の統治の問題として考える国場さんの視座は、極めて重要である。すなわち沖縄統治をめぐる政治は、安保をめぐる是非だけでもなければ、保守と革新において構成されているものでもないのだ。

＊23　同、一二八頁。

＊24　こうした国場さんの第三期の捉え方は、いわゆる基地問題や反基地運動に還元されがちな沖縄戦後史に対して、再検討を迫るものでもあるだろう。たとえば論文で言及されている日本からの資本流入の焦点になった石垣島のパイン工場をどのように位置づけるのかということが、沖縄戦後史において問われなければならないのだ。そこには帝国日本の植民地主義の痕跡も含め、基地がマッピングされた地図を眺めているだけでは浮かび上がらない戦後史がある。安里陽子「パインブームからとらえなおす境界——米軍占領期の沖縄・石垣島から描く沖縄戦後史」（『文化／批評』第六号、国際日本学研究会、二〇一四年）をぜひ参照されたい。また日米両帝国主義による統治は、資本の合同というだけではない。国場さんは『沖縄の歩み』（前掲）において、一九六〇年の国連総会で採択された「植民地解放宣言」に対し日本政府が沖縄をこの宣言の適用外に設定しようと努力したこと、ならびに一九六一年六月のケネディ・池田会談で、池田首相が米国の沖縄統治に全面的に協力すると表明したことに言及している。第三期は、資本においても軍事においても日米が沖縄統治において野合してきたのであり、それは今も続いているといえるだろう。

＊25　ナオミ・クライン『ショック・ドクトリン——惨事便乗型資本主義の正体を暴く』上下、幾島幸子・村上由見子訳、岩波書店、二〇一一年。

沖縄史の日本史からの自立

傷みの歴史から「あまは世」の希望

鹿野政直

◎1は、シンポジウム「〈島ぐるみ闘争〉はどう準備されたか――国場幸太郎と沖縄・歴史の自立」でのコメンテーターの一人としての発言（二〇一三年一二月二三日、那覇市・タイムスホール）。今回、書誌事項や注を追記した。

1　沖縄占領史に学んだこと

沖縄占領史との出会い

いただいた表題は、「沖縄占領史に学んだこと、沖縄史の日本史からの自立」という、いたって長く、いまひとつ焦点の定まらないものですので、森宣雄さんに、要するにどういうことかと伺いましたら、自分のこれまでの沖縄への関わりかたについて懺悔せよ、ということらしいのです。

いま、沖縄戦後史研究に早くから関わっていたというご紹介があり、光栄なことですが、じっさいに取りくみ始めたのは、中年になってからのことです。ただ、それでも、もう四〇年ほど経ってしまいました。

沖縄のことは子どものころから気にかかっていましたが、残念ながら政治的な感度はまったく鈍かった。今日、主題になっている国場幸太郎さんの一九六二年の論文についても、当時『思想』も『経済評論』も購読していたにもかかわらず、その画期性をみいだすことはできませんでした。さきほどの冨山一郎さんの鮮やかな分析（その報告は本書所収）で、その意義が、初めてわかったような始末です。

一九六〇年代、復帰運動が盛り上がるにつれて、「本土」（隠れなき抑圧性から、慣用していた「ヤマト」をこのごろ「本土」に変えている）でも沖縄についての論議が盛んになりましたが、わたくしの場合、いちばん心に残ったというか、気持が引き寄せられていったのは、永積安明さんの、いずれも短い沖縄論でした。

永積さんは、ご承知のように中世文学の研究者で、神戸大学の教授でしたが、一九六四年、琉球大学の招聘教授となって（東大で同級だった仲宗根政善先生の発議だったそうですが）、渡航しようとしたところ、日本文学協会での活動が「左翼」あるいは「反米」とみなされ、琉球列島米国民政府（ＵＳＣＡＲ《ユースカー》）に「入域」を拒否されてしまうのですね。その処置に反発した学生たちが、ＵＳＣＡＲに乗り込んだりして、五カ月に及ぶ渡航実現運動を行った結果、拒否の撤回をかちとり、琉大で講義を行ったという経歴をもつひとです。

その講義を通じて永積さんは、琉大の学生たちに、さまざまな知的刺激を与えたでしょうが、同時に、沖縄滞在というこの経験は、永積さんに、それに劣らないほどの〝発見〟をもたらした。氏は、沖縄の古典に眼を開かれるとともに、進行しつつある沖縄問題への発言者となってゆきます。幾度も足を運んでは、資料調査を行うとともに、沖縄の事態について、しばしば報告するようになります。新聞や雑誌に掲載されたそれらの時評を、わたくしは読んで、心を惹かれていったわけです（一九七〇年に、専門論文と併せて、『沖縄離島』朝日新聞社、としてまとめられた）[*1]。

そこに描き出されていた沖縄は、当時、本土で声高に唱えられていた「沖縄を返せ」とは、ほとんど異質の、復帰をめぐる沖縄の人びとの内面の葛藤の深さでした。一つだけ例を挙げますと、永積さんは、一九六九年一〇月二一日、那覇の街頭で、折からの佐藤・ニクソン会談を目前にひかえての復帰デモに出会って、ショックを受けるわけです。

「〔この〕デモ行進は、これまで私の出会ったどの行進にくらべても、意外なほど気勢のあがらぬものに見えた」。そうして思います。「いつもの行進とちがって、何か重い荷物を担って行くかのようなデモの流れ」こそ、「なみなみでない沖縄の事態」の反映であると。こうして永積さんは、自問します。「復帰とはいったい何か。むしろ復帰そのものが、ラジカルに問われはじめたところに、六九年の沖縄があり、その選択を避けて通ることのできない当面の状況」が、「沖縄の決定的な矛盾を爆発せしめつつある」のではないか、と。

これは、『朝日新聞』一九六九年一二月一八日に掲載された「沖縄の苦悩――復帰とは何か」というエッセイの一部ですが、いちばん記憶に焼きついている発言ですから、たぶん自分は、そういう位置にいたのだろう、と思います。ただ、学問的な（という言い方をあえてしますが）課題としては、沖縄はまったく念頭に上らなかった。永積さんのそのエッセイとおなじ一九六九年に、それまで書いてきたものをまとめて、『資本主義形成期の秩序意識』（筑摩書房）という本にしますが、そこには、沖縄のことは一言半句も出てこない。しかも、この『秩序意識』は、わたくしの本としては多くの書評に恵まれたのですが、眼に触れた限りでいえば、沖縄の欠落を指摘した批評はひとつもなかった。いわゆる学界も、そういう状況であったと思います。

では、いつから、いわゆる論文のかたちで沖縄を考え始めたのかといえば、一九七七年からです。それもまえに話したことがあるのですが、この年、初めて沖縄に来て、友人の名嘉正八郎さんに連れられて図書館めぐりをしたさい、那覇市立図書館の、入口のすぐ左側の書棚に、『今日の琉球』『守礼の光』という画報のような月刊誌に出会ったことに始まります。これが、占領軍が出していた広報誌だと知って、アメリカは、沖縄ではこんなこともしていたのかとびっくりしました。「琉米親善」のオンパレードで、もとより基地問題は出てきません。

わたくしは、一〇代の後半を、アメリカを主力とする連合国の占領下で過ごした人間ですが、沖縄と本土では、まるで占領の密度が違う、異質だ、と思いました。とともに、なぜ当時は人口が一〇〇万に満たない沖縄で、五万人、六万人の集会やデモが、幾度も行われるのかが、瞬時に判ったような気がしました。もしこれを、本土で考えてみるとすると、仮に一億人がいるとして、五〇〇万、六〇〇万の集会やデモとなる。本土では一〇万人の集会があると、新聞にデカデカと記事になる。ケタが違う。それだけ占領軍の圧力が違うと思いました。

調べてみると、一九六〇年代の最盛期で、『今日の琉球』は二万数千部、『守礼の光』は九万数千部、併せて一一万数千部となり、機械的に計算すれば、当時の沖縄の戸数約二〇万戸の半分以上に配布（無料です）されていたことになる。月刊と日刊の違いはあれ、『沖縄タイムス』の九万数千部、『琉球新報』の八万数千部よりも多いのです。「銃剣とブルドーザー」の一方で、こんな紙の絨毯爆撃を行っていたわけです。それを題材に、のちに「統治者の福音――「今日の琉球」とその周辺」（前掲『戦後沖縄の思想像』所収、注1参照）となる文章を書きました。

それとずっと気になっていたのが、そこにおられる新川明さんたちの『琉大文学』です。自分とまったく同世代の人びとが、このような思想を創りあげていたのかと仰天し、その気迫に打たれつつ、「「否」の文学――『琉大文学』の航跡」（『沖縄文化研究』第一二号、一九八六年）を書きました（のち前掲『戦後沖縄の思想像』所収）。新川明さん、川満信一さん、岡本恵徳さんに、初めてお目にかかり、いろいろ教えていただきました。わたくしなりに、沖縄の一九五〇年代を垣間見ることができたという感じがあり、その意味では、その後の沖縄の歴史を考えるさいの原点になりました。

もっともあれは、字面をかろうじて追っていっただけのもので、もちろん不備が多いのです。少なくとも二つの不備がある。

一つは、『琉大文学』の、こういう言葉を使っていいか、ちょっとためらうのですが、〝裾野〟に、高等学校の文芸部のような存在があったという、比屋根照夫さんからいただいた指摘です。比屋根さん自身や幸喜良秀さんを念頭においてのご指摘だったと思うのですが、考えてみると、川満さんも宮古の高校の文芸部から『琉大文学』へという道筋です。そういう地層に育まれての『琉大文学』であったということは、ご指摘を受けるまでまったく気づきませんでした。[*2]

いま一つは、今日いろいろと論じられた『琉大文学』と政治の問題です。これは気づかないではなく、ただ、政治活動の問題は、部外者が軽々しく立ち入るべきではないと自制して、「「経済」学の勉強は彼らを「政治」に開眼させた」と書くに留めました。もっともわたくしからみても、『琉大文学』は、教条主義に陥ることなく、また政党のしもべとなることなく、文学としての自律性を貫いていましたから、ある意味で〝安心〟して、あえて政治の領域には踏み込まなかったということはあります。

そんなふうにして、遅ればせながらも沖縄の戦後史に触れていったわけですが、それによって歴史の見方としていちばん大きく変ったのは、それまで自分が、「日本戦後史」と思いこんでいた歴史分野が、じつは「本土戦後史」に過ぎないと、痛切に意識させられたことです。やっとですね。

以来、ぽつぽつと、戦後史と戦前史を往ったり来たりしながら、とくに思想の分野を中心に、沖縄を考えてきました。いや、きたつもりです。方法的にはなにも新しいものはなく、さりとて精緻な実証というには遠く、ただ自分の——なんというのかな、皮膚感覚みたいなものだけを頼りとして、探ってきたというに尽きるでしょう。

ただその間ずうっと、本土の人間として沖縄を主題とすることは、いわば他者として、沖縄の肖像を描く行為にほかならないが、勝手にそのようないわば肖像権の侵害という所行に、およんでいいものだろうかという問いから、離れられないできました。これを加害者的と決めつけられても、それを甘受するほかなく、歴史的に規定されている業のようなもので、わたくしのがわからクリア・カットな答えはみいだせません。

せめてできることは何かというときに、心に蓄えておきたいと思うのは、いまは亡き屋嘉比収さんが、わたくしの『今日の琉球』論に触れて発した言葉です（「沖縄を叙述する、ということ——『鹿野政直思想史論集』の沖縄関係著作第三巻と第四巻を読んで」『けーし風』第六〇号、二〇〇八年九月）。

こうおっしゃっているのですね。「「米国民政府が沖縄を統治するためのプロパガンダの雑誌だと破棄して焚書した経験を持つ同時代の研究者が、（中略）自分たちの破棄した雑誌が歴史史料として分析された事実を前にして、彼我の位置の違いに基づく視点の差異に嘆息した表情が忘れられない」」、「それは同時代を生きた者にとって、対象化されることへの痛覚と落胆を含んだ表情であり」云々というのが、その言葉です。

屋嘉比さんはつづけて、「それを分析する者として、それらの心情をどのように組み込んで分析したらいいのか、自分の問題として考えてみたい」と引きとって、わたくしを救ってくださっているのですが、自分としては、そのクレバスを越えることはできない、できないままに抱えてゆくほかない、と思っています。

話が深刻になりましたが、沖縄の歴史に触れ始めると、とたんに新川明さんから、痛烈な批判を受けました。大城立裕に甘い、伊波普猷に甘い、などといった批判です。[*3] 批判を受けて、自分でも困ったと思ったのは、自分のなかに、その批判に半ば以上同調したくなるもう一人の自分がいる、とつい思いたくなったことでした。これはまったく困ったことでありまして、全然反論できないで、今日に至っております。

沖縄の歴史を日本史にぶつける――それでいいのか？

一昨年の秋に、小さな本を出しました。『沖縄の戦後思想を考える』（岩波書店、二〇一一年）というのがそれで、もともとは、法政大学沖縄文化研究所の屋嘉宗彦所長から、研究所の主催するカリキュラムの一環としての「沖縄を考える」という総合講座で話すようにといわれ、まとめたものです。屋嘉さんの要請をいただいたときにわたくしは、自分がこんなに魅せられてきた沖縄の思想について、ここでは戦後に限定してのことですが、ぜひ若い世代に知ってもらいたい、そのために、こんな思索も、あんな思索もあったということを、いまの自分に可能な限りひろく目配りして、その像を「試論」つまりたたき台として提出したいと思いました。

作業を始めたときには、沖縄にはこんなにも惹きこまれてゆく思想が満ちているのに、どうしてそれが、日本戦後思想史のなかに位置づけられないでいるのか、という不満がありました。というか、逆にいうと、たとえば新川明さんの思想とか、岡本恵徳さんの思想とか、大城立裕さんの思想とかを含まない、ないしはそもそもその存在に気づこうとしない日本思想史とは何か、という不信がありました。いや、そういっては、舌足らずになるのであって、そうした日本思想史の専攻者のなかにいる（と一応は目されている）一人として、その問題は、自分の外の問題ではなかったというべきですが。といって、では沖縄の歴史を含めばいいのか、という問題でもない。

だから、一つ一つの局面で、いつもそのとき（沖縄を含まない）日本の思想（界）はどうだったのだろうか、ということを念頭に置きながら、沖縄ならではのこんな思想が発酵したのだ、ということを引き出すつもりで作業を進めていったのですが、進めれば進めるほど、また、進めた結果として、自分が、二つの点で、矛盾の落し穴に落ち込んでゆくような感じを味わいました。

一つは、沖縄にはこんなに高質な思想が構築されてきたのだと、強調すればするほど（ここでは、自分の叙述の拙さは問わないことにしますが）、なるほど沖縄には、こんなに感銘を受ける思想があったのか、といいつつ、そこで思考をストップさせてしまう類の感想に出会ったことです。本土での大方の読後感はそれです。

これは、沖縄の〝発見〟という意味では、著者としてありがたいというべきかも知れませんが、しかしそのこと自体に問題があるとも感じました。つまり、強調すればするほど、それは、「沖縄の思想」として特殊化されてゆく、囲い込まれてゆく。それによって、たとえば新川さんの思想から、読み手が自分の問題の立て方とかに、衝撃を受けることはない。そっちはそっち、こっちはこっちとして、日常は進行してゆくということです。

いま一つは、沖縄の思想の、そうした孤立状態（光栄ある孤立かもしれないのですが）を、なんとか打破しようとの気持に衝き動かされて、日本思想史のなかにそれを位置づけようとしているわが営みが（それは、字面として浮かび上がって来るものではありませんが）、そもそも間違っているのではないか、という疑念に苛まれはじめたことです。

日本のなかに位置づけようとする方向は、もとより、それが達成されれば沖縄の思想が〝普遍化〟される、というものではありません。また、もちろん、日本のなかに〝標準化〟しようとするものでもありません。しかし、日本の思想のなかに置くことで、脱〝特殊〟という意味での、なんらかの〝一般化〟を図ろうとする意向、また、沖縄の思想を突き出すことで、日本の思想を問おうとする気持のあったことは否めません。それでいいのかと思うようになったということです。

じつはあの本を書いたことで、自分の研究者人生に幕を下ろそうと思っていました。しかしこういう問題を意識するようになって、特殊沖縄への囲い込みでもなく、さりとて日本へののっぺらぼうな〝一般化〟でもない途を、考えざるをえなくなりました。そうして本を眺めかえしながらつらつら思ったのは、このようにわたくしなりに見渡したとして、その思想のなかでもっとも本質をなすものは何かということでした。いのちの思想がそれではないかと、ようやく、あるいは、矛盾しますがあらためて、思いました。沖縄の思想は、どこを切っても、いのちへの加害に抗するもの、ないし生存権への闘いとして創りあげられて来ていると痛感するようになりました。

いのちの思想——日本史に収まりきらない沖縄史

生存権への闘いとしての言論は、無数といっていいほどあります。比較的に近い時期の事件への論評から、深く考えさせられた発言を二つばかり挙げることにします。

一つは、二〇〇四年八月一三日（この日は、わたくしにとっては伊波普猷の命日ですが）、米軍の大型ヘリが沖縄国際大学の構内に墜落したさいの、屋嘉比収さんの、怒りを込めた発言です。


本土での議論の大部分は、日米地位協定により警察の調査権が米軍によって強制的に規制されたことに対する不満を背景に、主として「国家主権の問題」として論議された。それに対して沖縄では、同事件に対する日本政府や本土マスコミの無関心への不満と米軍による強制的規制への反発や批判を含めつつも、主として「人権や住民の命への侵害の問題」として論じられた。その議論の違いは、米軍基地に対する沖縄と日本本土との認識の違いを端的に示すものといえよう。（屋嘉比「銃口はどこへ向けられたか——〈場〉を開いてゆくために」、黒澤亜里子編『沖国大がアメリカに占領された日——8・13米軍ヘリ墜落事件から見えてきた沖縄／日本の縮図』青土社、二〇〇五年、二六四頁）

いま一つは、二〇一二年の、日米政府によるオスプレイ安全宣言にたいする新城郁夫さんの、留保なき拒否をという論評です。

この日米両政府の姿勢は、在日米軍とその統合下にある自衛隊そして軍需産業の利益のためには、沖縄の人間の生存権をためらいもなく侵すことを宣言するものであり、日米安保体制下における沖縄の犠牲が、想定内であることを全く隠していない。（中略）ここで確認すべきことは、オスプレイが、私たちの安全を保障するために配備されるのではないという端的な事実である。逆に、この配備によって、私たちの生存は深刻な危機にさらされる。この危機に拒否権を突きつけることになんのためらいもいらない。この拒否を通じてこそ、私たちは、私たちが共に生きていくことを、私たち自身に約束していくことが可能となる。（新城「「留保なき拒否」を」『沖縄タイムス』二〇一二年九月二一日）

いずれも、生存を直接に脅かす存在・事態への危機感に満ちた発言です。

そういう発言に触発されながら、しかしどこまでできるかなと、自問自答しつつも、このところ、戦後の沖縄の思想を、「生存権への闘い」として考えようとし始めました。すると、それを考えるのに、大きな主題が三つ浮んできました。というか、三つの主題にしぼって考えれば、沖縄における「生存権への闘い」がよくみえるのではないか、と思うようになりました。

沖縄戦のなかでの「死の渦から」という体験と、伊江島での阿波根昌鴻さんの「命どぅ宝」の思想と、屋慶名での安里清信さんの「海を殺すな」という思想です。

申し上げるまでもなく沖縄戦の集合的記憶は、沖縄の戦後の原点をなしています。阿波根さんの闘いは、沖縄が米軍の軍事基地化されることにたいする闘いです。また、安里さんの闘いは、環境汚染にたいする闘いだとよくいわれますが、復帰が、経済的統合でもあったことへの闘いでもあると思います。もとよりそれらがすべてではありませんが、沖縄の闘いをよく象徴する位置にはある。そうしてそれら、「死の渦から」と「命どぅ宝」と「海を殺すな」が結びついたところに、辺野古以降の闘いが位置づけられる、というような受けとめ方を、わたくしはするようになりました。

その生存権の問題を、戦後の本土で、圧倒的な迫力をもって提起したのは、一九五七年、朝日茂さんのいわゆる朝日訴訟でした。国立療養所に入院中の朝日さんが、生活保護制度によって支給される日用品費があまりに低すぎて、日本国憲法第二五条（［生存権、国の社会的使命］1 すべて国民は、健康で文化的な最低限度の生活を営む権利を有する。2 国は、すべての生活部面について、社会福祉、社会保障及び公衆衛生の向上及び増進に努めなければならない）に違反するとして起した訴訟です。

それをきっかけに、法学の分野でも、生存権についての理論的構築がはじまり、また歴史を遡るかたちで生存権思想の探求が行われたりしました。といっても、法学でその研究が主流派によってなされることは決してなく、また歴史的探究は、自由民権思想におよぶものの、主として救貧法の歴史を明らかにする域を、多く出ることはなかった。

そのこと自体は、貴重な学問的成果であったに違いないと、評価するにやぶさかではないのですが、しかしふしぎに思ったのは、生存権を論じるに当って法学者たちの関心が、もっぱら憲法二五条の検討に終始していて、生存をもっとも脅かすはずの、そうしてつい先ごろまで、人びとを死に追い立てていた戦争と生存権の問題が、まったく圏外に置かれていることでした。

戦時中は、生きていることが、いのちを惜しむこととほとんど同一視され、おめおめとという形容がつくくらい、死の美化が喧伝されていて、生への渇望が遮断されていました。わたくし自身の一〇代前半を考えても、散華とか玉砕だとか、死ぬことへ追い立てられる時代に生きてきたとの感があります（米軍では、「殺せ、殺せ」と訓練し、日本では、「死ね、死ね」と追いたてたという〝文化〟的差異は、一つの課題となりえますが、ここでは触れません）。

法学界の社会派とみなされるようなひとにあっても、そのことが視野のそとにあるのには、法解釈の精緻さを競う分野ではそんなものなのか、と思ったり、ほとんど奇異の想いがありました。

今世紀になるころから、いのちという問題は、社会で一つの焦点となりました。その問題は、一九九五年の阪神・淡路大震災を契機として浮上し、二〇一一年の東日本大震災で決定的となりました。わたくしには、それと同時に、脳死の概念の浮上による死とは何かとの問い直し、生殖医療と選ばれるいのち、公害によって侵されるいのち、深まる生きにくさなどの諸問題が、基盤としてあるように思われます。

また歴史学の分野でも、大門正克さんを提唱者として、「いのち」の問題が主題化する勢いをみせているように遠望されます（「序説「生存」の歴史学――「一九三〇―六〇年代の日本」と現在との往還を通じて」『歴史学研究』第八四六号、二〇〇八年一〇月増刊、「「生活」「いのち」「生存」をめぐる運動」安田常雄編『社会を問う人びと――運動のなかの個と共同性〈シリーズ戦後日本社会の歴史3〉』岩波書店、二〇一二年、など）。

わたくしは、生活記録運動や保健衛生運動また優生保護法改定反対運動などを主題化したそういう仕事が、歴史学の新生面を拓きつつあることを否定しません。が、そこに戦争による死の強制、いのちへの加害、その毀損、生き残ったことの原罪意識等々が、小松裕さんの『「いのち」と帝国日本――明治時代中期から一九二〇年代〈全集日本の歴史14〉』（小学館、二〇〇九年）を除いては、片鱗もすがたをみせないことに、ほとんど驚愕を覚えます。

いのち・生存権という人間存在の基本をめぐる認識について、沖縄と日本（とあえて申しますが）のあいだには、千里の差がある。いのちの問題への沖縄の人びとが抱える切実さ・痛切さは、一顧だもされていない。

ならば、別個の歴史として考えたほうがいいのではないか。わたくしは、沖縄の歴史に取りくむようになってから、その歴史を、既存の日本の歴史に追加するのでなく、言い方は拙いのですが、沖縄の歴史をそれにいわば〝衝突〟させることによって、その衝撃によって既存の日本の歴史を打ち砕きたい、せめてそれにあらたな相貌をもたらしたいと思って、微力を傾けてきました。でも、もうやめた、です。

沖縄の歴史と日本の歴史とは、別だと考えるほうがいい。そう思うようになりました。で、わたくしなりに、沖縄の近現代史を時期区分してみました。すると、つぎのように三期に区分すれば、沖縄のいまの由来をもっとも明確に理解できるのではないかと思いました。すなわち、

一、「琉球処分」に始まる戦前・戦中の沖縄県時代（一八七九～一九四五年）

二、沖縄戦の時期（一九四五年三月～九月頃）　＊短いため「時期」としてみました

三、米軍占領下の琉球時代（一九四五～七二年）＋復帰後の再度の沖縄県時代（一九七二年～現在）　＊両者は、本質的に切断されていず、連続しているため

という三期です。そういう三つの歴史的経験が積み重なっているのに、ゆきついたともいえます。それぞれの時代を特徴づけると、

一は、「最後尾の県」とされた時代

二は、「捨て石」（ないし「防波堤」）とされた時期

三は、「太平洋の要石」（＋「捨て石」）とされた（されている）時代

となります。

こういう特徴づけを、本土の人間がしたということで、侮辱されたと感じられる方が多いと思います。しかし、沖縄の歴史という場合、少なくとも私の独断と偏見でいわせてもらうならば、そういうものによる馴化、そういうものとの葛藤、そういうものへの抵抗として、繰りひろげられていったことは紛れもない。と同時に、大急ぎで申しますけれども、沖縄のいまが、以上の三期につづく、いや、より正確にいえば、それを転回させるあらたな四期の出発期だ、と思わずにはいられません。繋いでいえば、

四は、「されて」からの脱却へ

ということになります。

アジアのなかのウチナー史の視点

わたくしは今年（二〇一三年）、沖縄の新聞に二回、書く機会を与えられました。一回目は、『沖縄タイムス』五月一五日付で、四月二八日に日本政府が挙行した「主権回復・国際社会復帰を記念する式典」にたいして、沖縄では、それを「屈辱の日」以外の何ものでもないという怒りが渦巻きましたが、そのさいの企画の一端としてです。そこでわたくしは、こんなふうに記しました。

押しつけられる強権性のまえに沖縄の人びとは、今年一月の全首長の直訴として突き出したように、抵抗に向けての不退転の決意を表明するに至った。「屈辱の日」認識の再帰はその線上に由来し、つづく五・一五、六・二三を問う意識に、既往を超える視角をもたらさずにはいないだろう。今年の四・二八は、そんな節目となったような気がする。／「屈辱の日」の認識を超えた瞬間に、「ウチナー世」の構築に向けてのあらたな展望が開けてくる。そうして沖縄は、そのために闘った阿波根昌鴻・安里清信らをはじめとする先人たちに事欠かない。そのとき歴史は、沖縄の、いまだ達成されざる戦後を、「ウチナー世」をめざしての、痛苦と屈曲に満ちた足跡として描きだすようになるに違いない。

二回目は、『琉球新報』一一月一九日付で、「『沖縄の自立と日本「復帰」40年の問いかけ』をよむ」という表題の短文です。ご存じのように昨年（二〇一二年）秋に、法政大学の沖縄文化研究所の企画で、大田昌秀さん・新川明さん・新崎盛暉さん・稲嶺惠一さんをパネラーとしての、「沖縄本土「復帰」四〇周年記念シンポジウム「復帰」四〇年、これからの四〇年」というシンポジウムが開かれたのですが、『沖縄の自立と日本――「復帰」40年の問いかけ』（岩波書店、二〇一三年）は、そこでの報告をもととした本です。その本への感想として、こんなふうに書きました。

沖縄は久しく「沖縄」問題として押し込められる存在であった。「まえがき」で立てられた「日本にとって沖縄とは何だったのか」という問いは、そうした枠付けに向け、正面切って放たれた矢である。その問いを基に据えた議論は、切っ先を逆転させ、「沖縄にとって日本は何なのか」と日本を括り返す論議を起こすに至っている。本書を読み私は、「復帰」四〇年が沖縄にとってまさにその転機、「ウチナー世」に向けての元年になるのではとの予感に満たされ、……

というのがそれです。

非沖縄人であるわたくしには、胎動しているまさに来たるべき世が、どんな内実を備えるかについては、「ウチナー世」としか申せません。が、長きにわたっての「されて」の時代からの転回であることには、疑いを入れません。とするとき、どんな歴史像が打ち出されるだろうか。

それを思いあぐねていたとき、天啓のように響く講演に出会いました。今月（一二月）六日に沖縄文化研究所で行われた比屋根照夫さんの、「沖縄学の興隆とアジア」という講演です。そこで比屋根さんは、伊波普猷や、ことにその弟である伊波月城の、タゴールを主題とする論説などを追いながら、沖縄の先駆的知識人が、アジアの先駆的知識人とそれぞれ別個に、被抑圧民族としての痛苦に着目し、それを共有する認識を示していたことを明らかにしてゆきました。

講演の下敷きとなっている「沖縄学――アジアへの架橋」（『ならじあ風土派』第三回沖縄）から、その一端を引きますと、

伊波の思想的位相は、むしろ民族解放・民族自決を求めて奮闘したアジアの先駆的知識人の位相に対比できる。たとえば、中国人の「奴隷根性」を厳しく批判した同時代人の魯迅。インドネシア人の「偽善性」を抉り、対オラン

ダとの独立戦争の革命精神を喪失した同胞を鮮烈に批判したモフタル・ルビス。あるいは、一九世紀後期にスペイン植民地下で自民族の覚醒を訴えたフィリピンの独立運動の先駆者ホセ・リサール。／（中略）伊波普猷、魯迅、モフタル・ルビス、ホセ・リサールをつなげてみると、被抑圧地域ないし被抑圧民族の先駆的な思想家たちがその時代的空間の差異を超えて共有する思想的課題が、われわれの眼前に生き生きと浮上してくる。

となります。

そこには、沖縄を、アジアのなかでの被圧迫民族の一つと位置づけ、それゆえに共通の課題を負っていたとする認識が、先覚的知識人の筆を借りて提示されています。その共通の課題とは、「自民族の「心的外傷」を切開するという痛苦に満ちた自己検証を通して、新しい歴史像なり、人間像を模索していく」こと以外にはないとするのが、比屋根さんの議論の中心点でした。

とともに、そのような位置に捕縛されたゆえに沖縄は、伊波兄弟のような思想家を生み出したが、対蹠的に（圧迫国である）日本の近代には、竹内好と夏目漱石をのぞいて、そういう思想家を知らないとも、付け加えられました。

そこで打ち出された歴史像は、明らかに日本と切れ、沖縄をアジアのなかに置く構想に立っており、「その意味で、沖縄学は、沖縄とアジアを思想的につなぐ架橋にもなる」と、沖縄学の再定義にまで及んでいます。わたくしはそこに、「沖縄史の日本史からの自立」への、確実な一歩が踏み出されたと感じたしだいです。国場幸太郎さんの「沖縄の党」の発想が、歴史学の分野で具体化される気運が起きてきたとも思いました。

コメントという役割だったのに、長くなって失礼しました。これで終るのですけれども、今日は国場さんを主題とする会ですので、最後に一つだけ付け加えさせてください。

国場さんには、『沖縄の歩み』（牧書店、一九七三年四月三〇日、A5判、本文三四七頁。表紙や扉での著作者の表記は、国場幸太郎・作、飛鳥童・絵）という著作があります。わたくしは、この本を非常にすぐれた歴史書だと思っております。

「新少年少女教養文庫60」として刊行されたように、児童書に分類される本ですが、構造的な把握の確かさと人間味のある記述、じつにすばらしい。この機会にこの本を再刊する気運が起これぱいいと、熱烈に希望いたします。

ありがとうございました。

◎2は、二〇一五年九月追記

2　国場幸太郎『沖縄の歩み』を読む

破格の通史

とのべてから二年近くの歳月が経ちました。ではどのようにして、「沖縄史の日本史からの自立」を具体的に考えてゆくか、と問題を立てるとき、国場幸太郎さんの、さきに挙げた『沖縄の歩み』が、先駆的な作品として現われます。児童書として刊行されたせいか、この本が、琉球・沖縄史関係の書物に、参考文献として挙げられることはありません。それだけに、それでいいのかと思い、その内容とそれがもつ意味を、わたくしなりに検討せずにはいられません。

まず『沖縄の歩み』の目次を掲げます。

六　大正・昭和前期の沖縄
七　第二次大戦後の沖縄
　あとがき

　もっとも実際には、「まえがき」と「一　けわしい戦争の雲ゆき」のあいだに、見開き二頁の「本文を読まれる前に」という導入があり、「アジアの地図を広げてみると」というかたちで、沖縄の位置や人口などについての、概括的な説明がなされています。
　一九七三年三月という日付のある「まえがき」は、二五〇字程度の短いもので、前段と後段に分かれ、著者の意図を端的に語っています。その前段にいわく、「この本のなかで話そうと思っていることは、私の故郷である沖縄の若い人たちをふくめて、日本の若いひとたちみんなに、これだけはぜひ語り伝えておきたいと考えている沖縄の歴史についてです」（原文のルビは原則的に省略）。そうして結びに、「私は、そう考えて、この本を書くことにしました」とあります。「書くことにしました」とありますが、本が四月三〇日付で刊行されていることからすると、この「まえがき」は、本文を脱稿したのちに書かれたことが明らかです。その前年である一九七二年の五月一五日は、いうまでもなく沖縄の日本復帰（施政権の日本への返還）の日です。時間幅を考えると、国場さんが、復帰ないしその前後から、もっともエネルギーを注いで書きあげたのが、この本となります。出版社と著者との関係は存じませんが、牧書店は児童書を中心とする出版社でしたから、その社での児童書の執筆は、しぜんな流れです。版元にとっては、復帰を契機とする企画であったと思われます。[*4]
　『「島ぐるみ闘争」はどう準備されたか』所載の略歴によると、国場さんは、「〔一九〕五九年に人民党内の路線対立で党から追放され、翌年に東京に転居、現代沖縄研究を開始」、「六四年に宮崎県に転居し、県立高校で教員を八七年の定年まで勤めあげ」とあります。つまり政治的な信条によって、故郷を追われ、東京在住を経て宮崎県内に居を定め、教職に勤しむなかで、復帰を迎えたことになります。[*5]

占領下の沖縄で、「無名の地下革命家集団をひそかにたばねる目立たぬ指導者」（前掲書での森宣雄さんの評言）だったとされる国場さんと、高校教諭の国場さんとでは、身を置く環境が一変しています。故郷から、また実践活動からと、二重に切り離されているという思いが、おありだったかどうか。そんな氏の、復帰という新たな状況を受けての思索の結晶が、この『沖縄の歩み』であったと思います。記述は、多彩な書籍類・資料類また新聞・雑誌の記事や情報を基とすると思われ、国場さんが宮崎の地に在って、丹念にそれらを集めて読み、沖縄を考えつづけていたことは、明らかです。[*6]

ふたたび日本に包摂された沖縄にとって、なにが解放あるいは変革への曙光をもたらすか。現代沖縄の、政治・経済の分析に冴えをみせていた著者は、歴史を遡ることにより、根源に迫ろうとします。著者のそれまでの足跡にそくしていえば、革命運動の実践者↓社会構造の分析者↓歴史への遡及者ともなりましょう。それだけ、眼前の変革を、でなく、長い将来を見据えての、認識の変換への種子を蒔き、発芽させることを求める作業でした。

そんな意識変革を、著者は、なによりも若い世代に求めます。それも、故郷である沖縄の若い人たちはもちろん、ひろく日本の若い人たちに求めます。当時、四〇歳代の後半に差し掛かっていた国場さんにとって、若い世代が沖縄のことを知らないという危惧と、にもかかわらず、若い人たちにこそ希望の芽があるという期待とが、こもごも寄せては返していたのではないかと想像されます。

しかもその若い人たちというのは、抽象的な存在ではなく、なによりも日ごろ接している高校生として立ち上がってくる、いわば顔の見える存在であったに違いありません。そういう存在に語りかけるという気持を込めて、書いていったのがこの本であった、とわたくしは考えます。

若い世代とふれあおうとする意思が、この本の文体を、「です、ます」調にするとともに（「です・ます」調がそのための唯一の文体というのではないが）、おりおり、そのようであったと想像される会話を創りだしています。同時に、全編をつうじて、問いを重ねるという方法が執られています。そこには、教条的に教え込もうとする＝注入するのでなく、読者たちと応答するなかで、その自発性を喚起しよう＝引き出そうとする姿勢が顕著です。授業の進め方を髣髴させるスタイルとも思いました。

では、沖縄を知るとは、どんな意味をもつのか。「まえがき」の後段は、そのことの説明にあてられています。いわく、「沖縄を見る目は、日本を見る目をするどくすると、よくいわれます。沖縄の歴史を知ることは、沖縄の現実を理解し、沖縄の将来を考えるのに必要なだけではありません。それは、また、日本の真実の姿に照明をあて、日本の前途を考えるためにも必要なことです」。

いうまでもなく、これは、沖縄を、に止まらず、沖縄から、考えるという視点の提唱です。その言は、意識がいまある状態からの、四重の組み替えをめざしています。

まず、沖縄についてどうしようもなく無関心、したがって無知という状態の克服です。日本というとき、沖縄の存在がすっぽり頭から欠落しているという状態の克服です。それには当然、知的関心の欠落ゆえに生じる偏見の克服を含みます。

二つ目に、その沖縄を視野に入れるには、現状を見るだけでは不十分で、なにゆえにそういう現状がもたらされているかを、歴史を遡って理解しなければならぬという認識があります。その歴史への無知の克服です。

三つ目は、では沖縄の歴史を視野に入れるとして、従来の日本史に、沖縄をつけ加えるだけでいいのかという問題です。漫然とつけ加えて、その分だけ日本史を膨らませるのでなく、沖縄を入れることによって、従来の日本史を揺さぶる、相対化する、読み替えることの提唱です。「沖縄を見る目は、日本を見る目をするどくする」という言葉は、そのことを示しています。「日本の真実の姿」は、沖縄を抜きにして見えないということでもあります。

そうして四つ目は、沖縄を上述の意味で視野に入れることが、不可避的に「日本の前途を考える」態度を促し、かつその前途を変容させるであろうという確信の表明です。たんに、沖縄から本土を問うということ以上に、日本の若い人たちに、沖縄を軸にするとき、日本のすがたがどう見えるかを考えてもらい、その上に立って将来を構想することを促したい、という期待が滲み出ています。

だから書名は、客観的との響きをもつ「沖縄の歴史」でなく、人びとの主体に即した「沖縄の歩み」でなければならなかったのだろうと思います。著者はこの本を、人びとの経験の集積として描きだそうとしました。

「まえがき」のそういう言葉を眺めてくるとき、この著作は、革命家としての国場幸太郎の新たな実践であった、との思いが突き上げます。その一端は、巻末に簡単に記された「主な参考文献」の、書目の選び方にもうかがわれます。僅か九種しか挙げられていませんが、そのうち通常の意味での歴史書は、比嘉春潮『新稿沖縄の歴史』、新里恵二・田港朝昭・金城正篤『沖縄県の歴史』の二冊に止まり、そのほかは、大田昌秀『近代沖縄の政治構造』、上地一史『沖縄戦史』、沖縄県教職員組合編『これが日本軍だ――沖縄における残虐行為』、平凡社刊『沖縄文化論叢1〜4』、谷川健一編『叢書わが沖縄1〜6』、中野好夫・新崎盛暉『沖縄問題二十年』、同『沖縄・七〇年前後』という、触れれば血の出るような現代沖縄論で占められています（歴史書二冊も、現代的関心の横溢する作品）。同時に、沖縄での刊行を含むこういう書物に、たえず目を配っていたことがうかがわれます。それに止まらず、執筆にさいしては、取材のため、〃ひそかに〃沖縄へ旅し、伊江島に阿波根昌鴻さんを訪ねています。[*7]

こうした思いから書き下ろされたゆえでしょう、この『沖縄の歩み』は、沖縄戦から書き起こすという、通史としては破天荒の構成をとっています。しかも全七章のうち二章を割いています。国場さんは、そこから始めなければ、沖縄の歴史を語ることができなかった。氏にとって沖縄戦は、それほどに沖縄の歴史を凝縮している「事実」＝「現実」（「史実」というにはあまりになまなましく、「事件」というには一過性とは遠いそれ）でした。

沖縄を主題とする通史の類は少なくありませんが、こういう構成をとる著作は、ほかには絶無です。そのことは、この本のユニークさを保証していますが、それにしてもなぜ国場さんは、沖縄戦から始めなければならなかったのか。それは『沖縄の歩み』を貫く視点ゆえの、決断だったと思います。

とすれば、その視点とはなにか。こんな問いを立てるとき、わたくしはズバリ、「沖縄は日本の植民地（のような存在）であった」というのが、国場さんの、沖縄についての史的評価・位置づけであったといいたい。「植民地」という文字は、ここぞというときに繰り返し用いられる表現となっています。

その「植民地」とはなにかについて、国場さんは、書き出しのところで、日本が「満州国」をつくったことに関連して、こう定義しています。「植民地というのは、よその国に支配され、治められている地域のことをいいます。当時は、朝鮮・台湾も日本の植民地になっていました。また、「満州国」のように、形は独立国であっても、じっさいはよその国のいいなりになっている地域も植民地といえます」（『沖縄の歩み』一三頁、以下〇頁とのみ記す）。沖縄も、そうした「植民地」同然の地域だというのが、氏の基本的な認識でした。

通史であることを謳い、実際にも通史である『沖縄の歩み』は、それだけに沖縄戦から筆を起こさなければならなかった。植民地であったゆえの「悲劇」として。沖縄の歴史を顧みるさいの、国場さんにとっての沖縄戦の重みを、如実に示す構成です。

その沖縄戦を起点として、国場さんは、沖縄の歴史を遡ります。三〜六章がそれで、当然そこでは、歴史の始まりから植民地でなかった時代の記述を先頭に、どのようにして植民地となったか、植民地としてどんな状態が現出し、そこに縛りつけられたか、またそのなかでどんな思いが発酵したか、などが解き明かされます。

それを受けての最終章＝七章は、こんどは米国の植民地（軍事的植民地）と化した沖縄が主題です。いわば沖縄の現代史ですが、そこでは、米軍の支配がどのようなものであったか、とともに、人びとがそれにいかに立ち向かったかが、国場さん自身をも証人とするかたちで、叙述されています。構成上は、七章のうちの一章ですが、分量上は約三分の一を占める章となっています。

三〜六章をかたちづくる「沖縄人の祖先は、いつ、どこからきたか？」（六八頁）に始まる通常の意味での沖縄の歴史が、なかばを占めていますが（そうして、じつに読み応えがあるのだが）、そのいわば主体部分を、沖縄戦と占領下の沖縄によって、サンドイッチのように挟みこむというのが、この本の構成です。国場さんの、現状への熾烈な関心が、歴史への遡及を促し、それがまた、現状の読み取りを深めたであろうという構図がうかがえます。ともに、平面的な叙述に終始することなく、きわめて構成的な著作と思います。

近年こそ、沖縄を植民地とする経世論が増えてきましたが、当時、その角度から、沖縄の歴史を描ききった作品は、他にありません。

沖縄戦——通史の問いへの旅だち

最初の主題をなす沖縄戦では、おおむね、

1　なぜ沖縄戦に至ったか、

2　沖縄戦はどういう性質の戦争だったか、その戦争で沖縄の人びとはどんな目にあったか、それはなぜか、が叙述されています。

1では、国場さんは、当時、実現したばかりの沖縄の日本復帰という時事問題を手がかりに、沖縄はそれまでアメリカ軍に占領されていた、どういういきさつで？　沖縄戦で日本軍がアメリカ軍に敗れたから、ではどういうわけで日本はアメリカと戦争したのだろうか？　と、一問一答式に問いかけてゆき、そのみなもとを、一九三一年、「中国に戦争をしかけ」た満州事変に求めます。

日本は、そこに始まる中国への侵略を、三七年、「中国全土に攻め入」るというかたちでエスカレートさせて、中国の人びとのはげしい抵抗を引き起こすとともに、その中国へのアメリカ・イギリスの援助を招いて、「進むことも、退くこともできない状態」に陥ってしまいます（一二～一四頁）。それを一気に打開しようと行ったのが、ハワイの真珠湾の「不意打ち」で、こうして始まった太平洋戦争で、日本は、緒戦こそ勝利をえたものの、「真珠湾をわすれるな」と反撃に遭い、アメリカ軍は、「日本本土を直接攻撃できるところまでやってき」て、沖縄戦となるというのが、国場さんの描いた大よその筋道です（一七頁）。「けわしい戦争の雲ゆきは、日本軍を、とうとうここまで追いつめたのです」（三〇頁）。

もっともそこで国場さんは、戦局の推移だけをのべたのではありません。戦争を描くのに、一貫して「人びと」に注目しています。その人びととは、東南アジアや太平洋地域（海域）の人びとであり、またいうまでもなく沖縄の人びとです。

太平洋戦争を始めるに当って日本は、「大東亜共栄圏」を作ると唱え、アジア全体の繁栄を図るという名目を立てました。欧米諸国の植民地として長く苦しんできた東南アジアでは、そこに解放への夢を託すひとも出ました。しかしほどなく、「大東亜共栄圏」が、「結局は、アジアの資源と人民を日本の利益になるように利用するためのからくり」にしかすぎないことがわかり、「武器をとって日本軍に立ちむか」ってくるひとも現れた、こうして日本は、「アジア全体を敵にまわす結果になった」という記述が、それです（一六〜一七頁）。

そこに特徴的なのは、太平洋戦争（「アジア太平洋戦争」という呼び名は、のちに現われる）の様相を見るさい、その地の人びとの視点が、基本として据えられているということです。通常、太平洋戦争は、西太平洋から東南アジア一帯にかけての、日本軍と米英軍との角逐を内容とする戦史として叙述されます。その地の人びとが登場することは、めったにありません。しかし国場さんにとっては、戦争は、その地の住民への視野なくして語りうるものではなかった。そのとき欧米諸国は旧宗主国、日本は新宗主国と、実態をみきわめられるとともに、その地の人びとのすがたが、日本軍を追いつめる力の一つとして浮上することになります。人びと＝people に軸足を置く歴史の見方、それが国場さんの史観でした。

いま一つは、戦争の接近が、沖縄の人びとになにをもたらしたかということへの注目です。住民の疎開と動員がそれでした。足手まといになりそうな高齢者や子ども・女性は疎開、戦力になると認定される若い人びとと中壮年の人びとは動員という区分けで、国場さんは、疎開を対馬丸の遭難を中心に、動員を、陣地作りへの動員を手初めとして、男性は防衛隊、鉄血勤皇隊、女性はひめゆり学徒隊、女子挺身隊をとおして叙述しています。

それらを記したのち国場さんは、息を詰めるように、「昭和の初めに満州で始まり、中国大陸から東南アジア・太平洋へと広がった戦争は、十四年後の沖縄で、日本軍とアメリカ軍との最後の決戦を迎えようとしているのでした」（三〇頁）として、2の沖縄戦はどういう性質の戦争だったか、その戦争で沖縄の人びとはどんな目にあったか、それはなぜか、という課題に向かいます。

国場さんの沖縄戦の記述で目を引くのは、主戦場とされる沖縄島（当時の呼び方で「沖縄本島」といっている）での日米両軍の戦闘についての記述が、比較的に短く（半分に満たない）、「悲劇の幕あけ」として「慶良間の集団自決」、「悲劇の終幕」として「久米島の惨劇」に、多くの紙面を割いていることです。

「慶良間〔諸島〕の集団自決」では、著者は、渡嘉敷島と座間味島での軍命令による集団自決、阿嘉島での少年義勇隊の斬り込みを描写し（その半面で日本軍は生き残る）、「沖縄戦は、このように、住民の集団自決と少年たちの斬込という悲劇で幕をあけました」といいます（三八頁）。そのうえで、問いを重ねます。

「いうまでもなく、自決した住民の大部分は老人と子どもと女の人でした。このように足手まといになる住民に自決を命じたということは、何を意味しているでしょうか」（三八頁）。国場さんは、そこには考えさせられる問題がたくさんあるとしながら、こう断定します。「少なくとも、次の一つのことだけは、はっきりしています。それは、すなわち、日本軍が沖縄で戦争したのは、沖縄の住民を守るためではなかった、ということです」。この答えは、ただちにつぎの問いを起こします。「では、日本軍は何のために沖縄で戦争したのでしょうか」（三九頁）。

こうして沖縄島での「攻防三ヵ月」に入ってゆくのですが、沖縄住民の死者を一二万二〇〇〇人、当時の沖縄島の住民四〇万人の三〇パーセントに当るとして、居ずまいを正すように、その数字の意味するところを語ります。「日本軍の作戦は、負けるとわかった沖縄戦をできるだけ長びかせて、アメリカ軍の日本本土上陸をおくらせるのがねらいでした。この作戦のために、沖縄が破壊しつくされることも、住民の生命が犠牲になることも、初めからわかりきったことでした。にもかかわらず、それは日本軍司令部の眼中にはありませんでした」。その場合に著者の嘆きあるいは憤りは、あの懐かしい亜熱帯の緑の島が、「見るかげもなく、すっかりかわりはてて」しまったことにも向けられています（四八～四九頁）。

住民の犠牲は、基本的に日本軍司令部のこうした方針によるものだったとして、著者はつづけます。「戦死した住民の大部分は、こうしたアメリカ軍の無差別攻撃で命を奪われました」。そのうえで、畳み掛けるようにいいます。「しかし、それがすべてではありません。住民の集団自決は、慶良間の島じまだけでなく、沖縄本島でもありました」（四九頁）。さらに言葉を重ねます。「それでも、すべてではありません（中略）。それは日本兵に虐殺された人びとです」。戦場で、乳飲み子がしめ殺されたり、壕を奪い取られたりしたほか、いったん捕虜になったのち日本軍陣地へまいもどったりした場合、「スパイときめつけられて、たちどころに殺害されるのが常でした」（五一頁）。

いや、それだけではありません。「住民がスパイの疑いをかけられて日本兵に殺害された例は、地上戦がおこなわれなかった島じまでさえもありました」（同右）。それが久米島の場合だとして、すでに日本が降伏したのちにも、日本兵が住民を惨殺した事件をくわしくのべています。そのうえで国場さんは、問いを発するのです。「こういうことは、洋の東西を問わず、戦争につきものの悲劇なのでしょうか。それとも、沖縄のような特殊な地域で見られる悲劇なのでしょうか」（五七頁）。

答えを、「久米島で二十人の住民を虐殺した海軍通信隊の元隊長」の「談話」を紹介するかたちで出しています。「なにしろ、わしの部下は三十余名、島民は一万人もおりましたからね。島民が米軍側についてしまっては、ひとたまりもない。だから、島民の日本軍に対する忠誠心をゆるぎないものにするためにも、断固たる処置が必要だった」、「家といっしょに火葬してやった」。この言葉を引きつつ国場さんは、「元隊長が、どんなに住民を信頼しないで、おそれていたかを、はっきり示しています」と断言します（五七～五八頁）。

当時の沖縄の住民の大部分は、「日本の軍国主義の波に押し流され」、「日本のしかけた戦争を「聖戦」と思いこんで、それに協力していた」。にもかかわらず、そのようにスパイ扱いされ、虐殺される。なぜか。そう問うて、その原因を国場さんは、みずからの被差別体験をも俎上に載せつつ、「そこには、沖縄を日本本土とは異なる一種の植民地のように差別する見方や考え方が強くはたらいて」いたためとするのでした（六二〜六三頁）。

つまり国場さんにとって沖縄戦はなによりも、住民の集団自決と日本軍による住民虐殺に象徴される戦争だったのです。

同郷の人びとが、ゆえなく日本軍に虐殺されたという事実に、氏には、悲憤が噴き上げたに違いありません。その箇所に、「植民地」という表現を繰り返し用いています。「沖縄は、かつての台湾や朝鮮のような日本の植民地であるか、あるいはそれに近いところだと考えている人がたくさんいました」（五九頁）、「太平洋の島じまと同じく、日本本土から差別された植民地のようなあつかいをうけたのでした」（六三頁）。こうしていいます。「沖縄戦は、そのために、いろいろ深刻な悲劇をたくさん生み出し、ただでさえ悲惨でむごたらしい戦争を、より一段と悲惨でむごたらしいものとしました」（同右）。

「どうして、そういう結果になったのでしょうか」。著者はここでようやく、沖縄の歴史に到達します。「それを知るためには、沖縄の歴史をもっとさかのぼって見なければなりません」（同右）。

しかし、とするならば、沖縄はどうして、そのような日本への復帰を熱望するようになったのか。著者は、第二次大戦直後には独立論もあったとしつつ、数年後にはなぜ復帰論へと変ったのか、そのことも、歴史を遡ってみなければ、なかなかわかりにくいといい、その解明をもとめて沖縄の歴史探求へと向かいます。国場さんにとっては、歴史は、たんに過去の問題であるのではなく、まさに直面する現在の問題なのでした。沖縄は、かつてはどうであったのか、それがどのようにして「植民地」同然の地域となったのか。

ちなみに、当時の沖縄史認識の程度をうかがう一材料として、高等学校用日本史教科書での沖縄関係の記述を、全国歴史教育研究協議会編『新版日本史用語集』（山川出版社、一九七五年）によって、項目数として挙げると、全一三種のうち、沖縄倶楽部1（数字は頻度数を示す）、沖縄県13、沖縄県祖国復帰協議会3、沖縄占領12、沖縄の祖国復帰10、沖縄返還協定6、謝花昇2、蛇皮線6、尚氏6、尚泰5、北山・中山・南山3、琉球王国5、琉球処分3、琉球征服7、琉球政府主席公選5、琉球藩3、琉球貿易5、に止まります。数が少ないばかりでなく、「沖縄戦」という言葉はまだありません。「太平洋戦争」のなかの、（米軍から見ての、また日本にとっての）「沖縄占領」という角度です。

もっとも復帰という歴史的事件が、なまなましかったからこそ、記述がここまで増えたといえるのです。新版となるまえの『日本史用語集』（同社、一九六六年）では、全二〇〇種のうち、沖縄関係の項目は、沖縄県19、沖縄占領14、蛇皮線15（「三味線」18の関連項目として）、尚泰1、琉球征伐7、琉球船9、琉球貿易10、しかありません。また「琉球征伐」という言葉が、まだ教科書に生きていました。

植民地としての沖縄のなりたち

三章から六章までが、固有の意味での歴史の部分です。その先頭に置かれた三章「遠い昔の沖縄」は、伊波普猷のいう「古琉球」、つまり歴史始まって以降、島津来寇以前の時代に当ります。

この時代は、日本史の立場からみれば、辺境史の一部をなし（近年では、大きく修正されてきていますが）、朝貢、服属の歴史として捉えられやすい。そうしてたいていの日本人は、その角度から沖縄を見ています。その一方で、沖縄史（琉球史）の立場からいえば、琉球王国の栄光の時代と描かれるのを、常とします。だが、国場さんの史眼は、そのいずれとも異なります。

沖縄のがわから見ると、日本がわからとは、まったく異なった史的風景が現出します。国場さんは、日本との関係を否定するわけではありません。「七、八世紀頃の「沖縄人」は、古代日本語を話す日本人の一分枝であった」とします。しかしその場合、「日本人」という言葉が発する単一民族性の響きを、前提とするのではありません。「ここでいう日本人は（中略）、ただ一つの人種で形づくられたものではなく、南方系の海洋民族や、北方系の山間民族や、その他いろいろな特性をもったいくつかの民族が混血し、とけ合って形づくられたもの」で、それが「沖縄人の場合、南方系の要素がいくらか強いとしても、別に不思議ではありません」と、両者を同じ平面上に並べます（以上、七四頁）。

そのうえで、沖縄が、「按司」から「ゆぬぬし」（世の主）、さらに「王」の支配する社会へと統一されてゆくとともに、中国との関係を深めてゆくという、歴史が辿られます。「十五世紀から十六世紀にかけての琉球は、中国とも、日本本土とも、きわめて親しい密接なあいだがらにありました。しかし、それは、どちらの場合も、支配をうけるというあいだがらではありませんでした。当時の琉球は、小さいながら、中国からも、日本からも、独立した王国として、認められていました」（八八頁）。

それればかりでなく、琉球の船は、朝鮮・タイ・インドネシアなど、広くアジアの国々に航海し、諸国の物産の「なかつぎをする中継貿易」を行い、「万国の橋渡し」の役割を果しました。もちろんそれとともに、「琉球文化の黄金時代」がつくりだされました（八八・九〇頁）。

こうして、やがて到来する屈辱の時代とは異なる栄光の時代が、写しだされるわけですが、国場さんは、その時代を、栄光一辺倒では描きませんでした。国の統一が、首里王府を中心とする中央集権制度と王の一族を頂点とする身分制度、さらに王府による信仰の支配をもたらしたことを、精細に指摘します。「ひと頃のように、才能と人望があれば、按司や「ゆぬぬし」になれた時代は、完全に終わりを告げました」。いやそれどころか、「きらびやかな首里の都の貴族文化は、裏をかえせば、地方の農民の貧しさや低い生活水準ととなり合っていました」（一〇三〜一〇四頁）。

そういう状態がつづくと、きっと貴族への対抗勢力が現われてくる、それが歴史というものだ、日本本土でも、武士が貴族に代わって支配する時代への転換があった、国場さんには、そういう信念がありました。「ところが、沖縄の場合は、日本本土と異なり、そのような動きが始まる前に、首里王府をゆさぶる荒波が外から押し寄せてきました」（一〇四頁）。そうのべる氏の筆には、それが沖縄を隷属的な地位に陥れたのだ、といわんばかりの無念さが漂っています。隷属的な地位への転落を、国場さんは、たんに薩摩藩の侵略としてはのべていません。日本の近世的な統一の結果として、新しい支配者によって、「当時の沖縄の人びとがまったくあずかり知らない」ままに決められた処分で、その実行者が島津の薩摩藩であった、という評価です（一〇九頁）。薩摩軍の侵攻にたいして、首里王府はほとんど無気力で、そののち沖縄は、「薩摩藩島津氏の植民地支配」のもとに置かれます（一二二頁）。

その一方で薩摩藩は、利益を独占するため、従来どおり琉球に、中国との朝貢というかたちをとった貿易を続けさせようと、独立した王国であることをよそおわせ、風俗としても、ことさらに異国風を強制しました。そのため当時の琉球は、しばしば「日清両属」といわれます。しかし、と国場さんはいうのです。「当時の沖縄は、薩摩の完全な支配下にあって、薩摩から一方的に搾取されていたのです。だから、当時の沖縄の状態は、実質的には薩摩藩島津氏の属領（植民地）であり、形式的には「日清両属」でした」（一二八頁）。

島津藩の「植民地」となったことこそ、沖縄の不幸をもたらす決定的な原因となった、というのが、国場さんの歴史評価です。「ふりかえって見ると、十六世紀の末、豊臣秀吉の時代に、日本全国の統一を目指す動きが沖縄にまで迫っていました。それから考えて、小さいながら独立を保っていた琉球も、いずれは日本にくみこまれる運命にあったと思われます」。この辺は、社会科学者としての冷徹な見方というべきですが、「しかし、それにしても」と、氏は言葉を継がずにはいられませんでした。「琉球が、十七世紀の初めに、薩摩の属領として日本の封建制度のなかにくみ入れられたことは、その後二百六十年の江戸時代を通じて、沖縄に大きな不幸をもたらす原因になりました」。しかも、「それだけではありません。それは、また、明治以後百年の歴史でも、沖縄の不幸の遠い原因になりました」（以上、同右）。

「植民地」であることは、どんな社会をもたらすか。

まず、政治を薩摩の鼻息をうかがうものとしました。薩摩の支配に抵抗して処刑された謝名親方をのぞいては、「大政治家とうたわれた向象賢や蔡温ですら、島津氏の顔色をうかがいながら、王府の安泰をはかるのにきゅうきゅうとしていました」（一四三頁）。向象賢は、人心をなだめるために「日琉同祖論」を説き、蔡温は、島津の「ご高恩」を強調しました。それらを国場さんは、「奴隷的ともいえる卑屈な態度」としながら、「それほどまでに、島津氏の圧力は強かった」と、万事、薩摩藩の指図どおりにせざるをえなかった政治を指摘します（一四一頁）。

薩摩藩と首里王府という二重の支配は、砂糖の専売制を初めとして、民衆にかかる負担を二重のものとしました。宮古・八重山での人頭税や荒地開墾のための強制移住は、その惨状を典型的に表わしています。

こうして「民衆と政治家とのへだたり」（一三七頁）を指摘しつつ、国場さんは、圧制のもとで民衆が、苦しみのなかから生み出していった文化の記述に、多くの頁を割いています。謝名親方が、処刑されるにさいし、薩摩の役人を道連れにしたという話を紹介しては、もちろん事実ではない「このもの語りには、沖縄の人びとのやるせない憤りがこめられてい」る（一二一頁）としたのを初めとして、人頭税や強制移住にまつわる民謡や子守唄を、幾篇も写しだし、訳を添えています。

「大和世《やまとゆ》に／かきられ／板札に／守らされ　遊《あし》びでん／どうぐねーぬ／あまいでん／どうぐねーぬ」（日本〔薩摩〕に支配される／世の中になって以来／板札に記された／人頭税を負わされ　遊びも／奪い去られ／歓びも／とりあげられてしまった）とか、「汝《うわ》が父《あさ》や／んざんかいが／汝《うわ》が母《んま》や／ずまんかいが／天太《てだ》たふま／上たふまていど／うな取いが／ぴりたり」（おまえのお父さんは／どこへいった／おまえのお母さんは／どこへいった／上役人たちを／殺すといって／毒魚のふぐを／とりにいった）などが、それです（一三〇～一三一頁）。

それらの作品で著者は、収奪の凄まじさを示そうとしています。とともに、それ以上に、人びとの抵抗への意思、さらに苦境を根とする文化的創造力への、著者の讃嘆と信頼が見られます。「首里・那覇から遠く離れた地域ほど、すぐれた民謡をたくさん生み出しています」、「重税に苦しめられていたこれらの地域の人びとにとって、民謡は、苦しい生活にたえる力にもなり、心のささえにもなったにちがいありません」というくだりに、国場さんの、民謡への思いの深さをうかがうことができます（一五一～一五二頁）。

薩摩藩の属領となっていた沖縄に、一九世紀になると、欧米の艦船があいついでやってくることになります。その叙述に当って国場さんは、通常、光を当てられるペリーの来航でなく、その前のフランス艦の来航を重視します。

武力行使をちらつかせながら、最初に強硬に通商条約を迫ったのは、フランスです。動顚した首里王府が、薩摩藩にいきさつを報告したさいの、薩摩がわの反応は、「末である琉球を守るために、本である薩摩をあやうくしてはならない。それは、ひいては日本もあやうくする」、「以上のような危険を避けて、薩摩の安全を守り、ひいては日本全体の安全を守るためには、琉球は日本の域外の「異国（外国）」としてあつかい、琉球だけにかぎって、フランスとの通交や貿易をゆるした方がよい」というものでした。幕府もそれに同意し、「琉球は外藩だから、幕府は干渉しない」と、処置を薩摩藩に一任しました（以上、一五五頁）。

この方針について国場さんは、こう批判します。「ここで「外藩」といっているのは、現代の用語でいえば、「外地」ということです。それは日本固有の領土である「内地」に対して、そうでない領土という意味です。それは、つまり、植民地のことです。（中略）そういう琉球を日本から切り離し、琉球で西洋諸国の進出をくいとめることができれば、それにこしたことはないと薩摩藩も、江戸幕府も考えたわけです」、「「日本の安全と利益のためには、外藩（外地＝植民地）である琉球を捨て石にしてかまわない。」という考え方が、実に鮮かに出ている」、「この考え方が、明治以後の日本政府にもあって、ことあるごとに、沖縄を苦境におとし入れた」と（以上、一五六頁）。

「捨て石」という表現に、沖縄戦が重ねられていることは、明らかですが、その沖縄観は、近世にあっての薩摩藩の琉球支配のなかで培われ、幕末の日本の危機に当って露出した、沖縄を切り捨てるという発想はすでにそのときに発生していた、と、国場さんはいいたかったわけです。いまから四〇余年前の国場さんのこの発言を振り返るとき、そうした「植民地」観は、日本の政権にあっては、米軍占領期ばかりでなく、現在にいたるまで脈々と再生産されているといわざるをえません。

薩摩藩への服属が、日本の近世的統一の結果であったのにたいし、明治維新後の「琉球処分」（琉球王国の廃絶と沖縄県の設置）は、日本の近代国家としての統一の過程で、かつその結果として実行されました。その過程は、「五　明治時代の沖縄」に、「新しくできた日本政府のもとで、沖縄がどのようなあつかいをうけ、どのようにして日本「国内」

にくみ入れられていったか、それを見るのがここでの課題」として詳述されています（一六二頁）。

国場さんがその過程をどう認識していたかは、この章の小見出しをつないでゆくと、よくわかります。「日本軍の台湾遠征と琉球藩の設置」、「琉球処分――琉球王国滅ぶ」、「中国にゆずられようとした宮古・八重山」、「「大和」への非協力運動と日本政府の弾圧」、「支配階級の懐柔と旧慣の温存」、「同化政策と皇民化教育」、「人頭税廃止運動と旧慣の改革」、「謝花昇と参政権獲得運動」、「同化の一応の「完成」と本土なみ制度の適用」というのがそれです。

その記述をつうじて国場さんは、沖縄を「植民地」とする見方を打ちだしています。とともに、沖縄についての政策が、対外問題と結びついていたこと、沖縄が所詮とり引き材料に過ぎなかったこと、一度も住民の意思を問わなかったことなどを指摘しています。記述のいくつかを引きますと、

台湾遠征という侵略戦争と結びついて、沖縄が日本「国内」にくみ入れられる緒についたということは、今になって思えば、その後の沖縄の不幸な運命を予告していたかのようです。（一六八頁）

沖縄の場合、廃藩置県は、住民の承諾や合意がないまま、住民の反対を武力で押しきって、強行されました。つまり、沖縄は、明治政府の武力をうしろ立てにした強制的な併合で、日本『国内』にくみ入れられる出発点に立たされたわけです。（一七六頁）

「分島改約案」をつくったとき、それは、沖縄の住民、そのなかでも特に宮古・八重山の住民の意見や希望を聞いた上でのことではありませんでした。（中略）沖縄の住民は、つんぼさ《ママ》じきにおかれたまま、日本政府が条約改訂を有利に導くためのとり引き材料にされていたわけです。「分島改約案」は、日本政府が沖縄を植民地（外地）と考えていた、何よりの証拠です。（一七九〜一八〇頁）

大部分の民衆の目からすると、明治の新しい日本政府も、薩摩藩島津氏と同じように、「沖縄人」を支配し、搾取する「大和人」の政府であることにかわりがなかったということです。〔そうした構造のもとに置かれたために〕同じ「沖縄人《うちなんちゅ》」という民族感情も、それを基ばんに生まれたものです。(以上一八二頁)

〔軍事上の必要からする旧慣温存政策がとられたことや、参政権・府県制・市町村制が適用されなかったことなどをのべたのちに〕このように見てくるならば、当時の沖縄は、日本「国内」にくみこまれた一つの県でありながら、その実質は植民地であったことがわかります。この状態については、日本の「国内」植民地という以外に、適当にいいあらわす言葉がありません。(一九四頁)

〔のちに植民地となった台湾・朝鮮や占領地となる中国でも同化政策がとられた、としたうえで〕これらのことを考え合わせると、沖縄は、期せずして、日本の植民地政策の実験場になっていたといえましょう。(一九八頁)

その在任中、彼〔奈良原繁知事〕は、県会もない沖縄で、文字どおり植民地総督のようにふるまい、まるで、薩摩藩の植民地であった時代の琉球が、近代的なよそおいもあらたに、ふたたびよみがえってきた感じさえありました。(二〇三頁、このように記してゆく国場さんには、戦前の歴代知事や米軍占領下の高等弁務官のすがたが浮んでいたに違いない)

沖縄県民の参政権獲得がこんなにおくれた本当の理由は何だったでしょうか。それは、ほかでもなく、日本政府が沖縄を植民地と考えていたからであり……。(二一〇九頁)

というふうに、止まるところを知りません。

しかもこの状態は、維新後半世紀経って、沖縄にたいする制度上の差別がなくなったのちもつづきました。「六　大正・昭和前期の沖縄」で国場さんは、そのことを、「つづく半植民地の状態」（二二〇頁）として、県民への（他県とくらべて）重い負担、窮迫ゆえに増えた出稼ぎや移民、高等教育機関の欠如、などと数えあげたのち、なによりも標準語教育の徹底を、差別観のもっとも端的な表れ、皇民化の強制として、力点を置いて叙述しています。

国場さんにとっては、この標準語の強制は、心の制圧としてもっとも許しがたい政策でした。「胸を痛めた教師」のつぎのような記録を引いて、この政策の残忍さを指摘しています。

標準語励行に熱心な教師の鋭い言葉が、児童の魂におおいかぶさってくる。児童は恥じ、あるときは当惑し、あるときはおそれ、あるときはちぢみあがる。この結果、彼らは使用する言葉と自分とを一体として生活しなくなる。何か話そうとするときは、いつでも、自分の使用する言葉に反省を加え、これを検討する。そのあいだに彼らの表現しようとする思想や感情は流れ去って、消滅していく。発表しなくなる。それは、彼らにとって、苦しい掟である。そのために、彼らは、知らず知らずのあいだにいじけたり、だんまりになったりする。言語生活にそこねられて、人間そのものがちぢこまり、卑屈になってしまうのだ。「言葉」を授けようとして「人」を殺してしまう。

（二二四頁）[*8]

国場さんは、そんなふうに心を制圧することを、「人」を殺す行為として許せなかった。沖縄県出身者のうちにも、かつての琉球国王の親族である伊江朝助のように、「軍国主義を押し進める立場から、方言廃止を主張する意見」に筆誅を加えています（二二七頁）。

こうして国場さんは、けっして繰り返してはならぬとの口惜しさを込めて、標準語教育の罪悪性を弾劾します。

この時の標準語教育は、単に方言を抹殺しようとはかっただけでなく、沖縄固有の文化や風習を否定し、罪悪視することにもつながっていました。それだけではありません。この標準語教育は、軍国主義教育と一つに結び合わされて、日本軍国主義に都合の悪いものは、すべて、否定し、罪悪視するところまで進んでいました。そして、沖縄に対する差別と偏見からのがれたい一心で、自ら進んで日本へ同化する道を選んだ沖縄の人びとは、「よき日本国民」になろうと努力するあまり、侵略的な日本軍国主義の考え方までも無批判にうけ入れていったのでした。（中略）沖縄戦はその悲劇的な結末でした。（二二八頁）

歴史の検証というにふさわしい論述です。なぜ沖縄戦にいたったのか。そのことへの自問が、国場さんのこころとからだを締めつけて離さなかったのを、感じずにいられません。その検証を引っさげて、氏は、「七　第二次大戦後の沖縄」に向かいます。

占領から復帰とその彼方をめざして

第二次大戦後の沖縄を主題とするに当り、国場さんがまず、自身への問いかけという意味をも込めて、いちばん問題としたのは、日本のなかであれほど差別されてきた沖縄の人びとが、なぜ日本への復帰をめざすようになったかということでした。

国場さんは、沖縄戦の直後には、沖縄独立論もあったこと、それがとくに革新的な人びとや組織から主張されたことをのべたうえで、しかし結局、復帰論へ帰着したのは、米軍による専制支配が、沖縄を日本から切り離し、軍事基地としてほしいままに利用しようとするものであったためといいます。

中華人民共和国の成立以来、米国は、「沖縄を永久に日本から切り離し、アジアで最強の軍事基地にしたてていく準備を着ちゃくと進めていました」（二三九頁）。その先に、日本との講和条約が、構想されるにいたります。そういう状況下で、「アメリカ軍から無権利の捕虜や奴隷のようにあつかわれ、基本的人権をふみにじられてきた住民にとって、アメリカ軍の占領支配が永久につづくと考えることはたえられないことでした」、「日本に復帰する以外に道はないという考えが住民のあいだに生まれてきました」というのが、それです（二四二頁）。

だが日本政府は、ふたたび沖縄を見捨てました。沖縄を米国の統治にゆだねることを条件に講和条約を結んだからです。そのことを国場さんは、こう書いています。「日本政府は、日本の独立を回復してもらい、資本主義経済を立てなおしてもらう代償に、沖縄をアメリカの軍事占領支配にゆだねたのでした。第二次大戦の末期に、アメリカ軍の本土上陸を引きのばし、本土決戦を避けるための捨石にされた沖縄は、こんどは、日本が敗戦の憂き目から立ちなおるための質草として、アメリカにゆずり渡されたのです」。いやそればかりでなく、「沖縄の住民が「八千万同胞」と親しく呼びかけている日本国民も、一部の人びとをのぞいて、沖縄のことにはほとんど関心がありませんでした」と、著者はいわずにはいられませんでした（以上、二四六頁）。

そのさいに起きた復帰か独立かの問題を、著者は、「民族の運命をかけた大きな問題」（二四二頁）としています。復帰が成ったばかりの時点で、国場さんに、それを吟味し直そうとする意識がつよまっていたことをあらわす問題提起です。

復帰論について国場さんはこういいます。復帰論は最初、教員や官公庁職員ら一般知識層らにめばえた、彼らはかつて日本への同化政策を進んで受け入れた層であったが、日本に受け入れられるまでの苦しい努力を考え、また米国から「虫けら」のように扱われてきた過去五年間を思って、日本復帰を主張し始めた、この人びとの主張は、幾つかの政党を含めてひろく人びとに受け入れられ、大きな運動となった、と。

それにたいして独立論の人びとは、こう主張した、と国場さんはいいます。沖縄は、天皇制のもとで、植民地のように差別されてきたが、復帰すれば、もう一度同じこととなるだろう、それぱかりか、日本は再軍備するに決まっているから、復帰すれば、ふたたび戦争に駆り立てられないともかぎらない、さらに米軍の基地はそのまま残り、われわれはそれに指一本触れることはできなくなるだろう、と。

このようにのべたのち、国場さんは、このときの独立論の主張そのものは、米国に頼って独立しようとするもので、信託統治に帰着するものであったから、住民のあいだで問題にもならなかったとしつつも、しかしその指摘は、「それから二十年余りたって、沖縄が日本に復帰した現在、じっさいに沖縄で問題になっていることばかり」と、その先見の明を称えるのでした（二四五頁）。

それぱかりでなく、独立論の議論で痛いところを衝かれた復帰論者が、現在の日本は民主主義国家、平和愛好国家になっているから、その危惧は錯覚と答えたのにたいし、国場さんは、それは、「現実の日本の姿ではなく、日本復帰を主張する人びとの胸のなかにある理想の「祖国」日本の姿でしかない」と、追い討ちをかけています。とともに、それにつづけての、「もし、当時の日本が、ここにえがかれているように理想どおりの民主的な平和愛好国家になっておれば、沖縄を日本から分離して、アメリカの軍事基地にすることに、日本政府が賛成するはずはありません」という言葉は、痛烈です（以上、二四六頁）。

国場さんは、復帰の実態が、日本国への新たな隷属しかもたらさないことを見極めていたというべきでしょう。しかしそうした復帰への途を進むしかなかった。「それでも、なお、沖縄の人びとは、理想の「祖国」を思いえがいて、日本復帰運動をつづけました。それ以外に、アメリカの軍事占領支配からぬけ出す道を見つけることができなかったのです」とするこの問題についての結びは、自身が故郷を離れざるをえなかったことにも加重されて、悲しみを深く湛えている、とわたくしには思われます（二四六〜二四七頁）。

講和条約の発効によって、沖縄への施政権を世界的に公認された米国は、かたちだけの政府や議会をつくります。が、実際には、「布令」「布告」「指令」がオールマイティの米軍による強権政治だったことを、国場さんは、「「政府」あって「人権なし」」という小見出しを立てて、詳しく説明しています。そうしていいます。「あるのは、アメリカ軍に都合の悪いものにはかたっぱしから刑罰を加えるいろいろな布令の定めで、それが住民の基本的人権を根こそぎに奪っていました」（二四九頁）。

ではどのようにして、軍事基地下で、人びとは強権政治に立ち向かっていったか。それが、「七　第二次大戦後の沖縄」の主要部分をかたちづくっています。国場さんの視点は、住民の基本的人権が根こそぎ奪われているなかで、「住民が、生きる権利を守るためには、自分たちの団結した力以外に、頼るものは何もありませんでした」というところにあります（同右）。

そうした闘いで、画期をなしたのは、一九五〇年代半ばの、伊江島と伊佐浜での「武力土地接収」への、人びとの抵抗でした。この伊佐浜での闘いに、国場さんが深く関わっていたことは、『「島ぐるみ闘争」はどう準備されたか』での、森宣雄さんの叙述で明らかにされました。が、国場さん自身は、この『沖縄の歩み』では、みずからの働きについて一言も触れないまま、その過程を具体的に描写するとともに、こう総括しています。「伊佐浜の農民の闘いは、強大なアメリカ軍の武力接収に敗れて、ボリビヤ移民という悲しい結果に終わったとはいえ、それは伊江島の農民の闘いとともに、沖縄中の人びとの心に抵抗の火をともし、やがて〝島ぐるみ〟の土地を守る闘争をまきおこす土台をつくりあげるものになりました」（二六四頁）。

と同時に、米軍の支配下で、いかに人権蹂躙が行われたかを、CICに拉致され拷問された国場さん自身の、体験をとおして開示しています。それは、令状なしの逮捕、裸体にしてのほしいままの撮影、立たせたままの、また飲食を与えないままの長時間の尋問、光線と熱気と騒音とで、また鼻や耳にこよりを入れて、神経と肉体をいらだたせるいたぶりなどとして、三日間にわたりました。氏は、「いまうけている辱めと責苦は、アメリカ軍が沖縄の全住民に加えてきた辱めと責苦なのだ」と、みずからに言い聞かせて耐えたとのべています（二七四頁）。

みずからの生きる権利を守ろうとする闘いは、ジグザグに困難をきわめました。その一九五〇年代から七二年の復帰までを国場さんは、小見出しでつなげば、「土地を守る闘いの発展」、「土地闘争の分裂と〝赤い市長の《ママ》〟誕生」、「軍用地問題の「妥結」と革新陣営の分裂」、「通貨のドルへの切替えと日米新時代の幕あけ」、「あらたな日本復帰運動の発展」、「ベトナム戦争と沖縄住民の反戦復帰闘争」として描きだしています。

当時から半世紀ほど経った現在でこそ、その過程への整理された展望は、さほど困難とは感じられなくなった、いやむしろ、好個の学問的話柄の一つともなりましたが、当時にあっては、もっともホットな現実的課題であったはずです。国場さんは、その問題ととり組み、史的整理を与えようとしたのでした。いや、それこそが、氏が、沖縄の歴史に向かうことを衝き動かしてきた、いちばん奥深い理由だったというべきかも知れません。

それだけに、外に向けてと、内に向けての怒りが、叙述にはいっぱい詰まっています。その批判は、沖縄内部で、基地建設で成長した資本家階級が成立し、保守勢力として、運動に立ちはだかるようになったこと、国連総会での、植民地解放宣言にもかかわらず、日本政府が沖縄をこの宣言の適用範囲から除く努力に終始したこと、ベトナム戦争に沖縄が、「後方基地」としてほしいままに使用されたこと、〝黒い殺し屋〟B52の撤去をめざす沖縄の労働者の闘いに、総評や同盟が背を向けたこと、基地の撤去をめざす沖縄の〝反戦復帰〟の闘いに、本土の革新勢力が連帯する気がまえをもちあわせていなかったこと、なによりも復帰が、米軍基地の機能をそのまま維持したうえでの施政権の返還に止まったばかりか、自衛隊の配備までもたらしたことなど、ほとんどすべての局面にわたっています。

それだけに国場さんにとって復帰は、そうした過去を噛みしめつつ、新たな未来を創ってゆくための起点となるべきものでした。結びとなる小見出し「予想される困難な前途と希望」で、氏は、まずこんなふうに現状を分析します。

　ベトナム戦争のときの特殊部隊の訓練所や出撃基地も、すべて、そのまま維持されています。（中略）軍事基地の機能は少しもおちていません。だから、今後も、アジアのどこかで民族解放闘争や社会主義革命の火の手があがれば、アメリカがそれを武力で鎮圧するために、沖縄をまたもや〝特殊戦争〟や〝局地戦争〟の基地として使う可能性は十分に残されています。〔それだけでなく、これからは〕沖縄の農民の土地闘争や労働者、学生のデモなどを鎮圧するのに、（中略）〝日本仕込み〟の警察機動隊がまず出動し、それでも力が足りないときは日本の自衛隊が出動するようになるでしょう。（中略）これは、沖縄住民が日本復帰に託してきた夢とは、あまりにもちがいすぎます。（三四四頁）

そのことを前提に、ではどうしてこのような夢と現実との錯誤が起きたのか。こういう問いを胸に抱えて、国場さんは、歴史の総括に向かいます。

沖縄の歴史をふりかえって見るとき、沖縄の人びとは、みずからの運命を切り開くのに、外部の大きな力を頼りにするあまり、それを理想化したり、美化したり、権威づけたりする傾向がしばしばありました。そして、現実の結果は、常にといっていいくらい、期待を裏切られていました。（同右）

琉球処分のさいは清国に期待を寄せた、しかし清国は沖縄に援軍を出す力をもたず、明治以降は、本土を理想化して、日本への同化を進んで受け入れるようになった、その結果が沖縄戦の悲劇にいたった、このように言葉を継いでいったすえ、国場さんは、「第二次大戦後の日本復帰運動にも、同じようなことがくりかえされているように思われてなりません」、「アメリカの軍事占領支配から解放されるのに、日本復帰という形で、〝祖国日本〟に頼らなければならなかった」といいます（三四六頁）。それればかりでなく、他者を頼りにするという精神傾向は、〝反戦復帰〟の闘いにも当てはまるのではないか、と指摘します。ちょうど、謝花昇が、本土の自由民権運動を頼りにしたのと同じように、〝反戦復帰〟は、本土の革新勢力を頼りにしている一面があるのではないだろうか、と。

こんなきびしい自己切開のうえに、国場さんは、しかし、「私たちをはげまし、勇気づける歴史の教訓も決して少なくありません」として、自力での闘いを挙げます。

それは、ひと口でいえば、沖縄住民がきびしいアメリカの軍事占領支配に屈せず、自分たち自身の力を頼りにした抵抗運動の積み重ねによって、住民の民主的権利と自由を拡大し、労働者・農民を中心とする人民の団結をかためてきたことです。この抵抗運動の発展のなかで、沖縄の住民のなかには、ベトナムの人民を初め、長いあいだ外国の植民地支配のもとで苦しんできたアジアの人民と腕をくんで進む道を求める人びとも生まれています。それは、戦前の沖縄の住民が、差別と偏見からのがれるために、ひたすら〝本土なみ〟になることを求めたのとくらべて、天と地ほどの差があります。(三四七頁)

植民地支配に苦しんできた人びととの連帯を軸とする、もはや何かを頼りにするという幻想をもたない闘いを組み立てることへの希望というとき、昨今の辺野古での闘いは、国場幸太郎が求めた途の具体化ではないか、との思いに駆られます。

ただ国場さんは、このときには、そういう途を、日本からの離脱とは捉えていません。むしろそれは、「沖縄の住民のなかに、〝新しい日本人〟に生まれかわりつつある人びとがあることをもの語るもの」と考えています(同右)。しかしそのために、国場さんの主張は、ひとり沖縄の人びとだけでなく、日本人一人ひとりが、沖縄の歴史を汲みとり、こうした「自分たち自身の力を頼りにした抵抗運動」を積み重ねてゆくような存在に、変容してほしいという願いを載せるものとなりました。「このことは、沖縄の苦難に満ちた歴史の教訓として、沖縄県民だけでなく、日本国民みんなが学びとってほしいものです。そうしてこそ、沖縄の前途にも、日本の前途にも、希望の星がかがやくようになるのではないでしょうか」と、この本は結ばれています(同右)。沖縄のみならず、日本自体を組み替えることへの希望が表明されていて、余韻が深く響く言葉です。

わたくしにはいま、国場幸太郎さんのこの『沖縄の歩み』が、「沖縄史の日本史からの自立」を考えるに当っての、そのような基礎文献として立っています。

むすび　日本史の組み替え――植民地から「あま世」へ

国場幸太郎さんには一面識もない人間ですが、少し口幅ったい言い方をすれば、この本を読んで、何か国場さんの肉声が聞こえてくるような気がしました。その肉声は、沖縄の歴史を打ちだすことで、日本の歴史を問うています。しかもその叙述には、みずからの体験に発する声が、ぎっしり詰まっていると思いました。

そのことを、米軍占領下でのＣＩＣによる、国場さんへの拷問という事例の記述によってのみ、いうのではありません。

前引の『「島ぐるみ闘争」はどう準備されたか』には、先にわずかに引いたように、国場さんの未完に終わった自伝的作品が全文、収録されています。編者によって、「沖縄の人びとの歩み　戦世《いくさゆ》から占領下のくらしと抵抗」と名づけられていますが、その遺稿は、「私の沖縄経験（仮題）」という題名であったとのことです。じっさい中身は自伝で、それを編者は、個人の特殊性に閉じ込めることを避け、沖縄の人びとの経験として普遍化しようとし、「沖縄の人びとの歩み」と名づけたのでしょう。こころの封印を解き、一九九五年にまとめた小冊子『回想――私の沖縄経験から』（未見）を基にして、パソコンに打ちこんでいった記録と思われます。個的体験を「経験」としたところに、普遍化への意志がうかがわれますが、叙述は、国場幸太郎が、いかなる環境のなかで、いかに生きたかに、焦点が合わさっています。

しかしこうした表題のつけ方は、国場さんが、いかに「経験」にこだわったか、「経験」を不断の出発点としようとしていたかを示しています。

この未完の自伝で、小項目として立てられた「沖縄の軍国主義経験――グラー先生」は、わたくしにとっては、それを書いた国場さんという存在と、書かれた「グラー先生」という存在とが響きあって、ひどくこころにのしかかる一節です。配属将校（本土出身者）の補助役を務める「大城有《たもつ》先生という名物の退役将校」のはなしです。

沖縄の農家の五男として生まれた大城は（グラーというあだ名は、五郎という幼名に由来するとか）、小学校卒業ながら、入隊した熊本の歩兵連隊で、「沖縄に対する偏見にも歯を食いしばって耐え抜き」、ついには准尉に昇進し、他府県人である上官の娘と結婚して家庭をもつにいたり、退役したのち沖縄二中に迎えられるという経歴の持ち主でした。それだけに、生徒たちの悪ふざけを、「こんなことをするから、他府県人に馬鹿にされるんだ」ときつく戒め、折からの軍国主義化のなかで、「生徒たちを忠君愛国の軍国少年に育て上げるのに情熱を燃やした」教師でもありました。生徒たちといっしょに出陣して戦死したというその彼を、国場さんは、「大城先生の生涯は、差別と偏見から逃れたい一心で日本政府の皇民化教育を受け入れてきた近代沖縄の悲劇的な結末を象徴的に物語っている」と結論づけます。

これは、国場さんにとっては、つらい現実の直視であったに違いありません。しかし氏は、大城を、突き放すように弾劾しているのではありません。一人の農家出の若者の向上心の軌跡を追い、それがある意味でどうしようもなく皇民化のワナに嵌まってゆくすがたを、傷ましさを込めて写しだし、そのうえで結びの評価にいたるのです。

その間に国場さんは、この大城について、「先生」という敬称を当然のように付しながら、日露戦争で夜陰に乗じて敵陣を急襲し、大きな戦果を挙げたなどと、教練の時間によく話して聞かせたこと、いくらか無念そうに「わしに学歴があったら、もっと昇進できたんだがニイ」と話していたこと、結婚の話になると、「いつもの鋭い眼光を和らげ、伏し目がちになり、「それは嬉しかったニイ」と、若い頃の思い出をかみしめて懐かしむ風であったこと」などを、書き連ねています。大城のこころの襞を照らしだすような記述ですが、どこか悲しげで、その当時の沖縄びとが、経験することを余儀なくされていた状況への分け入りであり、それゆえに、「悲劇」とする国場さんの結びは、頭ごなしに否定するのとは異質ともいえるほどの、沖縄びととしての内省と批判のトーンをもつことになりました。

一般教科の成績はトップレベルでありながら、教練と体育だけが悪かったという国場少年が、大城の期待したような皇国少年になったとは思えません（自伝によれば、「教練と体育の教師にたいする不信感は軍国主義教育と皇民化教育に対する反発と嫌悪を呼び起こし」、歴史書や啄木や牧水に親しむようになったという）。が、岡本恵徳さんのいう、「わたし自身が起すかも知れぬ悲惨である怖れ」が（「水平軸の発想――沖縄の「共同体意識」について」一九七〇年）、国場さんにも、〝同胞〟の、追いつめられたゆえの意識の動向として、受けとめられていたのではないかとの思いを禁じえません。

長々と大城有にこだわりましたが、国場さんが『沖縄の歩み』で、「沖縄戦の悲劇」というとき、二〇余年後に文字化される大城に典型化されているような心性が、無念さをこめて反芻されていたに違いありません。『沖縄の歩み』は、その意味で、沖縄の人びとの歴史における経験の集積を表わそうとした著作でした。

経験へのこのような視野は、傷みの共有へと向かいます。国場幸太郎といえば、犀利な理論家との印象が先立ちますが、その理論は（したがってその具体化である実践も）、教条として天下ってきたものではなく、傷みの共有から積み上げていった結果の理論化ないし理論の鍛え直しではないか、と思います。

傷みの共有に発する歴史観の啓示は、「私たちをはげまし、勇気づける歴史の教訓」として、巻末に示されています。さきに引いた〝本土なみ〟の求めと天地の差がある「アジアの人民と腕をくんで進む道」が、それです。それは、軍事支配ないし植民地支配のもとで呻吟を余儀なくされてきた、沖縄の人びと、またアジアの人びとが、たがいに手をつなぎ、抵抗運動の積み重ねを通して、自力で解放を克ちとってゆこうとする将来構想の提唱です。帝国主義を超える思想といえば、まさにその通りですが、わたくしはそこに、なにか「ウチナー世」には止まらないような、隔てのない社会＝「あま世」への気息を感じます。

しかも国場さんは、この構想を、「沖縄の苦難に満ちた歴史の教訓として、沖縄県民だけでなく、日本国民みんなが学びとってほしい」と、「日本国民みんな」への希望として押し出しました。日本との単なる連帯でなく、日本の組み換えへの期待です。沖縄から日本（＝本土）へのつながりを求める声は、戦前は「本土並み」、戦後は「祖国」として、数限りなく挙げられてきました。しかしその場合、日本（＝本土）の差別意識や無関心を問うものではあっても、「沖縄の苦難に満ちた歴史の教訓」として、日本（＝本土）自体の組み換えを提起するものではなかった。国場さんは、その問題を提起しているわけです。

「沖縄の苦難に満ちた歴史の教訓」といえば、植民地としての歴史の教訓にほかならない。とすれば、国場さんの提言は、日本が、日米安保体制というくびきのもとにあって、米国の植民地同然の位置にあり、そこからの自力による解放を、沖縄の歴史を教訓として、日本の人びとに、学びとり克ちとっていってほしいとの期待以外のなにものでもありません。

国場さんには、日本（＝本土）からの、恒常的というべき差別へのキリキリする感情が渦巻いていたでしょう。日本（＝本土）への拒否感として発出しても、不思議ではありません。しかし氏は、それを抑え、というよりは、それをしも糧として、日本国民をも、米国帝国主義のもとにある被抑圧者として、みずからの位置への覚醒と、それを基とする被抑圧者同士の連帯を求めたのです。即自的には沖縄に根ざしながら、抑圧されている人びと全体へと、ひろく視線を移し、問題を普遍化しています。すぐれた戦略家としての一面が見えるといっても、いいかも知れません。

そうして、その期待を、「まえがき」にあるように、「若い人たちみんな」に求めたのです。この本が、氏の発意であるにせよ、版元からの提案であるにせよ、そこにも、国場さんの志を見ることができるような気がします。児童書は、それだけで大人向けのいわゆる一般書より低いという通念に曝されます。精一杯の誉め言葉は、通常「大人でも読むに堪える」です。わたくしは、大人がそれほど〝高い〟のか疑っている人間ですが、国場さんは、あえてその〝低い〟位置にみずからを置くことによって、逆に、将来の世代に向けて、期待を発信しようとしたのではないか、とも思います。

日本（＝本土）の人間は、国場さんの期待に応えてきただろうか。答えは、あまりに寒々としたものでしかありません。ただ、折々、集会などの場に身を置くと、市民のあいだにじりじりと、問題を受けとめようとする気運、つまり沖縄を否応なくわが身にかかわるものとする気運が、広まり深まってきているのは、ここのところ感じます。

それを受けて、では日本史を専攻してきた人間として、どうするか。編者の森宣雄さんは、そのことを迫って止みません。追いつめられてやっと、わたくしなりの答えが浮びました。辺野古を支点とするとき、日本が、アジアが、また世界が、もっともよく見える、あるいはどう見えるかを探る、そこから日本史の読み替えに踏みだそうという答えです。あまりに陳腐か、あるいは、あまりに奇矯か、そんなことはわかりませんし、また、どうでもいい。ただ、そこから、日本の組み換えへの第一歩として、日本史の読み替えに踏みだしたいというのが、わたくしのいまとなりました。

＊1　永積という本土の一知識人の〝回心〟に惹かれたわたくしは、そののち、永積氏本人や撤回運動に尽力された元学生の方々にお話をうかがい、「永積安明教授沖縄渡航拒否事件」(『沖縄文化研究』第八号、一九八一年)をまとめる機会を得た。同論文は、のち補訂のうえ、「ある渡航拒否――永積安明教授の場合」と改題して、小著『戦後沖縄の思想像』(朝日新聞社、一九八七年)に収めた。

＊2　この〝裾野〟の具体相は、現在、納富香織「五〇年代沖縄における文学と抵抗の「裾野」――『琉大文学』と高校文芸」(藤澤健一編『沖縄・問いを立てる6　反復帰と反国家――「お国は?」』社会評論社、二〇〇八年)で見通せるようになっている。

＊3　「F・Ifa のことなど」(『新沖縄文学』第三八号、一九七八年五月)を書いたさい、伊波普猷は本土で、「イナミ」と呼ばれることがあっても、そのまま受け入れ、あえて異を唱えたりしなかった、と指摘された(談話で)。また「異化・同化・自立――大城立裕の文学と思想」(前掲『戦後沖縄の思想像』所収)に対しては、新川明『沖縄・統合と反逆』(筑摩書房、二〇〇〇年)のなかで、痛烈に批判を加えられた。

＊4　あとで森宣雄さんから、この本には、「一部改訂」の第二刷(一九七五年三月一日刊、版元は社名が変って、アリス館牧新社)のあることを教えられた。「まえがき」への追加(「一九七三年十月」の日付)によれば、主な改定箇所は、「沖縄戦当時の日本軍兵力について、内訳がよくわかるように説明のしかたを改めたこと」と、「慶良間の集団自決について、それをとりまく精神的状況を説明するとともに、事実関係が不明なまま確かめられない点は、そのまま記述したこと」とある。社会科学者としての面目躍如たる改訂と思う(もっとも、第二刷と銘打ちながら、本文は第一刷とまったく同じで、奥付だけを張り替えた本も、一部に流通している。牧書店の整理にともない、第一刷の在庫本を、このように処理したものか)。

＊5　なぜ宮崎県であったかについては、沖縄戦に当ってご一家が同地に疎開され(遺稿「私の沖縄経験〔仮題〕」。森宣雄・鳥山淳編著『「島ぐるみ闘争」はどう準備されたか――沖縄が目指す〈あま世〉への道』不二出版、二〇一三年、に表題を「沖縄の人びとの歩み――戦世から占領下のくらしと抵抗」とつけ直して収録)、そのまま定住されたことが縁で、当時宮崎で新設された県立高

校に職を得たとのこと。教室では数学を授業していたという（長元朝浩「オンリー・イエスタデイ——一九五〇年代沖縄と国場幸太郎」、同書所収）。

＊6　国場には、ずっと遡って本土での学生時代（一九四四～四八年・第五高等学校理科、一九四九～五三年・東京大学経済学部）から、沖縄を念頭に置く強烈な歴史意識があった。『新日本文学』第七巻第八～九号（一九五二年八月～九月）の二回にわたる論考「沖縄の叫び」の、初回では「「隷属」と「孤島苦」の歴史」を、「続」では「米軍政下の沖縄」を、人間的苦悩と社会科学者的分析力をもって描きだしており、沖縄認識の骨格がかたちづくられていたのを知ることができる。当時、彼は、在日沖縄人学生運動を引っぱる存在であった（戸邉秀明「越境者たちの復帰運動——一九五〇年代前半における在日本沖縄人学生の組織と意識」『沖縄文化研究』第三八号、二〇一二年）。以上の点については、戸邉さんからのご教示による。またあわせて、国場には、沖縄戦のさいその地に不在であったことの負い目がうずいていたのではないか、そのことが歴史の検討を不可避とする経済学部進学の決め手となったのではないか、とも述べられた。それらのことを踏まえるとき、『沖縄の歩み』は、長く蓄えられてきた国場の歴史意識と歴史への研鑽の集成であった、と位置づけられよう。

＊7　新川明さんの「いわゆる「国場事件」をめぐって」（前掲『「島ぐるみ闘争」はどう準備されたか』所収）には、「七二年に、追放後初めて来沖した時は、執筆予定の児童向け歴史書『沖縄の歩み』の取材が目的で、伊江島の阿波根昌鴻氏を訪ねているが、「新川さんと川満さんには連絡して、他の人には誰にも知らさないでいたんです」」云々と話した、とある。

＊8　この引用の出典が、田中俊雄「沖縄県の標準語励行の現況」（国場さんが「参考文献」として挙げている『叢書わが沖縄』第二巻「方言論争」木耳社、一九七〇年所収、初出は『月刊民藝』第二〇・二一合併号「特輯 沖縄言語問題」一九四〇年一一・一二月合併）に、「一小学校教員の実情の吐露」として引かれた『沖縄教育』第二七七号（一九三九年九月）の記事であることを、森宣雄さんから指摘された（田中は、『沖縄県教育』としている）。田中の引用の基になった記事とは、真和志尋常高等小学校の訓導・宇久本政元による論考「標準語励行の方法に関する一考察——ブロークンで行け」である（ただし、字句の改変がある）。宇久本が標準語教育への批判にとどまらず、標準語と「方言」との「混用」という大胆な提起をした教育者であることは、近年、照屋信治『近代沖縄教育と「沖縄人」意識の行方——沖縄県教育会機関誌『琉球教育』『沖縄教育』の研究』（渓水社、二〇一四年）の第六章で明らかにされている。

第III部

座談会
歴史の自立をめぐって

鹿野政直／新川　明
川満信一／松島朝義
冨山一郎／森　宣雄
戸邉秀明

1 「復帰」をめぐる世代と同時代性

森　今日は沖縄の自立ということに関わって、思想の自立、歴史の自立をめぐって、みなさんに徹底的に語っていただきます。

歴史とは、いまを考えることだと思います。沖縄のいまを考える際、何を歴史として見いだし、いかに語るのかということは、歴史の事実に関わると同時に、思想に関わる問いでもあるでしょう。またその思想とは、普遍的、一般的なものというより、極めて具体的な人と人の出会いや、ある時代性に密着した思考として存在しているように思われます。

そこでまず鹿野さんから、自らの歴史研究と沖縄、とりわけ『琉大文学』[*1]との出会いについて、鹿野さんが生きてこられた時代性のなかにあらためて置いて話していただければと思います。

鹿野　なぜ沖縄かということですが、僕は大阪の岸和田で生まれました。岸和田は、冨山さんが分析しておられるように、戦間期に沖縄から流出した人びとが不熟練労働力というかたちで多く来ていたところです[*2]。そこで子ども時代に二つの名前に出会ったことが、自分の人生の大きな出発点になっている。これは戦争中の一番強烈な記憶です。ひとつは大山一という名前で、もうひとつは儀間カマドという名前でした。

大山一というのは国民学校の時代の上級生のときに、在日の少年と同級生であって、そこで教室のなかで先生が「お前をこの教室では日本人にしてやる」と言った。「しかし朝鮮人は愚か者だから、難しい名前を付けても覚えられないだろう、お前でもわかるような名前を付けてやる」と言って、大山一と黒板にこう大きく書いた。僕はいまでも覚えているんです。すごいショックでね、それは子供

＊1　琉球大学文芸クラブの機関誌。一九五三年七月創刊。米軍占領下で抵抗としての文学の立場を明確に主張し、五〇〜六〇年代の沖縄の文学・思想の重要な発信源となった。そのため島ぐるみ闘争時には米軍の弾圧を受け、発行停止や部員の退学処分まで受けた（一九五六年、第二次琉大事件）。執筆者たちはその後の沖縄文学・思想の重要な担い手となった。

＊2　冨山一郎『近代日本社会と「沖縄人」――「日本人」になるということ』（日本経済評論社、一九九〇年）、特に第二章・関西沖縄県人会の分析。

心にも。それがひとつです。

　もうひとつは儀間カマドさんですけれども、わが家が戦争中に崩壊しましてね。僕は今井という名字から鹿野に変わったんです。この家から逃れたいという強い一心で、海岸べりなんかに行って孤独をかこっていたんです。そのとき、たまたま声をかけてくれたのが中年の女性で、その人の名前を聞いてびっくりした。それが儀間カマドさんだったんです。あの地域社会のなかでこの名前を掲げて生きていくのはつらかろうと思いました。自分の名字が変わったこともあって、いったい普通とは何だろう、普通であればいろいろな悩みが自分のなかで解消されるのにと思っていました。普通のなかに逃げこみたいということでしょうけれども、そんなことを小学校の上級生頃、国民学校の時代にもやもやと抱えていたことが、原点と言えば原点。沖縄戦や沖縄復帰の問題などが出発点だったわけではありません。極めて非政治的、個人的な考えにすぎないのですが、それがいまに残る戦争中の一番強烈な記憶です。

　この二つの名前を自分は手放さないでいこうということが出発にある。必ずしもそのときは意識していたわけではありませんでしたが。だから後にはマイノリティというふうに総括されるようになる人びとについて、自分でも意識せざるを得なくなって、ずっとそれを持ち続けてきたことになる。生きにくいなかでどうやったら少しでも楽に呼吸ができるかが自分の一番の願いであって、その意味では天下国家を論ずるのとはまったく遠い、小乗的な歴史学です。自分の歴史学を言うとすれば、まあ、そういうことから出発して生きてきたわけです。

　もう四〇年以上も前になりますが、沖縄について勉強するようになって、『琉大文学』に出会ったときは、本当にびっくりしました。だって書き手が同い歳ですから。同じ歳の人たちがこんな格闘をしていたのか。僕も一〇代の後半は占領下で過ごした人間ですけれども、自分の思想的な幼さを棚に上げても、これはすごいことだ、こんなことを考えていたんだという発見が自分の心を押して、力不足を顧みず、『琉大文学』を読むことになった。[*3] 後で『琉大文学』を初めて対象化したとか、あれで『琉大文学』は歴史になったとか言われたりしますが、そういう気持ちとは全然遠くって、ただ同世代の人びとがこういう思想を発酵させていたのかということへの驚きが出発点だった。それを確かめたいだけでした。

森　ご自身の生きてきた世代といいますか、同時代性に関わる問いとして調べずにはいられなかったということですか？

鹿野　そうなんです。いまでも同じだぞ

鹿野政直
『琉大文学』に出会ったときは，本当にびっくりしました。だって書き手が同い歳ですから。

＊3　その成果は、鹿野政直「「否（ノン）」の文学――『琉大文学』の航跡」（『沖縄文化研究』第一二号、一九八六年）となる。一九五〇年代の同誌を体系的に論じた初めての研究。のち鹿野『戦後沖縄の思想像』（朝日新聞社、一九八七年）、『鹿野政直思想史論集』第三巻（岩波書店、二〇〇八年）に所収。

うですけれども、『琉大文学』の原本を全巻揃えて所蔵しているところはないようです。[*4]あちこちで読ませていただいて、またお借りしたりした。そのとき初めて新川明さん、川満信一さん、岡本恵徳[*5]さんにお目にかかった。お話をうかがいたいと言ったら、それまでこっちが一方的に関心を抱いていた方々が快く会ってくださり、お話をうかがった。今日ここに新川さんや川満さんはお見えになるわけですが、考えてみると、こうやって向かい合ってじっくりお話しするのは、そのとき以来です。実に三〇数年前のことになるんだと、今朝思いましたね。

森　そうしたご自身の同時代性のなかで沖縄を考えてこられた鹿野さんは、いま沖縄の歴史とどのように向き合おうとされていらっしゃるのでしょうか。

鹿野　それ以来、ぽつぽつと自分の気持ちの赴くままに沖縄のことを自分の主題としてきたわけですが、昨年（二〇一三年）の一月二七日、森さんと一緒に沖縄の建白書行動[*6]で日比谷公園に行きまして、あれで本土というものにまったく絶望しました。言い方が過激にすぎるかもしれませんが、ヤマトの人間の建白書行動に対する冷たさというべきものを、あの集会に参加して肌で感じました。当時は反原発の運動が非常にさかんで、「女子ども」が主体になって動かしていて市民運動の名にふさわしい運動であったように思いますが、そのときの集会は本土の団体主導で組織され準備された運動にすぎなかった。森さんと一緒に探して座った席も、何とか労働組合に割り振られた席だった。要するにそうやって割り当てて動員されている既成の運動なんだな、あれは。だからデモ行進に出発するにしても、もちろん沖縄から来た人たちは一番先頭なんだけれども、はい次は何とか労働組合、その次は何とか労働組合ときて、一般の方は最後という感じになっちゃっ

＊4　現在、『琉大文学』は不二出版による復刻版（二〇一四年刊行、全五巻に合巻）で全冊を読むことができる。

＊5　おかもと・けいとく、一九三四〜二〇〇六年。宮古島生まれ。沖縄文学研究者、思想家、琉球大学教授。琉球大学在学時に『琉大文学』に参加、池澤聡のペンネームで小説等を発表。反復帰論（注9）当時の代表作に「水平軸の発想——沖縄の「共同体意識」について」（谷川健一編『叢書わが沖縄　第六巻沖縄の思想』木耳社、一九七〇年）がある。主著に『現代沖縄の文学と思想』（沖縄タイムス社、一九八一年）、『現代文学にみる沖縄の自画像』（高文研、一九九六年）、『「沖縄」に生きる思想——岡本恵徳批評集』（未來社、二〇〇七年）等がある。

＊6　二〇一三年一月二七日、「NO OSPREY東京大会」が開催され、沖縄県内からは三八市町村長と四一市町村議会議長など大上京団を組織、集会とパ

て……。こういうことか、とね——それからは沖縄のことは少し別の角度で考えていかなきゃならないなという気持ちが自分のなかに出てきまして、そういう角度からぽつりぽつりと考えるようになっています。

　去年の秋から今年にかけて、三つの機会に沖縄について書いたり話したりしました。ひとつ目は、これは活字にはなっていませんが、去年の秋に「沖縄の近現代史を考える」という題で、千葉県の教育研究会社会部会でちょっと話をしました。[*7]二つ目が、昨年末の国場幸太郎さんをめぐるシンポジウムでの発言（改稿して本書に所収）。三つ目が今年の五月に社会文学会発行の雑誌『社会文学』第四〇号の沖縄特集に寄稿した「沖縄を考える」という題の文章です。

　これら三つを考えているときに念頭にあったのは、本土の人間として沖縄の歴史を、特に近現代史に限りますけれど、どのように考えるかということでした。大きくは一九四五年までの時代と戦争の時代、そして戦後となるだろう。最初の時期が沖縄が最後尾の県とされた時代、その次が捨て石とされた時代、三つ目が要石とされた時代。いずれも「された時代」となって、これでは沖縄の主体性を踏みにじる時期区分ではないかと、名づけた途端に自分に跳ね返ってきましてね。

　そこにはたぶん、二つのことがある。「された時代」とは実は「した時代」なんだから、「した」本土の側に立って考えると、他所を植民地にした時代だった。なかなかその植民地という言葉が出にくい。なぜ出にくいのかを自分なりに考えてみると、ひとつは、変な言い方をしますが、宗主国とあえていうならば、その宗主国の人間が植民地とされた人びとに対して「お前は植民地だ」とは言えない、というか心理的な抵抗感がある。もうひとつは、宗主国の人間として帝国主義的

レードが行われた。翌二八日には共同代表の翁長雄志那覇市長（当時）らが安倍晋三首相と面談、「建白書」によってオスプレイ配備反対、普天間飛行場県外移設を訴えた。上京団を先頭にしたパレードに対して、街頭から沖縄を非難するヘイトスピーチが浴びせられた。

＊7　のちに鹿野政直「沖縄の近現代史を考える」（『社会の教壇　社会科教育の実践と研究』第五三号、二〇一四年一一月）として活字化され、さらに副題「された」時代からの脱却をめざして」を付して『社会評論』第一八二号（二〇一五年一〇月）に転載された。

なところを残しているから、「これは植民地だ」とぴしっと定義するところまでなかなか踏み切れないという、たぶん両方があっただろうと思います。

先ほど話に出た国場さんの会でもお話ししましたが、そういうなかで比屋根照夫[*8]さんが一二月六日に法政大学でなされたお話を聞いた。いやもう沖縄はすぐにフィリピンやインドネシアと一緒にひとつの歴史圏を形作っていく、別の歴史と考えた方がいいんじゃないか、そういう提言もあって、僕も目が覚めたような気持ちになりました。それで別個の歴史として考えた方がいいと、いままで自分はなかなかそこが踏み切れなかったけれど、それがいいと自分なりに踏み切ることができました。できたというか、いまのところそういう感じなんです。

あのとき、比屋根さんはこういうふうにおっしゃった。一二月六日は特定秘密保護法が通る日だったんですよ。会場の法政大学から一キロ離れた国会でそれを審議していた。だから話す方も聞く方も審議の行方を気にしながら聞いていたんです。そこで比屋根さんは、「沖縄が基地というものを反面教師として今日まで闘ってこなければ、日本はどうなっていただろうか」という見方をされた。比屋根さんはやはり日本に対する思いがずいぶん深いなあと思うとともに、問題なのは沖縄じゃなくて日本なんだと、はっきりとそこをつかんでいかなきゃいけないと、やっと自分でも思うようになりました。いくらヤマトの人間に対していろいろなことを言っても、ああ、あれは沖縄の問題だと無関心になる、これがこの社会に瀰漫している意識だと思いますね。そうじゃなくてヤマトが問題なんだということをよく考えなきゃいけない。けれども、そこの距離がなかなか埋めようもないほど広く深いと思ったんです。

その比屋根さんの話を聞きながら、二

＊8　ひやね・てるお、一九三九年〜。名古屋生まれコザ育ち。沖縄の近現代の思想史、特に伊波普猷研究の第一人者。琉球大学卒業後、東京教育大学大学院に留学。のち琉球大学教授。主著に『近代日本と伊波普猷』（三一書房、一九八一年）、『自由民権思想と沖縄』（研文出版、一九八二年）、『近代沖縄の精神史』（社会評論社、一九九六年）等。鹿野が言及した比屋根の講演は、法政大学沖縄文化研究所主催の総合講座「沖縄を考える」における講義（二〇一三年一二月六日）。

＊9　復帰前後の沖縄で唱えられた思想潮流。「反国家・非国民・反権力」の思想を基軸として、国家としての日本を相対化しうる沖縄の精神の自立を説いた。日米両政府による基地付き施政権返還は復帰運動の挫折を意味したが、その状況を乗り越えるため、復帰運動の思想と理念を厳しく省察した。新川明・川満信一・岡本恵徳らが代表的な論者。

＊10　屋嘉比収・近藤健一郎・新城郁夫・藤澤健一・鳥山淳編『シリーズ　沖縄・問いを立てる』全六巻（社会評論社、二〇〇八〜〇九年）。従来の沖縄研究とは異なる視角から、沖縄の現代史や現状

つのことを思いました。ひとつは比屋根さん自身の思想的な遍歴に関わります。新川さんや川満さんは復帰前後から反復帰論[*9]というひとつの旗を打ち立ててこられたけれども、その当時の人びとの大勢は復帰論ないしは復帰運動だった。復帰ということをめぐって、なぜあれだけ巨大なエネルギーがあそこで出てきたのか、これはしっかり考えなければならない。そう思うと近年の沖縄をめぐる諸企画でも気になることがあります。ひとつは先年、「沖縄・問いを立てる」というシリーズ[*10]が出ましたね。これは従来の沖縄学を転換させようとの意気込みを感じさせるもので、それはそれですばらしいものです。戸邉さんも執筆者として加わっていますね。もうひとつは早稲田大学の琉球・沖縄研究所が中心になって開いた復帰四〇年記念の国際シンポジウム[*11]。閉会記念のパネルでは冨山さんが司会をされ、すばらしいファイナルレポートに感激したのを覚えています。

しかしそのどちらでも、復帰についての意識はものすごく弱い。復帰／反復帰というのではなく、復帰そのものについての認識が弱いと思いました。特にシンポジウムの方は、復帰という言葉がカギカッコに入っていない。復帰後世代にとっては、復帰は所与のものとして受け取られている。それでよいのかとの気持ちが起こりました。「沖縄・問いを立てる」でも反復帰について論文が集められていても、そういう感じがしてしまう。

他方で復帰四〇年の秋（二〇一二年一一月）、新川さんや大田昌秀[*12]さん、新崎盛暉[*13]さん、稲嶺惠一[*14]さんの四名が、法政大学の沖縄文化研究所のシンポジウム「「復帰」四〇年、これからの四〇年」で登壇された。あそこでは復帰がカッコに入れられていて、みなさんそれをめぐって熱く議論された。そこには世代間ギャップもたぶんあるでしょう。あの

を批判的に分析した論文集の叢書。第一巻「沖縄に向き合う――まなざしと方法」、第二巻「方言札――ことばと身体」、第三巻「攪乱する島――ジェンダー的視点」、第四巻「友軍とガマ――沖縄戦の記憶」、第五巻「イモとハダシ――占領と現在」、第六巻「反復帰と反国家――「お国は？」」。

＊11　「復帰四〇年沖縄国際シンポジウム　これまでの沖縄学、これからの沖縄学」、早稲田大学で二〇一二年三月二九～三一日に開催された。沖縄文化協会と早稲田大学琉球・沖縄研究所など計九大学の沖縄研究関係機関による沖縄研究大学連合が主催。

＊12　おおた・まさひで、一九二五年～。久米島生まれ。沖縄師範学校在学中、鉄血勤皇隊として沖縄戦に従軍。琉球大学教授を経て沖縄県知事（一九九〇～九八年）、参議院議員。著書に『沖縄の民衆意識』（弘文堂新社、一九六七年）、『沖縄のこころ――沖縄戦と私』（岩波新書、一九七二年）、『総史沖縄戦』（岩波書店、一九八二年）等多数。

＊13　あらさき・もりてる、一九三六年～。東京生まれ。沖縄復帰以前、東京で

シンポジウムはその後本になりましたが、冒頭の論文で大田さんが書いておられるように、「いったい、日本にとって沖縄とは何なのか」と問いかけながら、最後は「沖縄にとって日本とは何なのか」という問いを投げ返された。[*15] 私は、もっと復帰や復帰運動というものにこだわっていくべきではなかろうかと、いまのところ思っています。

森　歴史からいまの沖縄そして日本を考える上で、やはり復帰ということが、重要な問いであるということですね。

鹿野　それをもとにして比屋根さんの思想的遍歴をたどると、あの人は大学院生時代、一九六〇年代の後半には復帰運動にすごく熱心でした。しかし復帰直前には、もう帰るべき祖国はない、との叫びをあげるようになります。『朝日ジャーナル』が一九七〇年に募集した、私にとって七〇年代とは何かという主題の懸賞論文に比屋根さんが入選したことがあります。[*16]「沖縄が帰るべき〝祖国〟は実在しない」という表題そのままの心境だったんですね。そして六〇年代の終わりから七〇年代にかけて、比屋根さんは二人の沖縄人をいわば発見していく。

　一人は自死した中屋幸吉。[*17] 中屋幸吉を知らずして沖縄を語ることはできないと、彼は復帰に合わせて『名前よ立って歩け』（三一書房、一九七二年）と題した中屋の遺稿集を作る。もう一人は獄死した宮城与徳。[*18] 比屋根さんは宮城について完全にまとめきってはいないと思いますが、やはり六〇年代の終わりくらいから宮城にひかれて資料を集め始めている。そこで出会ったのが翁久允[*19]というジャーナリストの「非土」の思想。行く場所がない、いまの言葉ならばディアスポラということになるだろうが、と注釈を付けて述べています。

　さらに八〇年代になると、比屋根さんはインドネシア大学の招聘教授になって、イ

中野好夫主宰の「沖縄資料センター」に参加。復帰後、沖縄大学教授、学長・理事長。また住民運動・市民運動と関わりながら、岡本恵徳らと雑誌『琉球弧の住民運動』・『けーし風』の発行に携わる。著書に『沖縄現代史　新版』（岩波新書、二〇〇五年）、『沖縄同時代史』全一〇巻・別巻一（凱風社、一九九二～二〇〇五年）等多数。

＊14　いなみね・けいいち、一九三三年～。大連生まれ。琉球石油社長・会長、沖縄県経営者協会会長等を経て、沖縄県知事（一九九八～二〇〇六年）。『稲嶺惠一回顧録　我以外皆我が師』（琉球新報社、二〇一一年）がある。

＊15　大田昌秀「「復帰」四〇周年は未来を切り拓く決断の年」（大田昌秀・新川明・稲嶺惠一・新崎盛暉『沖縄の自立と日本――「復帰」40年の問いかけ』岩波書店、二〇一三年）。

＊16　比屋根照夫「沖縄が帰るべき〝祖国〟は実在しない――近代沖縄における精神形成をかえりみて〈懸賞論文「私にとっての'70年以後」入選作〉」（『朝日ジャーナル』第一二巻三二号、一九七〇年八月九日）。

ンドネシアの思想に出会ってくるわけです。具体的にはモフタル・ルビス[20]ですけれども、そこにホセ・リサール[21]や魯迅[22]の思想、さらに沖縄の思想をつないでいって、思想のひとつの流れを見出された。その上で近年では、「復帰責任[23]」という言葉で現在を捉えようとしている。

もうひとつは自分のことです。いつも考えるのは歴史と人生ということで、僕が勉強を始めた頃だから何十年も前に遡りますけれども、それまでの歴史学は何をしたかということだけを対象としていた。だからどう生きたかということは歴史の対象にならなかったという気持ちを、ずっと持っていました。もちろん、何をしたかということと、どう生きたかということは重なることも多いんですけれど、どう生きたかということを対象にしない限り、たとえば女性史は歴史の対象に入ってこないという状況が、少なくともその当時はありました。それでいいのかとの気持ちがどこかにあって、『資本主義形成期の秩序意識[24]』（筑摩書房、一九六九年）も書いた。森さんに言わせると、あの本は表題も硬いし文章も硬いけれど、いろんな人生が出てくるじゃないかという。ああそうだ、結局僕はそちらのほうが自分の体質に一番合っているんだなあ、と思いましたね。確かに惑う人間こそ歴史のなかに入れていかなければならないという気持ちは、一貫して持っていました。だからお前は誰に訴えかけようとしているのかと問われれば、これは学界に対してではなくて、教室で相まみえている学生に対してでした。「教育」という言葉は、教化の面が強いからなかなか使えないけれども、やっぱり教室で語るということが自分の本業だと感じていた。目の前にはそれぞれの人生を抱えた若い世代がいっぱいいるわけですから、その人びとに応答することが僕にとっては一番の本業だった。これは自分の好み

＊17　なかや・こうきち、一九三九〜六六年。琉球大学で学生運動・復帰運動に参加したが、石川の宮森小学校ジェット機墜落事件（一九五九年）での姪の死や渡日体験を経て、祖国意識を相対化する思想的覚醒を経験する。比屋根は、同年生まれの中屋を「沖縄戦後世代の象徴的な人物」と位置づけている。

＊18　みやぎ・よとく、一九〇三〜四三年。名護生まれ。洋画家、反戦運動家。渡米しプロレタリア美術運動に参加、アメリカ共産党日本人部で反戦運動に従事。帰国後、ゾルゲ事件で逮捕され獄死。

＊19　おきな・きゅういん、一八八八〜一九七三年。富山県生まれ。一九一〇〜二〇年代に米国西海岸の日系新聞紙上で小説家、新聞記者として活躍。帰国後は『週刊朝日』の編集長などを務めた。関連する比屋根の言及は、「非土の悲哀——宮城与徳とその時代」（比屋根『戦後沖縄の精神と思想』明石書店、二〇〇九年所収）など。

＊20　Mochtar Lubis, 1922–2004. インドネシアの作家・ジャーナリスト。独裁政権に批判的な姿勢を貫き、何度も逮捕・監禁された。比屋根の近代アジア思想史

でもあれば、職業的な倫理でもあったでしょう。だから一般教養科目としての歴史が一番すっきりしていた。僕は歴史の教員でしたが、学生を歴史研究者にしようなんて考えてやっているわけではなくて、生きていく上で歴史がひとつの助けになれば良いという感じでしたね。まあこんなこと言うとね、お前そんなきれいごと言うけれども全然やってなかったじゃないかと戸邉さんから文句が出るかもしれませんが（笑）、気持ちとしてはそうでした。だからそういうところからも、沖縄の歴史とふれあう糸口というものがあったかもしれないと思います。

　沖縄の思想というのは、どう生きたか、どんなことで苦しまねばならなかったかというような、人生がかかった発言でしょう。そこに僕はひかれるし、沖縄

鹿野政直
沖縄の思想というのは，どう生きたかというような，人生がかかった発言でしょう。

論におけるインドネシア体験の意義については、同『アジアへの架橋』（沖縄タイムス社、一九九四年）を参照。

＊21　Jose Rizal, 1861-96. フィリピンの作家・民族運動家。スペインと教会の植民地支配を批判する小説を発表し、民族主義を鼓吹した。一八八八年に滞日経験があり、末広鉄腸らと交流。反乱の嫌疑で銃殺された。

＊22　一八八一〜一九三六年。近代中国を代表する文学者・思想家。その作品は東アジアで広く愛読され、沖縄でも一九五〇年代の『琉大文学』同人たちは魯迅の抵抗文学から多くを学んだ。

＊23　復帰運動を経験した世代が、復帰とその後の沖縄現代史において基地の過重な負担を覆せなかった自分たちの責任を思う罪責観を指す。オスプレイ配備や辺野古新基地建設に反対する年輩の運動参加者にそうした意識が大きく働いているといわれる。参照、「オスプレイ配備／比屋根照夫氏に聞く／上「復帰責任」への萌芽／新しい思想潮流へ」（『琉球新報』二〇一二年一〇月九日）。

＊24　同書は幕末から明治期全般にわたる日本近代思想史の全体像を、民衆と権

の人びとの思想というのはそうならざるをえなかった。ただそれを言うのに、ではお前の立場はどうなのかということが、たえずたえず降りかかってくるけれども、これはいくらやってもタマネギの皮をむくようなもので、ある程度はもう開き直っていくしかない、それはもう弾を浴びる以外ないという感じできました。ずいぶんご恩になりました、沖縄の方々には。いや長くなってすみません。

森　いまの鹿野さんの世代あるいは同時代性ということに関わって、他の方にも語ってもらえればと思います。松島さんいかがですか。

松島　僕と新川さん、川満さんとの出会いですが、お二人が反復帰という思想性を政治性に変える実験をやったことがあった。新川さんや川満さんたちが呼び

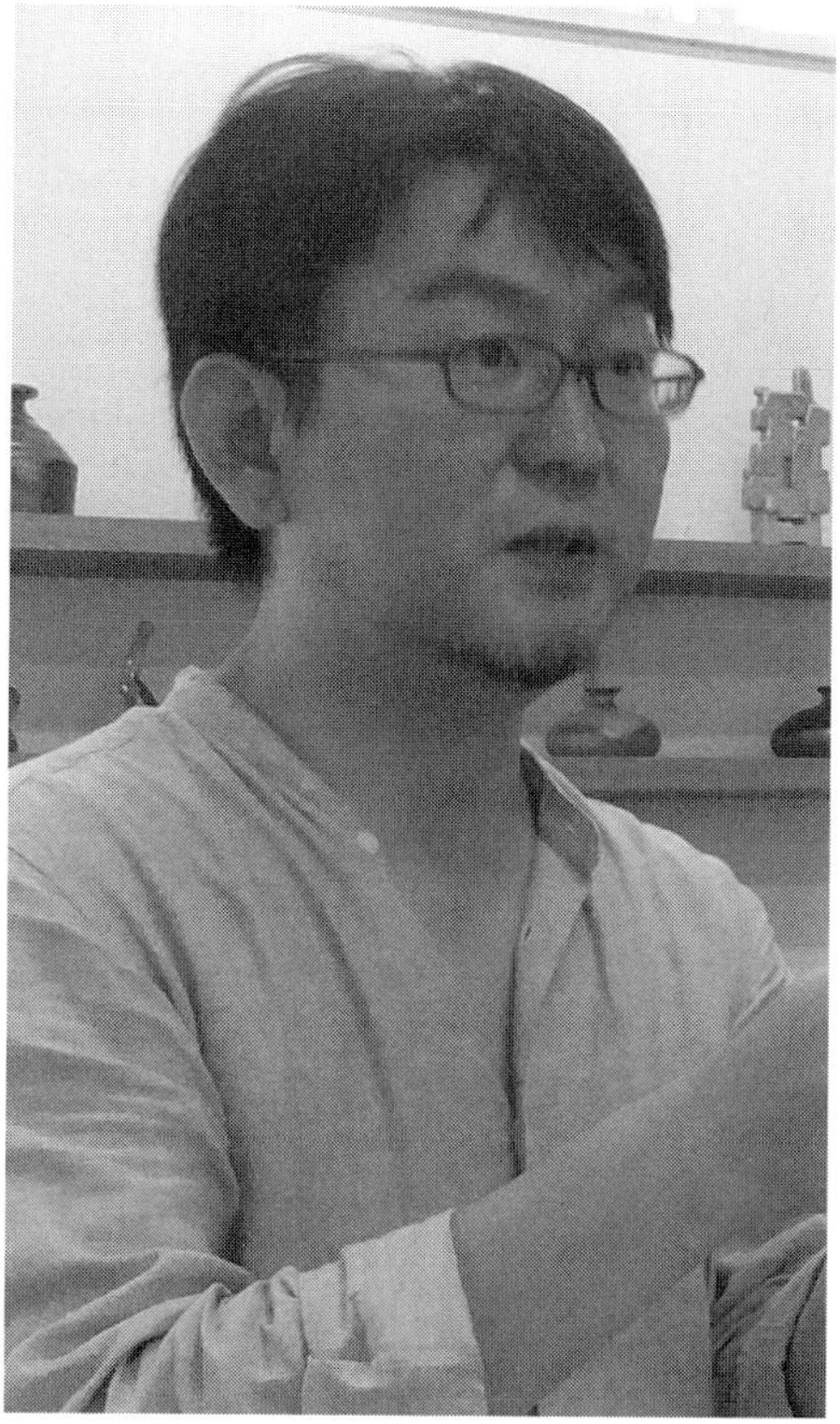

森 宣雄
いまの沖縄そして日本を考える上で，やはり復帰が重要な問いということですね。

力との対抗関係を枠組として描ききった六〇〇頁余の大作。鹿野の大学院生時代以来の前半期の研究の集大成といえる。

かけて、学生・青年運動の全党派を集めて国政参加拒否闘争[*25]というものをやったんですよ。そのとき僕らはコザで中部地区反戦青年委員会[*26]（中部反戦）という場を作っていて、呼びかけのポスターやステッカー貼りをずっとやった。言葉は新川さん、川満さんに任せる。そんなふうに、思想が本当に政治的な動きになるかというときに僕たちは出会っている。

岡本恵徳さんとは、富村順一が東京タワージャック事件[*27]を起こして、東京にいた僕が彼の支援活動をしていた関係で、事件の資料を岡本さんがほしいと連絡してきてやりとりが始まった。沖縄に帰って焼物をするようになってからも民芸のことなどで話ができ[*28]、毎年一回は正月に会っていました。だから反復帰論の三人のなかでは岡本さんとの個人的な付き合いが僕は深い。

新川さん、川満さんとの関係に戻ると、ある思想性を集会のなかで作りあげるということがありえたんですよ。現実的な戦略として、投票ボイコットではなく、投票所を壊す運動までは出せなかったんですがね。議会制民主主義のなかで選挙制度として復帰がやってきたときに、具体的につぶすという動きまではできなかった。そこに進むのは国政参加が終わってから。どうするかといって、テロをやろうとなった。そちらに進むグループと、いや労働組合をつなげていく運動をすべきだというグループとに分かれて、中部反戦は解体していく。運動体としてはあのときがピークだった。そのときちょうどコザ暴動[*29]が起こった。

僕は当時、留学生[*30]の身分で中部に住みこんでいたので、コザ暴動と前後して東京に戻りましたが、お二人の思想の運動性がどういう政治制度のなかでなら可能になるのか、書いた覚えはあるんです。[*31]だいぶ年は離れていますが、新川さん、川満さんの次の世代の動きと言えますか

＊25　一九七〇年秋、施政権返還前に沖縄で実施される国政選挙を批判し、日米両政府の返還合意の拒否、沖縄の自律的な選択の意志表明を貫いた運動。討論会や雑誌・新聞での意見表明を通じて、投票ボイコットを訴えた。新川・川満が中心となって活動した。

＊26　一九六九年一一月九日、コザ市で結成。基地の街で反戦と社会変革の労働・文化運動を展開した。沖縄島中部一帯の地区・職域の青年部、コザを拠点に沖縄の矛盾を演劇で表現していた劇団創造の青年たち、日本留学の沖縄出身大学生、反戦高校生などが参加した。従来の日本復帰を結集軸にした運動の解体、反帝・反戦闘争への再編成を追求。反復帰論や日本の新左翼ノンセクト、基地内反戦GI・黒人解放運動のグループとも連携する。その後、労働運動活動家のネットワーク構築、反戦直接行動、公害反対運動等の路線に分かれて自然解体。

＊27　沖縄出身の富村順一は、一九七〇年七月八日、東京タワーでアメリカ宣教師を人質にとり、「アメリカは沖縄から出て行け」「日本人は沖縄のことに口を出すな」などと主張して逮捕された。

ね。いま新川さん、川満さんがまた歴史に登場してきたときに、独立学会[*32]とかいうものは、どうもあの当時の反動じゃないか、とも思えるんです。

沖縄としての団結というのは、学生で言えば、全国に散っていた国費自費の留学生による沖縄問題研究会などのグループが沖縄に集結して運動体になろうという動きを組織として作ったことがありました。沖闘委（沖縄闘争学生委員会[*33]）ですね。ただ、国家資格を取って沖縄に寄与するのが建前の留学生たちが沖闘委の中心メンバーでしたから、戻ってきたら立派な社会人になる。県の三役になったり、行政マンになったりして、思想的な継続は断たれた。昔仲間だと思っていたけれど、いまでは超保守ですと笑い飛ばす世界の人たちと、党派抗争のなかで

松島朝義
思想が本当に政治的な動きになるかというときに僕たちは出会っている。

この事件は本土在住の沖縄出身青年に大きな衝撃を与え、富村支援運動が広がった。岡本恵徳の考察には「富村順一――沖縄民衆の怨念」（『現代の眼』第一二巻五号、一九七一年五月）がある。

＊28 松島朝義（聞き手・岡本恵徳）「柳宗悦と民芸運動をめぐって――沖縄の「もの」にかかわりつつ」（『新沖縄文学』第八〇号「特集 沖縄と柳宗悦――柳宗悦生誕百年記念」一九八九年）。

＊29 一九七〇年一二月二〇日深夜、コザ市（現沖縄市）で起きた米兵による交通事故の不正な処理に反発した民衆が激昂し、米軍関係車両八二台と基地内の施設を焼討ちした事件。死傷者や略奪がなかったこと、未組織の行動にもかかわらず焼討ち対象が米軍関係に限られたことから、「暴動」の語を避け、「コザ騒動」「コザ民衆蜂起」と呼ばれることも多い。

＊30 復帰前、日本本土の大学等に入学した沖縄出身の学生たちの総称。国費・自費沖縄学生制度にもとづく指定国立大学への入学のほか、縁故を頼った渡日・私大入学などで、多数の留学生が存在した。国費・自費留学生の場合、学費免除・生活費援助の特権があったが、卒業

分断されて党派の同盟員になっていった人たちとがいた。後者はその後どうなったかというと、沖縄から一切消えている。『琉大文学』とは一応別個の沖縄マル同[*34]（沖縄マルクス主義者同盟）というか、沖縄人民党[*35]から新左翼系として自立した琉大マル研[*36]（琉球大学マルクス主義研究会）の系譜の政治組織も、結果的には内ゲバになって、肝心の沖縄のメンバーが沖縄から亡命という感じになった。沖縄の知が、運動の主体が、亡命せざるをえない。日本への亡命は「県外」ではなく「国外」ですよね。

　そういう思想性の問題と運動の党派性の問題との両方で、集合する場を作れなくなった。年寄りががんばっていて、次の世代がまったくがんばりようがない、乗り越えようにも乗り越えられないというかな。沖縄マル同も、国政参加拒否闘争までは一緒にやっていられたんですけれどね。これに対して『琉大文学』の同人たちは政治のほうにも行くし、思想のほうにも行くし……なんなんだ『琉大文学』というのは、と思いましたね。

森　宮城啓[*37]さんたちの琉大マル研も、もとは国場さんや比嘉律雄[*38]さんにオルグされた非合法共産党の琉大細胞ですね。新川さんや川満さんが関わった時期の琉大細胞は緩かったけれど、宮城さんたちが琉大マル研から沖縄マル同などの党派を作っていった。

松島　団塊の世代で沖縄にとどまった琉大マル同の人たちと、沖縄から出ていった留学生のグループとが、同世代ながら党派でまた対立するわけです。だから僕なんかの世代からすると寂しいわけですよ。結果として周りに誰もいなくなってしまったから。

森　新川さん、川満さんの世代は残っていまもやっているけれども、次の世代はどんどん散っていったわけですね。

松島　『琉大文学』の同人のなかには人

後は沖縄に戻って地域に貢献することが義務づけられていた。

＊31　復帰前後の松島の著作活動については、本書松島インタビューを参照。

＊32　琉球民族独立総合研究学会。二〇一三年設立。「琉球民族の琉球民族による琉球民族のための学会」として、「琉球の独立を前提とし、琉球の独立に関する研究、討論、実践」を目的とする。以下も「独立学会」と略。

＊33　一九六八～六九年に日・沖で沖縄闘争を展開した国費・自費留学生（注30参照）による運動体。六八年七月に準備会を結成。翌月、沖闘委を中心に、ベ平連・全学連等が支援して渡航制限撤廃闘争を開始。米民政府発行の「パスポート」（旅行証明書）を焼き払い、検問を突破して強行上陸を実行、核基地沖縄を隔離し管理する日米両国の沖縄統治策を突き破ろうとした。六九年秋の沖縄「現地闘争」で日本の新左翼セクトに合流するか逮捕されるなどして解体した。

＊34　一九六七年一月、琉大マル研（注36参照）から移行。革マル派とその学生組織であるマル学同の沖縄現地組織。

＊35　一九四七年結党。米軍政を批判し

民党さらには共産党の党員で、教員生活をまっとうして引退した人もいる。また途中で自死した人もいる。その間に僕らの世代との距離感があるんで、参加のしようがない。独立学会に僕ら団塊の世代はほぼいないわけですよ。もっと下の世代が入っていて、新川さん、川満さんを思想的な支柱にしたいという願望がどっかにあって、若い世代が祭り上げている。でも僕らは呼びかけもされない。長老二人はやりたければやりなさいという立ち位置があるからいい。ああ、イチャリバチョーデー（一度会えばみな兄弟）とはこういうことかと。まあ半分は感心というか嫉妬してるんですけどね（笑）。

森　世代ということに関して、冨山さんはどうですか。

冨山　それに関わるんですが、鹿野さんが先ほど言及してくれた早稲田のシンポジウムで、私は決めていたことがあるんです。それは私と同世代の連中としっかり話すこと。つまり鹿野さんが『琉大文学』の新川さんたちと出会ったように、私は私の同時代性のなかで議論しないといけないという思いが、かなり以前からあります。復帰のプロセスが重要ではないという話ではなくて、私と同時代に生きている連中が持っている悩みや怒り、あるいは現実感覚みたいなものに向き合いながら自分は議論しないといけないという構えみたいなものです。そうした私の同世代の友人たちは、先ほど松島さんが言及された独立学会にほとんど入っているんですよね（笑）。私にとっては同世代の動きこそ、考える出発点でもあるわけです。それは同時に、森さんの国場幸太郎さんへのこだわり、あるいはいまの中堅や若手の人たちの沖縄研究に対する違和感とも重なっています。

　つまりなぜ同世代の連中と議論をしないのかというのがあります。たとえばなぜいつも国場さんや新川さんであって、

て弾圧を受けるも、島ぐるみ闘争や復帰運動を担う主要政党に発展。委員長だった瀬長亀次郎が著名。七三年、日本共産党に合流。一九五〇年代の人民党とその下にある非合法共産党の活動については、森宣雄『地のなかの革命――沖縄戦後史における存在の解放』（現代企画室、二〇一〇年）に詳しい。

＊36　一九六一年一月結成。「祖国」との血の絆を強調する復帰運動の民族主義的な方針に対して、階級的観点を重視して学生運動の組織化をめざした。

＊37　みやぎ・けい。筆名・活動家名は山里章。琉球大学文理学部に在学中、学生自治会、非合法共産党琉大細胞に参加。人民党と袂を分かち、六一年に琉大マル研を結成。当初は社会党系の学生も参加し、沖縄の新左翼運動の始まりを告げた。『琉球大学学生新聞』に多数寄稿。著書に、山里章『逆流に抗して　沖縄学生運動史』（琉球大学学生新聞会、一九六七年）。

＊38　ひが・りつお。一九五四年ごろ中央大学法学部卒。在学中に国場幸太郎らと在京の沖縄出身学生運動のリーダーの一人として活躍。帰郷後、沖縄タイムス

どうして沖縄大学や沖縄国際大学（沖国大）なりの院生や若手研究者の人たちと議論しないのだろうという違和感はずっとあるんですよね。それはやはり、研究テーマとしての沖縄戦後史というものがすでに出来上がっていて、この点が、鹿野さんが新川さんに出会ったのとは少し違う。鹿野さんの『琉大文学』との出会いは、単なる研究対象とは違うように私には聞こえたんです。やっぱり同時代を生きてきたというなかにおいて、出会いがあった。それをしないといけないということが、早稲田でのシンポジウムの際にはあったんです。そういう意味で、今日私が議論したいのは独立学会のことだし、あるいは同世代から出てきている県外移設、基地をヤマトにもって行けという言い方をちゃんと議論しなきゃいけないということがあります。

　ここで世代ということで念頭に置いているのは、早稲田のシンポジウムに登壇した人たちとも重なりますが、彼ら彼女らにとっては、東京や大阪から同世代の研究者が来ても、自分たちの話を聞かずにいつも上の世代の話ばかり聞いて帰って行く。その違和感というのがけっこうあると思うんです。それは復帰運動のなかで議論されたことが重要じゃないという話ではない。そうではなくて、ある種の世代あるいは同時代性においてこそ発見される問いがやはりあると思うのです。でもそれをどういうかたちで議論するのか。出会う場がありそうでないのかもしれない。

松島　そういえば『琉大文学』は琉大から始まっているけど、独立学会は沖国大が根城というイメージがある。中心的な人は琉大にも沖大にもいないしね。

新川　そうだね。

川満　国際化もしているね。

新川　中心になっている五名くらいはみんな沖縄にはいないね。大学院生ならい

社に入社。五七年、瀬長亀次郎の那覇市長就任後に退社し、那覇市徴税課長、総務課長などに就任。六二年に党中央常任委員。六五年、糸満から立法院議員選挙に出馬するも落選。

るけど。松島泰勝[*39]は龍谷大だし。琉大もいないんだよね。沖大は新崎盛暉が仕切っているからいないし。

森　でも、私が琉大の院生だったときの印象からも、それは自然だと思いますよ。琉大は理系や医学部は半分くらいヤマト、九州など外部から来ていて、日本人の比率が高い。沖大も日本から来る人の窓口というか、そういう珍しい人がいるのが不思議ではない世界。それに対して沖国大はクラスのほとんど全部が沖縄県人でしたね。だから偶然かもしれないけれど、沖国大が拠点になるのはさもありなんという気がします。

2　独立をめぐる思想

森　では、いま話に出ていた自立あるいは独立ということをめぐって話を進めたいと思います。新川さんいかがですか。

新川　いまの沖縄の状況のなかでさ、一番求められているのは自己決定権の問題だと思うんだな。その自己決定権を確保する手段として、やっぱり独立論というのが力になると思いますしね、またこれまで先生方が研究されていますけど、戦後の沖縄史のなかでは独立論が何回も出てきた。敗戦直後は非常に強かったし、その後そういう政党もできた。選挙にも出て惨敗もした。そういった党派的、政治的な意味の独立論はあったが、みんな消えていった。

独立学会にまず僕が注目したのは、中心になっている人たちが四〇代で、松島泰勝君が五〇代になったくらい。しかも大学の研究者が主体になったことに僕は注目したんです。つまりいわゆる政治家たち、政党人じゃなくてさ。研究者、学者と言われる人たちが学際的な組織として発足させたものだから、これは沖縄の歴史上でも初めての動きだしね、それはひとつの大きな事件だろうと思う。その

＊39　まつしま・やすかつ、一九六三年〜。石垣島生まれ。経済学者（島嶼経済論、内発的発展論）。龍谷大学経済学部教授。琉球民族独立総合研究学会の理事。主著『沖縄島嶼経済史――一二世紀から現在まで』（藤原書店、二〇〇二年）、『琉球独立論――琉球民族のマニフェスト』（バジリコ、二〇一四年）など。

若い世代の動きにやっぱり僕は共鳴して、これは彼らを何としても支えていきたいなと思いましたね。

一方で当然、かつて独立論や独立党は選挙で惨敗する結果に終わってしまい、見向きもされず、袋叩きにあって消えていった。今回の独立学会についても相当批判が強いしね。川満君なんかも批判する立場なんだけど。たとえば琉大の新城郁夫君[*40]なんかも四〇代で独立学会の中心と同世代だと思うけど、彼らがやっている新しい動きに対して全否定なんですね。独立論を全面否定して、川満君の琉球共和社会憲法私案[*41]を無条件で全面的に称揚しているから、それはおかしいとイチャモンつけて、新城君とちょっとやりとりがあるわけですけどね。[*42]

その場合になぜ否定するのかというと、

新川 明

いまの沖縄の状況で一番求められているのは，自己決定権の問題だと思うんだな。

＊40 しんじょう・いくお、一九六七年〜。宮古島生まれ。沖縄文学・日本近代文学研究者。琉球大学法文学部教授。主著『沖縄文学という企て——葛藤する言語・身体・記憶』（インパクト出版会、二〇〇三年）、『沖縄を聞く』（みすず書房、二〇一〇年）、『沖縄の傷という回路』（岩波書店、二〇一四年）など。

＊41 川満信一が『新沖縄文学』第四八号「特集 琉球共和国へのかけ橋」（一

独立論は琉球国というものを想定している。国家創設を想定している以上、ナショナリズムの運動でしかないから、国家の究極的な暴力性を批判する立場からは基本的には否定の対象になる。だけどそれに対しては、独立ということを決定的なものとみていいものかどうか、問題があると思うんですよね。僕がたえず言っていることは、独立を一応主張する運動体としてあるけれど、それが目的じゃないはずだという考え方がある。独立のあと、どういう共同体（国家でもいいけど）を作るのかが問題なんであって、独立論ゆえにこれはナショナリズムだから否定すべきものだという議論については、ちょっと僕はおかしいんじゃないかと思っているんでね。国家を超えた共同体というイメージを構想することが目的であって、そこに至るまでのいろんな方法なり手段なりがあるだろうと思う。

川満君の琉球共和社会憲法案でイメージされる共同体みたいなものは、ほとんど究極的な形態のものであって、いきなり現在の具体的な、辺野古問題も含めた状況を前にしてね、それと対峙する上で力となりうる運動とはならないだろう。

独立学会は運動体ではないし政治団体でもないからね。研究学会でしかないわけですから、そこで論議を重ねてですね、沖縄人がどういう社会を目指すのか、検討する場として考えるべきだと僕は思うんです。だからそこでは、川満君が出した共和社会憲法案も当然議論されるべきだと思うし、新城君がいくつか出しているジェンダーの問題や環境汚染の問題など、そういったことも含めてさ、いろんな議論がそこでされるべきであって、これまでそういう議論の場がなかったわけでしょ。学問的に議論を深めていく場がなかったから、それができたことは良いことだと思う。やっぱりそれは育てたい、若い世代が始めたことはね。

九八一年六月）に発表した「琉球共和社会憲法C私（試）案」を指す。国民国家原理を超克した共和社会のビジョンにもとづく憲法構想を提示。発表当時は非現実的と評されたが、近年、再評価の機運が高まっている。同案を論じた新城郁夫の論文は、「琉球共和社会憲法試案という企てと脱国家――沖縄と広島と難民」（前掲新城『沖縄の傷という回路』所収）。

＊42　新城郁夫と新川明の論争に関係する主な文献は、座談会後の発表も含めて以下の通り。新川明「「琉球独立」論をめぐる雑感」（『うるまネシア』第一六号、二〇一三年八月）。新城郁夫「新川明氏への疑問〈備忘録4〉」（『けーし風』第八〇号、二〇一三年一〇月）。新川明「続「琉球独立論」をめぐる雑感」（『うるまネシア』第一七号、二〇一四年一月）。同「琉球独立論の陥穽〈備忘録6〉」（『けーし風』第八二号、二〇一四年四月）。新川明「「琉球独立論」をめぐる雑感（補遺）」（『うるまネシア』第一八号、二〇一四年六月）。同「琉球国の主権というお化け〈備忘録8〉」（『けーし風』第八四号、二〇一四年九月）。

彼らと同世代である新城君なんかが全面否定したことについて、僕にはそれがよく納得できないわけだね。新城君とはもちろん親しいし、彼もまた『琉大文学』のことや僕個人についても論文をいくつか書いたりしているし、それだけに新城君はなぜ新川がそんなことするのかと疑問を提出しているんだけどさ。彼がなぜ納得できないのか、僕にはよくわからないんだけどね。ただ彼は議論を続けると予告していますから、それで批判の内容がはっきりすると思います。それが出た時点でコメントすることがあればコメントしようと思いますけどね。

僕がいまテーマとして考えているのは、それが出てくるのを待っているのがひとつと、それからこの前、未來社の主催で「いま、なぜ、琉球共和社会憲法か」というシンポジウム[*43]がありましたが、川満憲法私案についても、僕は僕の立場からちょっと考えてみたいというのがひとつあります。それは川満さんのだけじゃなくて、同時に発表された仲宗根私案[*44]がありますよね。あれと交錯させながら考えてみたいと思いますね。僕はむしろ現在の時点では、川満私案よりも仲宗根私案のほうに納得できるというかな、そういう感じを持っているんです。川満私案はもっとずっと先の話であって、すばらしい構想ではあるけれども、しかしそれゆえに、いま直面している問題を切り捨てていく、捨象していくことにはどうしても納得できないから、そのへんをちょっと整理してみようと思っています。

仲宗根私案の場合は共和国憲法で、やっぱり「共和国」と付くけれど、それは世界連邦政府というのができた時点で消滅することになっていて、共和国自体が目的化されてはいないんです。

森　あくまでもそうしたプロセスのなかに国家という問題を置く志向は、僕が研究した国場さんや上地栄[*45]さん、林義巳[*46]さ

＊43　川満信一・仲里効編『琉球共和社会憲法の潜勢力——群島・アジア・越境の思想』（未來社、二〇一四年）の刊行を記念して二〇一四年七月一二日に那覇で開催されたシンポジウム。

＊44　仲宗根勇が執筆した「琉球共和国憲法F私（試）案」。川満の私案と同じ『新沖縄文学』第四八号に掲載された。仲宗根勇は一九四一年具志川生まれ。琉球政府裁判所勤務の傍ら一九六九年から反復帰論の一翼を担う評論活動を展開。著書に『沖縄少数派——その思想的遺言』（三一書房、一九八一年）がある。裁判所を定年退官後、近年、評論活動を再開。

んなど、一九五〇年代あたりの彼らが強く持っていた考えでもあります。彼らが復帰を選ぶにせよ、それは沖縄解放へのステップとしてであって、米軍占領から逃れるためなんでしょう。いま「独立」ということを拒否する、それは新城さんのスタンスなんだろうけれども、自分のスタンスを超えて、一般的にナショナリズムはダメだ、それを一切含んではいけないみたいな思想的潔癖性ならば、それは沖縄の戦後の歴史、思想史とは違うわけですよね。

復帰論に行った人のなかにも、苦虫をかみつぶしながらの、あるいはひとつのステップとして復帰を考える方向があったと思う。そういう複雑な襞のある問題を自分は考えてきて、さっきの冨山さんの問いかけにあらためて答えるとしたら、すぐ議論に役立たないかもしれないけれど、五〇年代の人なんかが復帰運動を通して世界革命とか、国家のなかに入って国家を変えるとかいろんなことをやっていたのを、現在に甦らせるようなことができたらいい。それを読んだらきっといまの人たちも参考になるところがあるだろうと思う。自分はだいたい一〇〇年後の若い人の役に立てればいいなあと思ってやっているんです。すぐに役に立たせようとは思わない。

ではなぜ同時代の同世代の沖縄の書き手たちと相対さないかといえば、それは自分自身の沖縄体験や研究についての距離の取り方に原因があると思います。一九九〇年代の前半に沖縄に暮らしていたことがありますが、その時代は何というか、閉塞していました。九五年に少女暴行事件[*47]をきっかけに立ちあがる直前までですね。復帰後二〇年で、復帰の後遺症というか呪縛がまだ強く、復帰後という縛りは形骸化してきているけれど新たな展望も開けない。ヤマト・ウチナー対立が隠微な鬱屈したかたちでくすぶってい

＊45　うえち・さかえ、一九二〇〜九八年。読谷生まれ。戦後、東京で沖縄人連盟結成に参加。帰郷後は人民党の副書記長に就任。初期の人民党をリードしたが除名され、五四年以降は沖縄を離れた。人民党時代の上地の思想と行動については、森前掲書第二章を参照。

＊46　はやし・よしみ、一九二九〜二〇〇四年。奄美大島生まれ。奄美大島社会民主党中央委員で沖縄人民党と合同して琉球人民党を結成した。一九五二年には沖縄で奄美からの出稼ぎ労働者を中心とする日本道路争議団の労働争議を指導した。五四年、沖縄からの島外退去を余儀なくされた。林については、森前掲書第三章を参照。

＊47　一九九五年九月、在沖米軍兵士三名が当時一二歳の女子中学生を拉致強姦した事件。日米地位協定の規定に阻まれて犯人が日本側に容易に引き渡されなかったこともあり、反基地の機運が高まった。今日の辺野古新基地建設反対、基地縮小を求める沖縄世論の直接の起源となった。

たかな。でもヤマトに対する怒りや、沖縄に押しつけられた矛盾、閉塞状況に対する苛立ちなどは、いろんな場面で吹き出していました。

そんな時代、琉大にいて友だちもできたし、たくさんの人にお世話になったのだけれど、みなヒリヒリする摩擦や矛盾を感じながらも、それに耐えながら暮らしや出会いを人間らしいものにしようと気づかいあっていたように思います。そんななかで僕は、これが問題の核心だ、こうすればいいというような、いわゆる「正解」を激しく求めながらも、上からの論の押しつけや自分が鍛えた理論ですべて説明しつくそうとするのもやっぱり違うと嫌悪する気持ちもありました。特に歴史を発掘する研究をしたもんだから、とても微妙ですね。とても良いもの、人類史にも誇れるものを発掘して、誇りや励みとして受け取ってもらいたいという思いと、それをヤマトの人間が出すことの葛藤と、これは避けられずにいまにいたっています。

日沖間には矛盾と非対称の権力関係があって、そのなかで私たちは出会っているんだから、感情がぶつかるのも論が対立するのも当然です。でも自分たちがいま苦しんでいるのは、間違いなく歴史的にもたらされてきているものだから、現在の問題の由来を知りたいと思うときに、誰でもわかるようにきちんと整理しておきたい。そんなことで、長期的な視点に応えられる性質をもった歴史研究へのめりこむようになったと思います。

沖縄には日本との関係の矛盾が一方的に押しつけられていて、それは正義に反する、それはおかしい、なくしたいと思う気持ちと、その矛盾に耐えながら克服する努力を続けてきた人たち、民衆といってもいいし、それは私が沖縄でお世話になった人たち、友だちと重なるのですが、そういう自分の沖縄体験、沖縄との出会いや関係を成り立たせてくれている人たちの倫理観、道理の考え方をもっと知りたい、学びたい、歴史の矛盾のなかでも人間らしく生き、乗りこえる道を探りながら生きてきた人びとの立派さをちゃんと評価する歴史の見方を整えたいという気持ちがあって、それらを注ぎこむかたちで歴史の道路整備をやってきた感じがします。だからあまり論を闘わせることには気持ちが向かなかったですね。

新川さんの話に戻すと、独立学会について、ウチナーンチュが自分で汗水流して自分の未来を考えるということを評価されているでしょ、そのことがよくわかる。その意味では、自分はヤマトンチューとしての殻から抜けきらないんでしょうね。

鹿野　新城さんの新川さんに対する批判には、もうひとつ、独立論が沖縄の内部矛盾をある意味で覆い隠してしまうことへの言及があるように思いますね。

新川　はいはい。

鹿野　それは政治的には、「オール沖縄[*48]」をどう見るのかということになりますか？

新川　そうです、まさにね。沖縄の内部矛盾について、おっしゃるように新城君もそれらしきことを言っていますよ。だからそういったことも含めてですね、理論的に論議する場としてあの学会はあるんじゃないかと僕は言っているわけですよね。そもそも内部矛盾を覆い隠して独立する立場があるのかどうかわからないけどね。僕は学会に一応参加しているけれども、趣意書を作るときに参加したわけでもないし、外にいる応援団くらいのつもりでいるわけです。

おっしゃるように、内部矛盾をどのように処理していくのかも含めて、いままでそういった学際的なかたちで議論していく場自体がなかったわけですから、その場ができたことをまず評価しているだ

＊48　二〇一二年、米軍の新型輸送機オスプレイ配備強行に反対する運動のなかで、沖縄が一丸となって日本政府に抵抗するための勢力結集を期待して広まった言葉。さらに一四年の県知事選以降、翁長雄志の陣営が保革の対立を越えて新基地建設反対を訴えたことで全国的に知られるようになる。

けの話でね。

森　独立という問題に関わって、少し角度を変えて議論してみたいと思います。国家ということだけではなく、そこには沖縄の思想あるいは思想の自立ということが関係していると思います。またこうしたなかで鹿野さんの仕事も再検討できるのではないかと思いますが、戸邉さんはどう見ますか。

戸邉　鹿野さんは一九七〇年代から女性史と沖縄史の領域に深く入っていかれた。そのことが著作集の巻構成[*49]にもはっきり出ていますね。私のように次々出される鹿野さんの本をただ追いかけるしかないような者には、当初は女性も沖縄もというように、テーマの拡大のようにしか見えなかったんです。けれど先ほどの鹿野さんの話を聞いてもあらためて感じるのは、鹿野さんは「鳥島は入っているか」[*50]という自らに課した問いに答えるために新たな研究テーマを次々に選んできた優れた研究者だと私たちは漠然と考えていますが、鹿野さん自身にはそういう自意識はないということです。自分がずっとこだわり続けてきたものを掘るときの必然的な媒介として、女性と沖縄ということが目の前に現れてきた、そういうふうに映ります。選んだというより選ばされたという感覚があるんでしょうか。そうした側面から鹿野さんの歴史学は見なければいけないんだと考えさせられました。

　それから比屋根さんの歴史研究をどう位置づけるかという点があります。鹿野さんが今日、比屋根さんの仕事にあらためて言及されたのは、現在の沖縄近現代史研究のなかでは、比屋根さんの研究の成果がうまく受けとめられていないからではないですか。比屋根さんがなぜある論文を書こうと思って書いたのか、そういった書き手としての比屋根さんが抱える歴史的な文脈が、現在では省みられないということでしょう。

＊49　『鹿野政直思想史論集』全七巻（岩波書店、二〇〇七〜〇八年）。一九七〇年代以降の著作の自選集。うち「沖縄」については第三・四巻の二巻をしめる。

＊50　鹿野政直『「鳥島」は入っているか――歴史意識の現在と歴史学』（岩波書店、一九八八年）にちなむ。同書名は、島尾敏雄の講演「私の見た奄美」（一九六二年）中の言葉、「たとえば奄美の地図を書く時に、徳之島の西の方の鳥島を落としていても平気だという気持をな

実は比屋根さんには未了のままになっているお仕事がたくさんある。先ほど出た宮城与徳にしても、一九九〇年代初頭に『新沖縄文学』[*51]で連載した「羅府の時代」[*52]が宮城たちの青春群像を書き継ぐ予定だったはずです。また比屋根さんの比較的初期の仕事では琉球処分時の清国亡命者の研究もかなり重要ですが、これも部分的です。その他の構想も含めると、比屋根さんの頭のなかにはかなり壮大な歴史が見えているのではないか。亡命者や宮城たちがゆるやかにつながる群島、島づたいみたいな歴史が……そこからは反復帰論が打ち出した歴史像と雁行するようなもうひとつの沖縄近代史がたどりうるし、いまは潜在しているけれど広がっているんだという確信が、七〇年代から比屋根さんにはずっとあったと思うんです。それを読み手は受けとめられず、比屋根さんもうまく展開されなかった。その状態はいまも続いている。

鹿野　「沖縄・問いを立てる」でも、早稲田の国際シンポジウムでも、比屋根さんへの言及はほとんどない。それはいったいなぜだろうか、という気持ちが僕にはやっぱりあるのですね。割合に似た世代だからでもあるのでしょうけど。

六〇年代の末頃、大学院生時代の比屋根さんを知ったわけですが、こういっちゃ何だけど、苦悩の固まりみたいな感じでね。いつまでも尾を引く情念的な語り口、決して単純化されない論理でもってやっていた。いったいこの人が体現している沖縄というのは何だろうと僕は感じたものですから、その比屋根さんの苦悩がいまの沖縄であまり受け継がれていないように見えて、これは批判を含めてですけれども、率直に言えば私は残念だと思っています。時代遅れかもしれないし、そういう世の中かなと思ったりしないでもないけれども。

いま沖縄学の現状に対する一番痛烈

くしたいのです」、「と同時に、日本の歴史の中であるいは日本人の中で、はじっこのほうだから、落としていいというふうな考え方を是正して行かなければならないと考えるわけです」を受けて発した、「わたくしたちの歴史学には、はたして「鳥島」は入っているか」との自らへの問いかけにもとづく。

*51　沖縄発の文学育成をめざして一九六六年、沖縄タイムス社が創刊。多くの新人作家を育成した。のちに「文化と思想の総合誌」をうたって、復帰後の文化・批評活動の拠点ともなる。九三年、第九五号を最後に休刊。新川・川満は、同誌編集長を経験。

*52　比屋根照夫「羅府の時代——宮城與徳と南加青春群像」1〜6（『新沖縄文学』第八九〜九五号、一九九一〜九三年）。『新沖縄文学』休刊にともなって連載中断。宮城を中心として沖縄出身の北米移民青年の群像を描き、近代沖縄思想史の枠組を大きく拡張した。

な批判者は、比屋根さんだと思いますよ。それで若い世代はどうかって非常に挑戦的な気持ちになっちゃって、『社会文学』の短い文章も書いたんです。

川満　比屋根さんの歴史観それ自体は、色川大吉[*53]さんと丸山眞男[*54]、それから新川反復帰論と橋でつなぎながら、それに世界のウチナーンチュ的なところへ目配りして近代史のつかみ方を構成していると見えるわけです。そうすると、やらなくちゃならないことがたくさんあるんです。

たとえば喜友名嗣正[*55]ひとり、比屋根さんは近代思想史をやりながらまだつかまえていないわけでしょう。それから沖縄の七〇年代に一人で独立の旗を掲げて屋良朝苗[*56]に挑んだ崎間敏勝[*57]なんてすごい頭の切れる人で、最終的には沖縄の古代史から洗い直すことによって、沖縄の独立性をもう一度考えるという方向へ入っていった。晩年は自分で雑誌『琉球史研究』をずっと出していく。

歴史学をやる人たちには、沖縄の内部に向かって一生懸命掘り続ける崎間敏勝さんのような人、あるいは琉球王府に夢を託して独立を唱えていた仲宗根源和[*58]さんや山里永吉[*59]さんのような人、そういう人たちをしっかりつかまえて、近代史を見渡せる仕事をしてほしいんです。そして喜友名は蒋介石と会い、李承晩と会って、そこで東北アジア圏というんですかな、琉球を超えたアジア圏自体で沖縄の運命を切り替えていこうと発想していた。そういう人たちの思想的業績やら実践過程やらをしっかり整理しないと、仕事として未完成じゃないかと思います。

松島　僕のなかで違和感があるんですが、沖縄学をやった人は移住というか外に出て行って沖縄学をしかけることが多いんですが、その心情に共感できないところがある。自分のアイデンティティにどういう歴史性を求めるかということが先に来るんです。思想とか政治性は二の次の

＊53　いろかわ・だいきち、一九二五年〜。千葉県生まれ。歴史家（日本近代史）。東京経済大学教授。一九六〇年代に民衆思想史研究を開拓、第一人者となる。『明治精神史』（黄河書房、一九六四年）で沖縄に関する発言も多い。『色川大吉著作集』全五巻（筑摩書房、一九九五〜九六年）がある。

＊54　まるやま・まさお、一九一四〜九六年。東京生まれ。政治学者（日本政治思想史）。東京大学教授。戦後啓蒙・近代主義を代表する知識人として論壇でも活躍。主著『日本政治思想史研究』（東京大学出版会、一九五二年）、『現代政治の思想と行動』（未來社、一九五六〜五七年）。『丸山眞男集』全一六巻・別巻（岩波書店、一九九五〜九七年）等でその全貌が知られる。

＊55　きゆな・つぐまさ、一九二六〜八九年。美里村生まれ。戦後、台湾で琉球革命同志会、台湾省琉球人民協会を主宰し、琉球独立運動を展開した。

＊56　やら・ちょうびょう、一九〇二〜九七年。読谷村生まれ。教育者・政治家。戦後、沖縄教職員会の会長を経て、一九六八〜七六年まで、初の公選の琉球政府

ような気がする。それは移住したところで沖縄学が成り立ってきているという歴史と関係がある。

森　松島さん自身も東京に留学して沖闘委をやったわけでしょう（笑）。でもその沖闘委が沖縄に戻って沖縄のナマの状況、それ自身の思想や政治性にぶつかったときには、ヤマトの鏡を借りた沖縄人のアイデンティティだけではだめで、分裂したり、日常のなかの権力に吸収されていったりしたわけですよね。ご自身はその限界をふまえてその先に進むかたちで思想論文を書いたり陶芸家としてやってきた。でも陶芸との出会いというのがあったから、思想の探求も続けてこられたという見方をすれば、陶芸で救われたんでしょうね。沖縄の思想ということについて、冨山さんはいかがですか。

冨山　思想ということを考えたときに、一方でそれこそ一貫した全集、たとえば『丸山眞男集』のように完璧なひとつの体系がある。実際には丸山眞男も変化しているけれども、全集主義というか、「これが丸山の思想です」みたいな枠組みがある。それを前提にすると、伊波普猷[*60]なんかはものすごく収まりが悪い。それは苦悩しているという言い方もできるし、それぞれの時代の沖縄という場に密着した切迫性を抱えこんでいるという言い方もできるかもしれない。

　そしてこの苦悩や時代性こそが思想の軸だと考えたときには、思想を考える際に安定した大思想に還元して説明しようとすることの問題が浮かび上がるように思います。一貫させることが思想の自立ではない。答えの出ないまま、問いを抱えこみ続けるプロセスにとどまり続けることこそが思想だというわけです。偉大なる思想のほうが実は思想ではなくて、むしろ探せども探せどもなかなか見つからない、そうであるがゆえに探し続ける、掘り続ける、その結果書かれたものをあ

行政主席、復帰後の沖縄県知事を務めた。

＊57　さきま・びんしょう、一九二二〜二〇一三年。与那原町生まれ。琉球政府の行政主席官房長、大衆金融公庫総裁を務めた。一九七一年に「琉球独立党」を結成、党首として参議院選挙に出馬・落選した。晩年は琉球文化歴史研究所を主宰し、在野で琉球の歴史研究を進めた。

＊58　なかそね・げんわ、一八九五〜一九七八年。本部生まれ。社会運動家・政治家。一九二〇年代には東京で共産主義運動に参加、投獄後は運動から離れた。戦後は沖縄諮詢会委員ののち、沖縄民主同盟を結成。五〇年代以降は琉球独立論・反共主義を主張した。

＊59　やまざと・えいきち、一九〇二〜八九年。那覇生まれ。画家、作家、在野の歴史家。琉球王国の歴史に材を採った作品が多く、戯曲「首里城明渡し」が著名。戦後は琉球政府立博物館長を務めた。一九六九年、崎間敏勝らと「沖縄人の沖縄をつくる会」を結成し、「日本は祖国に非ず」と唱えた。

＊60　いは・ふゆう、一八七六〜一九四七年。那覇生まれ。「おもろさうし」の解読によって沖縄人の精神世界を探究し

とで読むとしっちゃかめっちゃかに見える。これが思想であるし思想の自立に関わることなのでしょう。逆にいえば体系を作った偉大な思想みたいなもののほうが、すごく特殊な話になる。

では思想を考えるとはどういうことなのか。独立学会も学会と付いているから研究をするのですが、その「研究」という行為自体に対する問いもそこには含みこまれているように思うわけです。答えや立派な結論を出すことではなく問い続ける、探し続ける、あるいは作り続ける。そういうなかに独立がある。新川さんが先ほどおっしゃったように、ある種のプロセスとして考え続けるといったときの研究のあり方には、これで完成みたいな話ではないような、あるいはこれで論文一丁上がりというのとは違う、知のあり

冨山一郎
答えのでないまま，問いを抱えこみ続けるプロセスこそが思想だというわけです。

た『古琉球』（一九一一年）により、言語学を中心に文学・歴史・民俗の研究を総合した沖縄学を打ちたてた。『伊波普猷全集』全一一巻（平凡社、一九七四〜七六年）がある。

方が求められている。そういう意味では、これはよくてあれはダメ、あるいは理屈で言えばこれはダメであれはいいとかという話ではなくて、あらゆるものが可能性に向けて開かれているし、あらゆるものが不完全だけれども議論し続けなければならないといったような知のあり方があると思うんです。

森　いま冨山さんが言った学問論というか、本来実体としては何とか主義というのをでっち上げてそこに当てはめていくものではないという考えは、鹿野さんこそ、作品を通じて実現してきた人じゃないかと思いますがいかがですか。安定した大思想家を次々に登場させて時代を下るっていうかたちじゃなくて、何とか主義者に収斂しない民衆の不定形な思い、秩序への違和感でそこに迫ろうとしてきたように思いますが。

鹿野　本当にそうだと思いましたね。冨山さんは、僕が言葉にできないようなことをうまく筋道をわけて話されたと思いますね。独立学会については、学会として出てきたときにふっと感じる違和感みたいなものがある。やっぱりひとつの完成体として出てきている。ひとつの意味の揺るがない信念で、論争すればするほど自分たちのものを完璧だと言わざるをえない立場に追いこまれていく気配が少し感じられて、それでいいのかなあという気持ちがどこかに兆しています。

森　川満さんはいかがでしょうか。

川満　思想と主義はあくまで別のジャンルだというくらいには考えなくちゃいけない。独立学会が学会にとどまればよいが、状況との相関で主義化する可能性が大きい。それはいまの強力な国家権力体制に対して、現実的に戦うひとつの戦略・戦術としてはいいでしょう。だけど琉球独立そのものを目的化してしまうと、そこで厄介な現象が起きます。なぜかというと、僕らには復帰運動というあの苦い体験がありますから。

なるほどあの頃復帰というのは、さまざまな理念をそのなかにぶちこんで、日本民族は一体だとか、民族と民族の力を一体化することによってアメリカ帝国主義から分離独立していくんだとか、あるいは憲法だとか議論されていた。そのなかに叩きこまれるさまざまな理屈は、復帰運動のときだってあったわけだから。しかし復帰運動というかたちで民衆そのものに火を付けたら、民衆はどういうわけか知らんけれども、思想はおいてけぼりにしていく。この復帰運動こそが目的だというような格好で突進してしまう。琉球独立運動について、そういう具合に大衆がナショナリスティックなところへ火を付けられたまま暴走しだしたとき、あんたたちはいったいこれにどういう対処の仕方をするんだ。その対処を考えることこそが思想の問題じゃなくちゃいけないんだ、と思えますね。

だからいま僕らがやるべきことは、この世界的な資本主義社会というのは、どうやら僕らが生きているあいだに寿命を終える可能性はないということを、まず前提にする。資本主義というのはなかなか終わらないですよ。そうするとこの世界的な資本主義体制のなかで、いま沖縄に背負わされている課題をどっかへそらしたり解決する方法があるとしたら、もっと別の道を考えなくちゃいけない。

このあいだ鳩山由紀夫さんがロワジールホテルで東アジア共同体研究所設立の会[*61]を開いたんです。僕はそこでこういう提言をしたわけです。つまり資本主義の発展過程として国民国家の閉鎖的ブロック、これをどう解体するかということが、いま大きなテーマであろうと。その方法としては、たとえばEU的な国民国家の枠組みを超えた大きい共同体を形成していくというのが、おそらく資本主義の今後の過程だろうということを前提にして、

＊61　二〇一四年五月三一日、那覇市に琉球・沖縄センターを開設した記念の会。進藤榮一、高野孟、孫崎享、稲嶺進名護市長らが出席。

沖縄の方向を考えるわけです。だから東アジア共同体っていうのが、EU、アメリカ、ロシアなどに対抗するひとつの大きな経済ブロックとして当然必然化されてくるだろう。その必然的な過程として東アジア共同体という構想が中国からであれ、日本からであれ、とにかくいずれ打ち出されなくちゃいけない。その場合、東アジア共同体が構想される過程で、この琉球自体をどういう方向に舵取りするか、いまのうちから考えなくちゃいけない。それはイデオロギーの問題として、政治的対立や紛争に絡めるべき問題ではなくして、この東アジアで展開されている国民国家という枠に囚われた「守る」という発想を、どのくらい僕らのなかから思想的に処理できるかという試練だと見なければならない。

憲法を守れ、日本国を守れ、何々を守れという、この「守れ」っていう発想、これを僕ら自身が自分の思想的な作業としてどのくらい解消し、壊していくかというのが、これからの思想的な課題になるはずだ。そして開くだけ開いて、そこで沖縄の位置づけを僕らが考えるとすると、結局この東アジア共同体の実現にともなって、済州島から琉球、台湾、海南諸島まで含めて、大国間に挟まれているこの地域を国家間の条約取り決めで非武装地帯にしちゃう。東アジアの共同体が仮に構成されたとしても、そのなかではやれ中国とか韓国とか日本とか、そういう国民国家間の「守れ」という発想、あるいは権利という発想が、まだ残存物としてこの共同体のなかにも残るはずだから、これに対して琉球が果たす役割は、非武装地帯から発想する、いわゆる「開き」の思想で対応することによって道を開けることができるんじゃないかっていう考えです。

それといまの国連というのは、強い国の間の調整機関であって、そこには琉球のような世界の各国に見られる周辺群島の主権というのは、ほとんど勘案されていない。大きな国の利害調整機関ではあっても、大国周辺の小さい社会や群島の立場を汲み上げる機関じゃない。この東アジア共同体ができるのであれば、国連のアジア本部を沖縄へ持ってくるか済州島に持ってくるかあるいは台湾に持ってくるか、新たに作られる非武装地帯にそれを持ってくる。それによって国連の機構は大国間の利害調整ではなくして、本当に世界の弱者の権利をも掬い上げる機能を果たしていくんじゃないか。

まあ、例によってそんな夢物語を話しました。東アジア共同体を構想するんだったら、少なくともそういう「開き」の格好でやってほしい。それと東京に本部を置くというのは鳩山さんのミステイ

鹿野政直
もう一度アジアからの視点を受け止めて，日本思想を組み立て直さなければならないと思います。

クで、本部はあくまで沖縄に置いた方が良いとちょっと意見を出したんです。
　もうひとついうと、鹿野先生のような歴史学者のサイドから、むしろ未来への構想が語られなくちゃいけないっていうふうに思う。結局、過去の歴史を点検するということは、その歴史の歪みそのものがあらわに見えてきたから、これじゃあダメだということで歴史を修正しなくちゃいけないというインスピレーションが湧いてくるわけでしょう。そういう意味でも、これは僕らみたいな雑学の徒がとやかく言うんではなくして、しっかりした歴史学をやっている先生方から未来学がもっと展開されてほしい。

鹿野　いやあ、それはもう森さんたち若い方にやってもらえればいいと思うんです（笑）。それでもひとつだけ言いますと、比屋根さんの話にちょっとだけ戻ると、比屋根さんは研究者として出発した頃は自由民権運動思想の研究者で、たえずアジアへの視点ということを考えていたと思うんですが、沖縄を植民地だと言い始めると、今度は逆にアジアからの視点というものを打ち出してきたように思うんです。アジアからの視点とアジアへの視点が融合するときには、いま川満さんがおっしゃった東アジア共同体という理念がここでもヤマトでも芽吹くかもしれないと思いますね。ただ僕らの世代は、自分らは日本史をやるけれどもアジアのことも同時に考えていると言って、アジアへの視点を持つことが日本史の正統からの逸脱を果たしているという気持ちがあったけれども、それではいまは不十分でしょう。もう一度アジアからの視点を自分のなかで受けとめて、日本思想というのか伝統思想というものを組み立て直さなければならないと思います。

森　いま独立を、国家という次元だけではなく、思想として、あるいは歴史に関わる問いとして考えるという課題が浮かび上がってきたと思うのですが、冨山さん、この点はいかがですか。

冨山　独立を自己目的化するのではなく、不可能性を抱えこんだプロセスのなかで思想化するという、川満さんの先ほどのお話は、すとんと腑に落ちます。

独立ということには二つ方向があるように思います。ひとつはいまのあり方から降りるというか、さっき川満さんは「開きの思想」とおっしゃいましたが、いまの国家主権において構成された政治が自己目的化するのを開き続ける。それはこうした既存の政治から降りるということでもあると思います。ですが降りると同時に、降りる動きを何らかのかたちで代表する、あるいは何らかのまとまりとして主張することも、そこには重なります。これがすごく厄介で、代表するときに既存の代表システムを再度反復してしまう可能性が、つまりまた同じことになってしまう危険性がはらまれます。けれども、降りることだけが、あるいは開かれた外だけが未来だと言うと、ちょっと違うようにも思うんです。

可能性を抱えこんだプロセスにとどまり続けるには、降りると同時にそれをもう一度代表していく、降りながら代表するという非常に難しいことが問われているのであり、この問いが実は独立という言葉には含まれているように思うんです。先ほど川満さんのお話を聞いたときに、その代表する場所としての東アジアを言われているように思いました。でもそれは東アジアにもうひとつ国を作るということではなくて、いまの主権において構成された政治から降りると同時に代表するという、別の東アジアが不断に抱えこまれていくプロセスとして独立を考えるということです。この困難な問いを確保することこそが独立に関わる思想ということかもしれないですね。それがいま一番必要なんだろうと思っています。

川満　いま僕のイメージでは、この東アジア共同体というのは、自分たちが作りたいからそういう方向に行くわけじゃないんです。これは世界的な資本主義の必然的な方向として、場合によっては中国はあれだけ大きいから単独で自分たちでやっちゃうかもしれないけど、日本はいまアメリカとあまりにもくっつきすぎているから、結局アメリカサイドへ集約されて、中国は中国で自分の周辺を固めながらそこで東アジア共同体という通貨圏を作っていく可能性が、資本主義の必然的な過程として当然予測されなくちゃいけない。その場合、その必然的な過程のなかで、琉球だったら琉球、沖縄だったら沖縄で、どういう自分たちのポジションの取り方をするか、ここが沖縄の未来を考えるときの勝負所じゃないか。そう

川満信一
東アジア共同体を作っていく過程で，どういうポジションを取るか，ここが沖縄の未来を考えるときの勝負所じゃないか。

いうことなんですね。
　おそらく僕らに出来るのは、現在の国民国家というがんじがらめの権力構造、これをどのくらい解体できるかというところに僕らの思想のエネルギーを傾けることだと思うんですね。それであとは若い人たち、みなさんがその解体した後のリフォームを、もう一度民族国家としてリフォームするのか、あるいはまったく別の未来社会的なものとしてリフォームしていくのか。そのリフォームについての構想は、若いみなさんに背負わされた課題でしかないだろう。いまこの国がいかにダメな構造であるか、どこに歪みを持っているのか、この柱は抜くべきか、いかに解体するかという、そこまでがおそらく僕らものを書く者の課題ではないでしょうか。もうまもなく棺桶に入んなきゃいけないしね。その解体作業について、みんな非国民の思想だやれなんだとて提案していますが、それを受けてどういうリフォームの仕方をしていくのか、そこに先ほど鹿野先生に注文した未来学の課題があると思うんです。

松島　西洋がアジアを植民地化したことに対して、アジア主義を立てて植民地をどうするかと日本から最初に仕掛けたグループがいますよね。西洋に植民地化されているから独立するんだという闘いですよ。でもそういうときも日本が中心になっている。そうすると問題は、僕らが世界を意識したときに、いまどこから独立するかということですよね。

冨山　そうです、そうです。

松島　いま沖縄の基地問題は日本だけに対峙しても移転できない、アメリカだけでも移転できない。しかしある時代には西洋から独立するアジア主義というひとつの植民地解放運動が当然のようにあったはずなんです。かつてはアジアが独立するんだという感じで、呼んだらわーっと響いた時代が僕らの二〇代にはあったんですよ。
現在では「東アジア」とかアジアも細分化されて、大国もあって内部で入り組んできているんだけど、そのなかでもう一度アジアを考えようというとき、沖縄は大国じゃない、小さな国民国家とも言えない、民族とも言えない、よくわからんこのグループが呼びかける東アジア独立運動みたいな感じのものが出てくるわけですね。だから沖縄主義はすべてのアジア主義を含んでいる。日本主義も含めてね。「閉じる」「守る」を「開き」にできるんだというくらいの。

川満　たとえば大化の改新とか律令制社会は、中華という文化の中心があって、そこから文化の恩恵を大きく受ける受容の姿勢があったと思う。ところがアヘン戦争が起きたあの前後から、アジア全域に対する日本の意識が立ち上がってくる。アヘン戦争が進行してくるとき、こういう惨憺たるものが日本に来たらたいへんだと、アジアは一体となってこれを防がなくちゃいけない、そういう意識がアジア全域に認識された。だからこそあの時代の思想家や政治家たちは、孫文にせよ誰にせよ、みんな日本と意見を交わしながら政治課題に取り組んだ。
ところが残念ながら辛亥革命が終わってしばらく経つと、どういうわけか知らんけれども、日本はアジアを考えるときにアジア全域に軸足を置くんじゃなくて、日本を中心に日本に軸足を置いてアジアを考えるという発想の仕方にいつの間にか切り替わっていた。これが戦後の現在に至るまで、アジアに対する日本の向かい方になっているという感じがするわけ。日本自体がアジアを考えるときは、日本に軸足を置くんじゃなくて、東シナ海であれどこであれ、軸足は日本の外へというくらいの気持ちでもう一度立て直すべきじゃないか。

冨山　独立を考える際に、軸がすでにあるかのような議論ではなく、そんなものはないということから考えることが重要ですね。それと関わるのですが、最近カナダのトロントで研究会があって、そこで独立の話が問題になりました。どういう文脈で議論になったのかといえば、いわゆる国家主権みたいなものの淵あるいは例外に置かれているような場所は、世界中にたくさんある。政治という領域の枠組みを主権が決定づけているとしたら、こうした枠組みの例外に置かれた場所における新たな政治としての独立という問題です。

その話をした研究者はグアムの先住民族であるチャモロの人だったんです。[*62]彼は太平洋諸島のことをずっと研究している。彼がいうには、冷戦のなかで主権という資格が与えられなかった場所、あるいは例外のようなかたちで扱われていく場所というのはものすごくたくさんある。いいかえれば戦後を構成したのは国民国家ではなくて、むしろ国家ではない場所ではなかったか。またそれはアメリカのグローバルなミリタリズムの展開と密接に関わるわけです。こうした場所においてもう一度国家なり独立を考えることは、いま枠組みとして前提にされている国民国家とはたぶん全然違うものを作る作業になるだろうと彼は言うんですよね。

現存する国家や独立という文脈それ自体において例外的な扱いをずっと受けていた場所から、独立を再度構想する際には、違うプロセスになるわけです。では例外的な場所というのはどういうところかと言えば、多くの場合、無条件に軍事化されている、あるいは恒常的に戒厳状態に置かれ続けている場所です。第二次大戦後の軍事は、主権の政治において構成されたというよりも、主権の政治の亜種・例外のかたちで担われたわけで、ミクロネシアはその典型ですよ。あるいは主権国家のなかに入ったとしても、沖縄

＊62　二〇一四年五月一〇〜一一日、トロント大学で開かれたワークショップ「Transnationalizing Sites of Memory」に参加されたKeith CAMACHOさん（カリフォルニア大学ロサンゼルス校）との個人的な会話による。

のように特別法だとか密約だとかいろんなかたちで例外を設けることによって維持されている場所が世界中にある。

ならば国民国家からの離脱という一般命題ではなく、その例外状態から離脱するとはどういうことか。またそこからどのような代表性を創り出し、政治を生み出すのかが問題になります。そしてこの問いにおいて決定的に重要なのは、まずはこの戒厳状態からの離脱ということです。単なる国家からの離脱ではありません。国家のなかにいるにもかかわらず、主権的な政治の外に置かれ、既存の政治的手続がどこかで遮断されているような場所において、国家から離れ、そしてもう一度そこに新たな代表性を作りあげる作業というのは、それを国家と呼ぼうが独立と呼ぼうが、たぶんこれまでとは違うものが構想される。ですから川満さんが先ほど非武装化を提案されたお話はすごく大事な点ではないでしょうか。

森　独立が軍事からの離脱と重なるという点は、もう少し説明をお願いします。

冨山　戦後世界の軍事化みたいなことはどうやって作られていったのかといえば、いわゆる主権ではない力、もっといえば主権においてそれが構成されているというよりも主権を超えた何かしらの領域がすでに国家のなかにあって、そうした戒厳令的部分、つまり民主的手続が無条件に確保されている領域とは異なる形態が世界中で軍事化を生み出していったと私は考えています。

こうした領域においてもう一度国家から離脱し、さらにそれらがあるまとまりを作っていく作業には、例外状態に置かれた軍事化から離脱する、軍事化を乗り越えるような社会を新たに獲得するような構想がどうしても重なってくる。

先ほどのチャモロの研究者も独立ということを言いますが、彼の言う独立は、フランスやドイツや日本という国家のそれとは違う。同じ「国家」といっても違う。これは彼との議論の途中で気づいたことです。違うのなら違う言葉を充てるべきだという考えもあるだろうけれど、名詞的に言い当てることよりも、それをプロセスのなかに確保し続けるような思考こそが重要だと思います。

川満　語彙が不足しているんだよ（笑）。

冨山　まさしくそうです。そこがやはり思想の問題、あるいは思想の自立という問題だと思うんです。

川満　新しい言葉を作らなくちゃいけない。

冨山　そして言えることは、こうした問いを含みこんだかたちで独立という言葉がいま出てきている以上、言葉だけピックアップしてダメだというのも、また違うように思うんです。

川満　アメリカにオノンダーガ[*63]というインディアン部族の治外法権的領域があります。僕はあのオノンダーガに行ったの。祭りになると、何十かの部族がそこに集まってきて集会を開くんだけれど、そこがアメリカ政府から認められたからインディアンが国家を形成しているかというと、そうじゃない。国家にはなっていない。ただし厳然としてオノンダーガというインディアンの社会はあるわけ。しかもそこは非武装になっているでしょう。武装していない。

冨山　国家を新しく作るとか、あるいは独立するというプロセスに関わる動詞的言葉にはそういう問題も含まれていると思います。属性を決定しカテゴリーを区分けする名詞的な国家は重要なポイントではない。

川満　たとえば治外法権というのは、いままでは悪い意味で使われている。無法地帯みたいな意味合いで使われているんだけど、この言葉を逆転させると、治外法権とは国家の法律が及ばないところなんだよね。この国家の法律が及ばない地

＊63　Onundagaono. 北米でイロコイ連邦を構成する先住民六部族の一つ。ニューヨーク州内に所在。自治権を持つ独自の居留地（Reservation）が米連邦政府から保証されている。

域を、どんどん社会化していけばいい。

冨山　まったくその通りだと思います。ところでこうした問いは、日本のなかで沖縄の独立みたいなものが語りうるのかという話も含めてあるように思います。

戦後日本は、さっき言った例外状態を当然持っているにもかかわらず、それを見ずにすんできたわけですよね。そういう前提があるなかで、沖縄は独立すればいいじゃないかという言い方をする人がいるんだけど、やっぱりそれは違う。それでは戦後のごまかしの延長線上にしかない。主権の回復というけれども、主権を超えた軍事化みたいなものを外に追いやって、それを見ないかたちで、あたかも自分たちがまとまってやってきたように思いこんできた日本の戦後というのがあるわけじゃないですか。

そういう意味では、反基地運動・平和運動のなかに、なぜ日米両軍は沖縄から本国に撤退せよという言い方がないのか。また基地を日本に持っていけという言い方には、戦後日本に対する重要な問いかけがあると僕は思う。それを抜きにして、沖縄も独立したければすればいいじゃないかというのは、やっぱり話が違う。むしろ日本が独立したと思っているそのプロセス自身が、主権的な政治のある種例外的な部分を押し隠すなかで成立してきた。その戦後自身を一から問う作業をしない限り、日本で同じ議論はできないだろうと僕は思っているんです。ですから「あらゆる基地はいらない」といった一般命題にも強烈な違和感があるし、「平和憲法を守れ」という言い方も同様です。そこには戦後日本が隠し持ってきた歴史性の否認がやはりあります。

鹿野　それが日本の思想家の軸足のまずさでもあるのでしょうね。

川満　軸足の置き方が違っているのでしょう。沖縄は独立すればいい、じゃなくして、日本自体がアメリカの新しい形態の植民地じゃないかという自覚を持たない限り、どうして植民地からの解放という言葉を共有できるんですか。沖縄を植民地から解放するというと、沖縄だけが植民地化されているみたいな発想でしょう。おかしいじゃないか。

イギリスが実施したインドなどの植民地化のときには、軍隊によって領土を確保して、丸ごとそこに支配権を置く植民地形態だったけれど、アメリカ式の植民地化は、いまの日本国のように国家としてちゃんと建てておきながら完璧にそれを従属させるという、そういう新方式の植民地化をアメリカは実施している。そうすると、日本で思想をやるんだったら、日本自体がアメリカの丸ごとの植民地だという認識に立てば、沖縄だけが植民地化されているんじゃなくして、日本自体が全部植民地化されているんだという共通の土壌から発想を展開することができるんじゃないか。

冨山　あるいはそれを見ずにすんできた歴史認識みたいなものの総体が問われている。私は、日本も植民地化されているというだけではなくて、日本自身がある種米国と野合していると考えたほうが良いように思うんですけど。

ロバート・D・エルドリッヂ[*64]という人が、資料をたくさん使って『沖縄問題の起源——戦後日米関係における沖縄1945-1952』（名古屋大学出版会、二〇〇三年）という本を書いていますが、そこで沖縄問題は何かといえば日米両政府の問題であり、沖縄は何かといえば「地域の事情」と書いてあるんです。どこまでも「地域の事情」というかたちで、二つの国家があたかも自立しているかのように沖縄問題を論じている。実はそこに大きな間違いがある。

自立しているというまさにその同じ文脈に、軍事的な例外状態みたいなものを作りあげた上で自分たちから切り離し、

＊64　Robert D. Eldridge, 1968-. 米国生まれ。政治学者（日米関係史）。大阪大学准教授を経て、在沖米海兵隊政務外交部次長。二〇一一年の震災時にはトモダチ作戦の立案に関与したが、一五年に更迭された。

そこから何かしら新たな動きが登場することを「地域の事情」、すなわち自分たちが代弁すべき事情というかたちにすえおくことで、日米両政府の協議なるものが初めて成り立っている。この構図が変わることと、沖縄の独立ということがセットにならない限り、日本のなかで肯定／否定を問わず、独立を語る語り口はとても変な話になってしまう。

3 民衆史研究と『琉大文学』——鹿野史学の位置

森 こうした自立あるいは独立という問題を、国家というより思想あるいは歴史という文脈において考えるとき、鹿野さんがなされてきたことの意味が再度浮かび上がるように思います。鹿野さんはこれまでも何回か足跡をふり返るインタビュー[*65]に応じていますよね。でも、いままであまりふみこんだ鹿野論はなかったですね。喧々諤々と論をぶつ人だったら、打って返すのは気楽なものだけど、鹿野論はあえてしないできたんじゃないか。みなさん、一種の節度として。そんな気はしませんか。

鹿野 しませんねえ。私なんて問題にならないから、そういうのはなかったんでしょう。

森 でも、考えるべき論点は多いでしょう。鹿野さんの書いているものは、ご自身がどう考えるかはともかくとして、強さとか科学性などとは違う、命の思想史とか弱さとか、いままでないがしろにされてきた人間の歴史の大事なものを掘ってきたと私は思うんです。それは、みんながいままで気づかなかったものを私が発見しましたという、賞取りレースのような土俵に乗るものでも乗せるべきものでもない。身体的な人間経験とそこに不即不離であり続けた生身の倫理観みたいなものですが、みんなあえてそれにはふ

＊65 「〈インタビュー〉沖縄の歴史意識の〝いま〟にむきあう」（聞き手：我部聖・戸邉秀明、『けーし風』第六〇号、二〇〇八年九月）。

れてこなかった。もちろん、自分はこういう思いを持ってこういう歴史書を書いたという舞台裏を明かす、書く主体の側の生き方、生き様にちょっとふれるということは「あとがき」の類でありますけど、それをメインにやってしまう、それこそがいわば鹿野史学ではないか。研究が蓄積して学問が進化していくという前提からすれば、科学や学問のよそ行き性、輸入性、道具性に対して、深くうずくまるところでつながる方法論や人間的な部分についてはあまりふれてこなかったでしょう。

鹿野　個人的に言えばね、何か書いたら行き詰まりを感じて、そうでない何かに向かわなければならないと思う、というのが一番自分の底にあると思います。しかし、残念ながらそれを深みにおいてとらえる能力を自分は欠いているという意識が非常に強い。冨山さんは「身体感覚」という言葉を使われるけど、本当にそうであって、自分もほしいと思う。だけどそうはならない。うまく論理化できないと思うから、ここまで自分は「皮膚感覚」という言葉を使っている（笑）。まあ、逃げているわけですよ。痛みを何らかのかたちで種にして考えていきたい、それ以外の方向には道はないというのかな、そう思いますね。

森　そうした時代のなかで生きている人間として、歴史研究の対象である人間が時代のなかで翻弄されて精一杯やっている。同じように歴史を書く歴史家のほうも翻弄されながらやっている。なのに、みんな学問とか社会というものを考える場合、ポーズを作ってしまう。

　歴史学が人間の歴史全部を対象にして、その人間の根源的な解放やそのエネルギーのうごめきを対象にするんだったら、自分だけ近代科学者でございますって時代の制約から超然と構えたら、作品は近代主義者のための近代の歴史であるにすぎないですよね。鹿野さんはそこから降りながら、痛覚でつながる仕事をやっている。その痛覚は孤独だから、鹿野さんも歴史を書けば書くほど孤独になるし、読者も沈黙でつながる。ほかの歴史学者たちも素では享受していても、学者としては言葉が出ない。

鹿野　僕が学生の頃、やっと近代史の研究が制度化されて大学で科目になった。それでもまだ二〇年経たないと歴史にはならないとか、三〇年以内は近代史にならないとかいう根強い意識はありました。けれども、そこに同時代を生きた人びとがいるんだから、その人びとを考えずして何が歴史かという気持ちが僕を駆り立てたことは事実ですね。自分ではエールを送っているつもりだったけれども。

でも最近、『琉大文学』の復刻版が不二出版から出ましたよね。手に入れて眺めてみたけれども、いろいろ見落としているなあと思いました。読み違いもある

座談会風景
朝10時から食事を挟み，最後はお酒を楽しみながら夜まで話は尽きなかった。

だろうし、とにかく見落としが多い。

川満　鹿野歴史学というのはいったいなんなのかということが、まず基本的に問われなくちゃいけないと思うんです。それで、鹿野歴史学の位置づけということをまずここでお互いに了解して、その上で話を進めなくちゃいけない。

歴史を考えるときに、統治権、あるいは制度、そこを中心にして歴史の推移を追うのと、それに対して時代の民衆がどういう心情で、どういう思いでその時代を生きていたのかという、まあ言ってみれば民衆史というのがあると思うんです。そうすると鹿野先生の場合は、制度史的に日本史を追っかけてきたのか、それともいわゆる民衆史として追っかけてきたのか、そこがまずひとつのポイントになると思いますね。

それから次に、鹿野先生は沖縄へいらした。そしてどういうわけか『琉大文学』の連中とコンタクトを取りながら、そして沖縄にふれて発言なさるとき、この『琉大文学』のメンバーとのインタビューを中心にしながら最初の本をお書きになった。そうしますと、あれは鹿野先生の歴史学から造形された『琉大文学』の連中だったのか、あるいは実際に『琉大文学』の連中がやったことを鹿野先生がなぞっただけなのか、そこが問題になります。

歴史というのはひとつのフィクションだと思うんですね。その意味では、僕が鹿野先生の『琉大文学』論を読んだときには、あ、鹿野先生は自分のなかの歴史像を僕らに仮託しながら語っているという、そういう感じで読んだわけです。ところがおもしろいことに、この歴史学者が極秘裏に造形したものは非常に力を持っていて、たとえば最近、仲里効君[*66]は反復帰論を論じるときに「魔のトライアングル」という言葉を使うんですね。つまり鹿野先生が造形した新川明像、岡本

＊66　なかざと・いさお、一九四七年〜。南大東島生まれ。写真・映画・文学等の領域を横断する文化批評・時評で沖縄社会の現在を鋭く剔抉、沖縄の団塊世代を代表する批評家。反復帰論の「トライアングル」については、仲里「ふるえる三角形──いまに吹き返す〈反復帰〉の風」（『世界』第七五九号、二〇〇六年一二月）に言及がある。

＊67　しまお・としお、一九一七〜八六年。横浜市生まれ。小説家。作品に『死の棘』など。海軍特攻隊指揮官として奄美の加計呂麻島で敗戦を迎える。戦後は同島出身の妻・ミホと奄美で長く暮らし、南島論を多く発表する。沖縄の文学賞の選考委員も務めるなど、新川・川満・岡本らと親交があった。『島尾敏雄全集』全一七巻（晶文社、一九八一〜八三年）がある。

＊68　JAPONIA（日本）とNESIA（島々）を結びつけた島尾敏雄の造語。中国大陸との緊張関係から画一化に陥った日本の

恵徳像、川満信一像、その三つを持ってきて、ひとつのトライアングルだというわけです。あのトライアングルで提起された問題をいま乗り越えないと、沖縄が直面している課題はちょっと難しいぞというような、そういう問題の投げ方を現在しているわけです。

　ほかにもいっとき、たとえば島尾敏雄[*67]さんのヤポネシア論[*68]が出てきたときに、そのヤポネシア論を中心にしていわゆる日本民族とか、あるいは日本の国家領域とかを解体していくひとつのきっかけみたいなものをキャッチするわけですね。するとそこから、あ、そうだ、国民国家の領土として囲われている、あるいは日本国民という主権で囲われているところから発想を全部解放しちゃって、領土もなし、南方に向かっても中国に向かっても領土はなしっていう、そうした発想ができるはずなんです。そしてこの国民的肩書きも返上してしまう。そこからたとえば新川さんの非国民論[*69]というようなものも出てきたと思うんです。

　そういうふうにして、とにかく一人の歴史学者が自分のイマジネーションでこの時代と切り結びながら何かやるとき、そこからつかまえた言葉自体が、後代になるとこれが思想として新しいジャンプ台になってものを考える基礎になる。これはたいへんな問題だと思いますね。

　で、僕から見た鹿野先生の歴史学は、高群逸枝[*70]とかそういった人たちを扱うとき、やっぱりこれは民衆史だと思うわけです。そうすると民衆史というのは、民衆という不定形なもの、かたちがなくって基本的にはアナーキー、その民衆の持つアナーキー性、アナーキズムじゃないアナーキー性なんです。そこを思想として鹿野先生はつかもうとしているのか、つかもうとしていないのか（笑）。そのへんはどうですか。

鹿野　民衆という言葉で考えれば、むし

意識を相対化するため、ミクロネシア等、太平洋の南方の島々とのつながりのなかに日本列島、とりわけ琉球弧の島々を位置づけ、島々の固有性の復権に貢献した。沖縄・奄美の文化運動に大きな影響を与えた。岡本恵徳『「ヤポネシア論」の輪郭――島尾敏雄のまなざし』（沖縄タイムス社、一九九〇年）が参考になる。

＊69　新川明「「非国民」の思想と論理――沖縄における思想の自立について」（谷川健一編『叢書わが沖縄　第6巻　沖縄の思想』木耳社、一九七〇年、のち新川『反国家の兇区』現代評論社、一九七一年所収）。

＊70　たかむれ・いつえ、一八九四～一九六四年。詩人・女性史家。戦前にアナーキスト系詩人・評論家として活躍、戦時期以降、『母系制の研究』『招婿婚の研究』などで女性史研究を開拓した先駆者。『高群逸枝全集』全九巻（理論社、一九六六～六七年）がある。鹿野の関係著作には、堀場清子との共著『高群逸枝』（朝日新聞社〈朝日評伝選〉、一九七七年）がある。

ろ共同体のなかで民衆はどう生きたか、また共同体をどう作ってきたか。そうしたなかでどのように、もしできるならばそれを乗り越えようとしたか、という方向に私の関心は向きがちです。アナーキーな面という本来の非常に野性味というかな、積極性を持った面というのは、私自身はなかなかつかめないでいます。

ただ、憧れはある。ものすごく憧れはあります。高群逸枝を扱ったときでも、彼女の天衣無縫性にひどく惹かれましたね。憧れはあるけれども、自分の力とか性向から見て、はなはだそれは難しいというか遠い存在です。私自身は秩序への違和感というものを基底に持ってきましたけれども、それだけ自分自身が秩序に抑えつけられるところが多い存在でしかないという気持ちがずっとある。

戦争中のことを考えると、新川さんが「非国民の思想」というふうに出されて、ほんとにまあ「非国民」という言葉は憧れですけれども、戦争中の子ども時代は皇国少年の端くれみたいなもんだったんです。一〇〇パーセントはそこに入れないという気持ちを抱えながらですが。でも「非国民」にもなりきれなかったし、「非国民」であることが当時は客観的に許される状況でなかった時代ということが非常に強く迫ってきますね。ですから川満さんが底辺民衆の原点、その人びとの私的欲望と、しかしそのなかで野放図とでもいうふうに跳ね返していく、はみ出していくような、一種の怨念というもの、その両方にずっと目配りしながら未来社会の像を打ち出していかれることにひどく惹かれています。

川満　鹿野先生を民衆史家として位置づけた上で、では鹿野先生は、自分は民衆だと思いますか、それともインテリゲンチャだと思っていますか？（笑）

鹿野　それはインテリゲンチャだと思う。つまり民衆に同化できれば、これはずいぶん楽と言えばおかしいけれども、偽善的なことでしょう。前からずっと思っていたことですが、仮に、僕が民衆思想史をやるとして、民衆の前で「私は民衆思想史をやっています」と言えるか？

言えないですよね。人びとの前で本土の人間が「私は沖縄史をやっている」ということは、要するに沖縄の人びとを対象化しているということになる。こういう言葉を発すると偽善的なんだけれども、やっぱり一種の罪深さみたいなものがどうしてもある。

川満　ただ、魯迅が「阿Q正伝」とか、そういうあの時代のまるでさまにならないような民衆の姿をまざまざと見ながら、自分の立ち位置みたいなものを考えるわけですね。そうすると「おぼれる犬は打て」[*71]というような言葉を書いてきますね。

鹿野　そうそう。

川満　そうすると、もし僕らが知識人、インテリゲンチャというそのポジションに安住しないで、僕の半分はやっぱり民衆でしかないんだという発想をとれば、おそらく魯迅と同じように、このわけのわからん、ものをわからん愚鈍どもということで、民衆そのものに鞭打つような姿勢も当然出てくるんじゃないかと思うんです。そのへんはどうなんでしょう。

鹿野　それはすごく原罪感がある、遠慮がある。沖縄の悪口を言えない、残念ながら。でもそれは僕の限界、あるいは僕の世代の限界。いまは沖縄を勉強することで、学問的キャリアを出発させる人びとが出てきている。状況が大きく変わったと思います。けれども言えない。女性のこと扱ったって、女性の悪口は言えない。男の悪口は言える。

川満　そこなんです。たとえば復帰前に大江健三郎さんが『沖縄ノート』[*72]（岩波新書、一九七〇年）を出した。それを読んで、大江さん、なんで沖縄に同情するような、そういう文体になるんだと言い

＊71　魯迅の評論「「フェアプレイ」はまだ早い」（一九二六年発表）による。魯迅は、「水に落ちた犬」に対して一律に「フェア」、寛容であるべきではなく、道義を持たぬ「人を咬む犬」ならば打つべきであって悪を見逃してはならない、と警告する。一見不寛容な発言をすることで、軍閥の強権と列強の支配に苦しむ当時の中国における抵抗の立場を提示した。

＊72　同書で大江は、自らの取材にもとづき沖縄の状況・歴史・文化に深く共鳴しながら、「日本人」へ厳しい自己検証を求めた。同書には、『沖縄タイムス』の八重山支局長時代の新川明がもっとも印象的な人物として登場する。

たくなる。

鹿野　そう。

川満　沖縄の問題じゃなくして、大江さんの足下のGHQとつるんでいる東京自体の問題じゃないかと。だから、沖縄に対するそういう同情的文体じゃなくして、こういう状況に置かれながら、沖縄というのは対アメリカ関係でも、対日本関係でも、ろくな思想を立ててないじゃないかというくらいの沖縄へのアプローチがなぜできなかったのかということで、大江健三郎さんに対してはたくさん不満を持っていたんです。

鹿野　大江さんに対しては、僕でもそういう感じは持ちました。それに火野葦平の「ちぎられた縄」[*73]。ああいう言い方はいくら僕でもできなかった。あれでは、大江さんは沖縄と応答できない。大江さんの偉さみたいなのはありますよ。先見性も。それは一〇〇パーセントそうなんだけれども……、という気持ちがありますね。大江さんのなかで自己回転しているようなところが。

川満　ま、あの人の奇妙なヒューマニズムですかね。

鹿野　だから、それをどうやって少しずつ外に出して批判を受けるか、あるいは言葉を賜るかというような気持ちは、僕はいつでもありましたし、いまでもあるつもりです。ですけども悪口を言えるかと言われると、言えないとしか答えられない。森さんは、私に「沖縄を批判するさいは、腰が引ける」とおっしゃったことがあるが、図星です。半面は私の責任です、個人的な。それから半面は歴史というか、状況というものが、否応なく僕を本土人にしてしまっているという状態に縛られている。それ以外にちょっと身動きがなかなかとりにくいという状態に。だから沖縄のことをやったという面はあると言わせてください。けれども、それゆえになかなかそこまで踏みこめない。

＊73　作家・火野葦平（一九〇六～六〇年）は戦前・戦後と来沖の経験があり、沖縄に取材した作品を発表している。短編「ちぎられた縄」（一九五六年）は土地の強制接収に苦しむ伊江島の人々を題材にしている。火野自身によって同年に戯曲化、上演もされた。

だから甘い言葉を、あるいは口当たりの良い言葉を発する人間は一番怖い、敵である、と自分が言われれば、ああ仕方がないなと思う。でもそういうなかで、たぶん次の世代が新しい関係を開いていけるだろうと私は信じていました。そして半面は、たくさんの方が開いた新しい関係が、沖縄をめぐって進展しつつあると思います。半面では、比屋根さんが持っていたような苦悩というものが薄らいでいる面への批判は持っていますが。

森　ところで以前、国場さんをめぐるシンポジウムで、沖縄史をもって日本史を改めるという自分のやってきたことが間違いだったんじゃないかとおっしゃっていましたね（本書所収鹿野論文第一節参照）。

鹿野　口走りましたね。

森　いま川満さんからは、こうやって自分たち『琉大文学』を取り上げてある型を作ると、それが後世にはある型として受け継がれていってしまうんだから、自分でその責任を取れという指摘でしたね。それに対して率直に返されて良かったと思うんですけど、他方では「いのちの思想」ということで、再び希望を持って語り出されてもいるじゃないですか。

鹿野　あれは僕にはできませんよ。でもその底にあるのは、歴史を見るには沖縄戦も、川満さんのように死者の問題から考えなきゃならないという意味で言っただけです。具体的に沖縄の戦後の思想を考えたときに、僕のはだいたい地を這うようなもんですけども、「いのちの思想」としては、阿波根昌鴻[*74]さんや安里清信[*75]さんの思想に自分が学ぶところがものすごく多いと言おうとしたわけです。

森　その学ぶ素地は、日本人であろうと、むしろ日本人だからこそあるわけですよね。だとしたらたぶん一方的に書く、一方的に叩かれるだけじゃなくてキャッチボールというか、対話があるべきだと思

＊74　あはごん・しょうこう、一九〇一〜二〇〇二年。本部間切生まれ。伊江島で米軍の強制土地接収に反対する運動を組織し、沖縄の反戦平和運動の象徴的人物となる。著作に『米軍と農民――沖縄県伊江島』（一九七三年）、『命こそ宝――沖縄反戦の心』（一九九二年、いずれも岩波新書）。鹿野の関係著作に「阿波根昌鴻――「命（ぬち）どぅ宝」への闘い」（テッサ・モーリス-スズキ編『ひとびとの精神史2　朝鮮の戦争　一九五〇年代』岩波書店、二〇一五年）がある。

＊75　あさと・せいしん、一九一三〜八二年。与那城村屋慶名生まれ。戦前の朝鮮、戦後の沖縄で教員を経て、金武湾反CTS闘争（注94参照）では「金武湾を守る会」の世話人、思想的中心として活躍。著書『海はひとの母である――沖縄金武湾から』（晶文社、一九八一年）。

いますが。そういえば、この前の春の一か月をかけて、鹿野さんは東北の被災地に旅をされたんですよね。東北も沖縄も、向き合わなければいけない課題として通ずるものがあると考えてのことでしょうか。

鹿野　たしかにようやく東北を訪ねられました。でも、この頃割と流行っているじゃないですか、〈広島と福島〉とか、〈沖縄と福島〉とか。ああした流行には僕はむしろ反発を感じますね。もうちょっと自分で考え直す素地を作りたいという気持ちは動きますけどね。だからそこはなかなか簡単にかたちをなすようなものではない。

ただ国場さんのシンポジウムでの私の発言でも、沖縄の思想と日本の思想を全然別のものだと切っちゃったために、逆に沖縄が国民国家みたいになってしまうところがあるかなあ、切っていいのかなあという気持ちはありますね。だけど支配した側と植民地になった側という明確な位置づけは、僕のなかでたぶん動かないでしょう。ではどうやって見たら良いのかというと、極めて平凡だけど、両方に通じるものだったら、それはやっぱり日米安保体制という以外にはない。憲法の上位概念としての日米安保だとね。

新川　さっきの川満君から鹿野さんへの質問で、民衆史をやっている歴史家として云々という挑発があって、鹿野さんは『琉大文学』との関わりも含めて話されたけど、非常に謙虚でね。ただ沖縄の側が鹿野さんから学んだ部分というのも大きいわけさ。そこはやっぱりはっきりさせときたいと思う、僕自身が。

森　どんなことですか？

新川　昔書いたことがある。例の灯台の話、覚えていらっしゃるかな。色川さんが著作集を出したときに頼まれて『ちくま』に書いたんですがね。[*76]

大雑把に言うとね、色川大吉という歴史家を初めて知ったのは、色川さんの

＊76　新川明「精神の挑発者――「色川大吉著作集」刊行によせて」（『ちくま』第二九五号、一九九五年一〇月）四〜七頁。『ちくま』は筑摩書房のPR誌。

『明治の精神——底辺の視座から』（筑摩書房、一九六八年）からだった。それを読んだら、そのどこかで『明治精神史』（黄河書房、一九六四年）にふれていたから、これをどうしても読みたいなあと思いましてね。これは六〇年代末くらいの話ですけどね。

たまたまその頃、鹿野さんの『資本主義形成期の秩序意識』が沖縄の本屋に出ていた。これだと思って買って読むと、冒頭の部分で『明治精神史』が取り上げられていた。「民衆は、思想のうけとめ手であったばかりでなく、思想のうえでも生産者であり起発者であった。その点の確認が第一であって、色川大吉の『明治精神史』はくみつくせぬ示唆をあたえてくれる労作である」とあった。これはもう絶対に『明治精神史』を手に入れなくてはいかんと思い、東京の『現代の眼』[*77]編集部にいた赤藤了勇という友人に頼んでね、すぐに探して送れと言ったら、高円寺かどこかの古本屋で見つけて送ってくれたんですよ。それで『明治精神史』を手に入れることができたんです。

きっかけを作ったのは、鹿野さんの『秩序意識』なんですよ。あれがなければ、あんなに必死になって『明治精神史』を探さなかったでしょうね。なぜそこまで『明治精神史』をほしがって急いで手に入れたかというと、理由がある。

前にちょっと書いたんで、そこを読んでみましょうか。「私がこれほどまでに『明治精神史』を欲し、緊急に入手したかったのには理由がある。そのころ私は、志を同じくする友人たちと共に、沖縄の日本国への「無条件全面返還」をスローガンに過熱する「祖国復帰」運動の思想に真っ向うから異議を唱え、所説を新聞や雑誌で発言するだけでなく、ついには「復帰」を前提にした「国政参加選挙」（一九七〇年実施）に対抗して、「選挙拒否闘争」という具体的な実践活動にまで

＊77　新左翼系総合雑誌。一九六一年（六〇年創刊の『芽』改題）〜八三年。一九七〇年前後の沖縄闘争期には、新川の評論を中心に反復帰論の論説が多く掲載された。

かかわっていくほどに沖縄の「復帰」に拒絶の姿勢を鮮明にしていた」と。そういう時期にですね、なぜ沖縄の民衆がそんなふうに復帰運動に燃えていくのかということは大問題ですよね。どうしてもそれを掘り下げて、その意識構造を精神史の面から知りたいなあと思っていたときだから、鹿野さんが推薦している色川さんの『明治精神史』がどうしてもほしかった。それで手に入れたんですよ。

「「復帰」運動という、あの狂熱の運動は、沖縄近現代を通しての思想上の大事件であったと私は考えるところだが、「復帰」から二十三年を経てなお、運動それ自体の総括はおろか、思想史的の研究すらみえないことに、私は沖縄の研究者たちの大いなる怠慢をみないわけにはいかない」と、こんなことを言ってですね、それでは沖縄の民衆が復帰運動で見せた盛り上がり、その思想史的な背景は何なのか、その根っこはどこにあるのか。

歴史の流れをどうしてもたどってみたいと思ったものだから、勤め先の新聞社で企画したわけですね。それが「叛骨の系譜——沖縄闘争物語」。どうしてもそれをやりたかったもんだから。

しかし研究者でもない僕みたいな新聞記者の手に余るテーマだからさあ、もうどうしようか考えあぐねているときに、その二つの書物から、どういう視点で、どういう方法論で民衆史というものにアプローチすればいいのかっていう点で、たいへん多くを学ばせてもらったわけさ。それでこんなことを書いたんです。

鹿野さんと色川さんのこの二つの著作というものは、「暗夜の海を航行していて見つけた灯台のごときものであった」というふうにね（笑）、書いたんです。だってさっぱり手がかりがないわけだから、そういう分野について。どう書いていいのか、どう切り取ればいいかわからない。だから二つの著作は「多くの示唆を光芒のように放ちながら航路を照らして点滅していた。沖縄の民衆意識の構造と精神動態に関心を深めていた私は、この灯台の光芒に触発され、沖縄近代百年の歴史過程における民衆の運動と思想の特質を、私なりに掘りおこし、描きあげてみたい」というつもりであの企画をやったんです。

鹿野さんは『琉大文学』をきっかけとして沖縄について触発されたものがいろいろあったようですが、沖縄の側では、僕だけじゃなくてたとえば比屋根君にしろ、鹿野さんから触発された部分も大きいわけさ。「叛骨の系譜」は、僕にとってみれば反復帰論の作業のひとつだと思っているから、鹿野民衆史が僕に与えた影響は、色川さんの民衆史とともに大きかった。だから僕の反復帰論みたいな

新川 明
沖縄の民衆が復帰運動で見せた盛り上がり，その思想史的な背景は何なのか。

ものが、戦後思想史のなかで一定の役割を果たしたところがあるとすれば、そこには鹿野さんとか色川さんとかの民衆史研究から受けた恩恵があったことはぜひ知っておいてほしいですね。

森　なるほど。「叛骨の系譜」は私も読んで、とっても良いと思ったんですけど、あれは何年の作品ですか。

新川　『沖縄タイムス』で一九七一年の二月二日から七二年の四月九日まで、全部で二四五回の連載です。

森　『反国家の兇区』（現代評論社、一九七一年）に入る非国民論などとは同時進行で書かれたんですか。こちらのほうが先でしょうか。扱った時代は？

新川　琉球処分から大正期を経て、昭和の一〇年代くらいまでだね。

森　最終的に『異族と天皇の国家――沖縄民衆史への試み』（二月社、一九七三年）になったものですね。

新川　そうそう。

戸邉　後年、さらに朝日選書のシリーズに『琉球処分以後』（上下巻、朝日新聞社、一九八一年）と改題して収められます。だから厳密には新聞連載の「叛骨の系譜」、単行本では『異族』さらに『以後』と都合三つのバージョンがあることになりますね。

新川　あれが生み出されるときに、鹿野さんの『秩序意識』等の著作がいろいろ問題意識をかきたててくれた。

森　新川さん、川満さんと鹿野さんがじっくり話すのは『琉大文学』論のための取材以来三〇年ぶりということですね。川満さんからはお話をいただいたんで、今度は新川さんから、学んだ恩恵に続いて、書かれた側としてはどうですか？

新川　書かれた側としては、あんまり言えないけどさ（笑）。ただ、たとえば大城立裕[*78]さんがさ、『琉大文学』にほとんど否定的な見解をよく言ってましたからね[*79]。そういったものが続いていたときに

*78　おおしろ・たつひろ、一九二五年〜。中城村生まれ。戦後沖縄を代表する小説家・組踊作家。一九六八年、「カクテル・パーティー」で沖縄初の芥川賞を受賞。『大城立裕全集』全一三巻（勉誠出版、二〇〇二年）がある。鹿野の関連論文に「異化・同化・自立――大城立裕の文学と思想」（前掲『戦後沖縄の思想像』のちに『鹿野政直思想史論集』第三巻所収）がある。

鹿野さんがああいうかたちでまとめてくれたのはありがたいなあという感じがありましたね。それでまた大城さんの『琉大文学』批判に対して、国場幸太郎さんがぴしゃっとやってくれたでしょう。[*80]

鹿野　どうも汗が出てきちゃって（笑）。

新川　だから僕はさあ、『秩序意識』を読んだときに著者がまさか自分と同世代とは思わなかった。むしろ大先生だと思っていた。その後何年かして沖縄に見えてお会いしたわけですよね。お会いするずっと前から本でもって僕は知っていたんですけど。

鹿野　それで会ってくださったわけだ。だけど私の『琉大文学』論は、いまから思えば本当に不十分なんです。それでも良かったことがあるとすれば、あの論文の表題を「「否《ノン》」の文学」と付けたことだったと自分では思っています。あのたくさんの言説のなかから、これであればともかくすべてというか、一番の基本がわかるだろうというふうにして表題を付けたことは、僕としては気持ちが落ち着くところですね。

　いまのお話に関連してもうひとつは。新川さんと大城さんは、極めて激しく論争しますね。僕は大城さんについて、後輩の年代にあたる人びとに対して、兄貴としていろいろ助言する立場かと、これは幻想かもしれないけど、それを捨てきれなかった。けれども、のちになるほどお二人の仲が決定的な違いとなって出てきた。それが多少意外だった。でも、ああそうかなとも思う。思う反面で、このお二人が対立し合いながらも、やっぱり沖縄の人ということで、何か底で通じ合うものがあるんじゃないかという気持ちも抑えきれないんです。沖縄の人はしばしば激しい論争をなさるわけだけども、でもその底には一種の同胞愛のようなものがあると自分ではずっと思ってきたし、これは確信にもなっている。でもそのな

＊79　新川ら『琉大文学』同人にとり、大城は先輩作家としてしばしば批判の対象となった。他方、大城も「主体的な再出発を」（『琉大文学』第二巻二号、一九五七年四月）などで、批評が主で創作に乏しい後続世代を厳しく批判した。新川と大城の対立については、大城立裕『光源を求めて――戦後五〇年と私』（沖縄タイムス社、一九九七年）、新川明『沖縄・統合と反逆』（筑摩書房、二〇〇〇年）が参考になる。

＊80　前掲大城『光源を求めて』における『琉大文学』批判に対する投稿、国場幸太郎「大城立裕「文学のたたかい」への異論」（『沖縄タイムス』一九九七年九月二三日）。

戸邊秀明
通史を書きあげることが，沖縄史が自立しましたということなのか。

かで新川対大城だけは、どうもその基盤まで切れている感じもある。このへんはいかがですか。

新川　うーん、何となくそんな感じですね（笑）。

鹿野　そうですか。なぜそういうことをうかがうかというと、韓国の人と北朝鮮の人が論争し合っても、やはり同じ同胞感というのはどこかにある。

新川　ああ、なるほどね。

鹿野　これはヤマトの人間、日本の人間が立ち入れないような、そういう連帯意識のようなものがどこかにある。沖縄の人のなかにもやはりそういうものがある。

新川　そういう意味ではね、たとえば復帰前後の当時、僕などは共産党からガンガン批判されていた。大城さんなんかもそうですね。ヤマトと沖縄の文化的に異質な部分についてちょっと文章を書いただけでも、あの陣営の人たちから批判されたんですよ、けしからんと。復帰思想、つまり同一民族・無条件完全復帰みたいな思想に立つ人からすれば、ヤマトと沖縄との異質な部分をいささかでも描いたりすることは復帰に水を差すような言動だから、すぐ批判された。批判というより非難だな。言われてみると、やっぱり完全に断ち切られているというより、ヤマトに本部のある党派や組織から、そんなイチャモンを僕だけじゃなく、立裕さんあたりまで拡げて批判されることについては、やっぱり許せないなあという感じはしたね。

4　歴史の自立と言葉のありか

戸邉　先ほどもでましたが、鹿野さんが国場さんのシンポジウムで発言された「日本史と沖縄史は別物と考えている」というのは、考え方としてはわかりますが、それぞれが何か別の単位みたいになってしまうと、鹿野さんが冒頭に出された比屋根さんの考えていることとは違うものになるのではないかと感じます。たとえば比屋根さんが発表されている文章には、いまでも心に重いものを抱えながらの日本への強い批判があるけれども、一足飛びに独立という方向には向かっていかない。むしろ比屋根さんが現在、「復帰責任」というかたちをとって、自分たちの歴史と内面とを問い直していこうとする動きの根底にあるものが、歴史研究などにとっては立ち戻らないといけない大事なところだと思います。

鹿野さんが言われた「別物」というのは、ある意味ではもう実現している場面もあるわけで、「琉球・沖縄史」という枠組みで書かれたりしています。ですが、そのように通史を書きあげることが、沖縄史が自立しましたということなのかという、そういう問題はずっと残る。

森　国家を持たない沖縄の歴史というのは、日本史にはどうしても収まりきらない。だから別物だといえますよね。でも国家を持たないものも歴史の単位になれるんだっていう例外を認めると、そもそも歴史学が成り立っている一国一歴史主義が壊れていくわけですよね。そのような展望のなかで考えているんですか。

戸邉　どれをどこまで歴史の単位として認めるかということではなく、そうした単位を作らずに歴史を書く書き方はどんなふうに可能なのかという問題だと思います。それはなお未踏の領域ですが。

川満　いまのアメリカのオノンダーガ、そこはパスポートを持たないとアメリカ人も入れない。ひとつの自治区といえば自治区、パスポートを必要とするから国といえば国という、そういうかたちになっている。ではアメリカの歴史のなかで、インディアン史というのはどういう位置づけになっているか。いまのオノンダーガを扱うとしたら、北アメリカの一地域史という扱い方にしかならない。

日本国家という単位で考えた場合には、沖縄の歴史はあくまで地域史でしかないわけだ。しかしアメリカにおいて正当に歴史を位置づけるとして、オノンダーガをアメリカの歴史のなかのひとつのインディアン史として、征服者の入植以前の歴史の厚みをちゃんと位置づけるとしたら、ここではまたアメリカの歴史の非常におもしろいのが出てくるんじゃないか。

戸邉　いまインディアン史として川満さんが言われたのは、インディアンの各部族を単位とした歴史の集合がそのままアメリカの歴史になるわけではないということですね。日本史から自立して存在しているという場合の沖縄史も、そういう意味でなければいけないのじゃないか。日本史に対抗することを目指すかたちで琉球・沖縄史の歴史像が立ち上げられてしまうときに、その歴史像の内部に生じる問題があるはずです。

さらにいえば、現在では地域からの歴史に対して、それをもっと超えるようなかたちで日本史が自己肥大化している次元があり、見たくないものを見ないですむような歴史像を作る動きが巷では盛んです。それに対して、現状では歴史学はひどく無力であり、それをどうするかが問われている。

そのとき、どういう主体で代表させればこの問題をクリアできるかという方向で考えてはもうダメなのでしょう。この課題に応える新しい歴史叙述の仕方はまだないわけですが、森さんはそれを鹿野さんの歴史学のなかに見ようとしている。そこにつなげて考えると、「民衆」という概念についても、鹿野さんたちが提唱し始めた頃にそれが持っていた問題提起の力を、もう一度発見する必要がある。そういう見方で鹿野さんたちの仕事をどう読むかという作業をやらないといけないでしょうね。

川満　先ほどの松島さんの発想の背景には吉本隆明氏の共同幻想論[*81]があるのでしょう。近代以降、明治国家が作りあげてきた国家としての共同幻想、日本民族としての共同幻想。その共同幻想を成立させる過程で、では琉球も全部そのなかに丸ごとすっきり入っているのか、あるいは表向きは共同幻想に参加しているように見えるが、内実は共同幻想という視点から見ると、まだばらばらだったとか、ちぐはぐだったとか、そのへんはどの程度探られているのか。

戸邉　実証的な史料の面で共同幻想をはみ出ていると言える事例を探すこと自体は決して難しくはないでしょう。同じことは日本史の内部、つまりヤマト対沖縄といったときのヤマトのなかにも実ははみ出していく要素があるわけです。ところが沖縄と向き合う瞬間に日本の何か

＊81　「共同幻想」は、思想家の吉本隆明（一九二四〜二〇一二年）が著書『共同幻想論』（一九六八年）で展開した概念。国家・法・宗教など、人々が共同に観念し呪縛される領域を指す。

を代表したり、あるいは自分が日本の歴史を所有しているような気持ちを背負ってしまう人がいる。それによって沖縄をいっそう理解できなくなるだけでなく、日本のなかにある複数性や亀裂も同時に見えなくなる。

そのようにして、実ははみ出ている部分を常に切り捨てたり無理矢理編入したりする恣意的操作の連続として、日本史はいまでもあるわけです。その暴力性が自分のなかに入りこんでいるにもかかわらず、それを見ないようにするためにこそ、現在盛んになっている排外主義というのも存在しているように見えますね。

鹿野　僕はこの頃歴史学の雑誌なんか全然取っていないし、いまの動向はまったくわからないんですけど、もうちょっと長い目で見ると、一国史としての日本史というのは、これは明らかに解体しているというか衰弱していますよ。

ひとつにはね、時期区分ができなくなっちゃった。最近の歴史学の全集や叢書みたいなのを見ると、時期区分で特徴づけることができないから、何世紀の日本、何世紀の日本となっていますね。要するに、ある意味では恣意的に、しかしある意味では主体的に、日本史はこうでございますとはもう出せなくなっている。これは歴史家のお手上げ状態だと僕は思うんです。日本史の叢書だけじゃなくって、世界史の叢書みたいなものでもそうなっていると思うんです。これは時間的な面で、いわば歴史学の無力さが、自分では告白していないつもりだけれども表れてしまっている。

もうひとつは、ここまでは日本史で通るということが、いま非常に揺らいできている。揺らいできているけれども、ではどういうものが本当なのか、その一国史でやっていけるのか。まあやっていけないことがたぶん事実だと思いますが、それに代わってどんなものを出すのか。暗中模索じゃないんでしょうか。

どうやったらこれからの日本史像を打ち立てられるか。日本史像を解体する意味での日本史になるわけだけれども、僕、先ほどから新川さんと川満さんのお話をうかがっていて、ユートピア的というか、こういうふうにならなければならない、こういうところに未来が開ける、こういうところに立たなければこの閉塞した状況からあるべき未来は開けない――そういうことが先ほどから語られている気がしてうかがっていたわけです。そこを書き出しにして出発していけばね、がらっと変わる。そういう機軸というか多様な日本史像がすでにいろいろあるけれど、多様な日本史像はひとつの過渡期の段階であって、それを超えた次の時代というか、次の歴史の書き方というのが出てきていると、この場で思いますね。

おそらく、いろいろなところで芽は出ているのでしょう。それがまた学会になって、大学の歴史学に入っていくまでにどのくらい時間がかかるか、あるいは機敏に取り上げられるのか、それはわかりませんけどね。

川満さんがずっとこだわってきたのは、底辺民衆の怨念みたいなもの、それは一種非常に普遍的な世界、あるいは宇宙的な世界に到達していますね。民衆内部の矛盾というものも考えている。そういうところに歴史叙述の今後のありようがあるかな、という感じはあります。

森　鹿野さんは今日のために川満さんのものを読み直して来られたそうですね。

鹿野　昨夜です。まったく一夜漬けですよ（笑）。川満さんは『琉大文学』の頃から一貫していて、復帰前後に書いた文章をまとめた『沖縄・根からの問い――共生への渇望』（泰流社、一九七八年）、『沖縄・自立と共生の思想――「未来の縄文」へ架ける橋』（海風社、一九八六年）、どちらもやっぱり「共生」の問題。

冨山一郎
既存の政治とは異なる新しい始まりを担う言葉の領域とは何かという問いがあるように思います。

「共生」という言葉をひょっと出してしまうと軽いんだけれど、さまざまな屈折というか屈曲を経て、民衆内部の矛盾そして欲望のなかから脱近代化を目指さなきゃならんという、重層的な矛盾を含む存在としての民衆というものが確固としてあって、そこから「共生」という言葉が出てくるわけですね。あんな憲法（日本国憲法）なんて、もう飽き飽きしたと言ったのかな。憲法に飽き飽きしたという言葉をひょこっと出してくる。

冨山　まず離脱する……。

鹿野　離脱するっていうことでしょうね。あれは日本国家への離縁状ですよ。その上に立たなければ未来は作れない。その場合に、川満さんのなかでは仏教思想が非常に強い。慈悲の世界が普遍性であることは事実だけれども、なかなか僕にはまだついていけないところがある。

川満　琉球共和社会憲法私案の前文を書くとき、「浦添に驕るものたちは浦添によって滅び」っていう書き出しになっています。あれはおそらく、宮古から流れ者として那覇へ渡ってきた人間の発想だと思うんですね。もともと浦添にいた者とかあるいは首里にいた者っていうのは、首里的権力が自分の祖先的背骨として据えられると思うんだけど、流れて来た者にはそういう首里の権威とか浦添とか力に驕った者たちというのは、流れ者の目で見えてしまうわけですね。どうってことないじゃないかと。浦添自体も滅びたし、首里だって滅びたじゃないか。[*82]権力に驕る者たちはその権力によって滅びていくんだ。そこから考えを進めてきて、「愛によった者たちは愛によって滅び」という西洋的言葉にたどり着くんです。

さて困ってしまってねえ。これはヨーロッパ的な概念からすると、愛とはもう人類の基本的な大事な精神活動だと考えられているんだけれども、愛によった者たちは愛によって滅んだっていうのは一体どういうことだ、と反論されるわけです。その言葉の出所は十字軍なんですよ。人間主義によって愛というのを掲げながら、結局は愛を正義にして、愛を知らぬ者たちは撃ち殺せという憎悪へひっくり返っていった。では愛を超える理念として何が考えられるか。そのときに、日本のヤクザ映画が頭に浮かんできたんです。家出した息子がヤクザになって、ヤクザに追われて、長年見捨てていた自分のお袋のところへ逃げ帰ってくる。ところがお袋は何ひとつ言わないで、涙を浮かべながら飯を食べさせて寝かしている。あのへんが慈悲、あのお袋の気持ちが慈悲だ、これが基本だっていう感じで、「慈悲」という言葉を使ったんです。慈悲には「無」を付けて無慈悲と言うことはできるけれど、慈悲に対応する愛と憎悪の

＊82　浦添は英祖王統（五代九〇年）、察度王統（二代五六年）の居城、首里は続く第一尚氏王統（七代六四年）・第二尚氏王統（一九代四一〇年）の居城を指す。

ような背中合わせの言葉はない。そういう意味合いであそこで「慈悲」という言葉を使っちゃったんですね。まあ、仏教からの言葉ですね。

鹿野　そういう人間主義的な理念を超える意識ですね。でも川満さんのものを読んでいると、こっちがつらくなってくる。狂気を抑えるために書いているような感じがする。ご当人を前にそんなことを言ってなんだけど、ほんとに。

冨山　川満さんには、いまの鹿野さんの指摘にぴったりくる「わが沖縄・遺恨二十四年——死亡者台帳からの異議申し立て」[*83]（『展望』第一三三号、一九七〇年一月）という文章がありますよね。

鹿野　そう、そうですねえ。

川満　いや、みんな気が狂っていますからねえ。謝花昇[*84]をはじめとして……。

冨山　そういう意味では、先ほど治外法権が法の外であると同時に、そこがまた既存の政治とは異なる新しい始まりだという指摘をされましたが、その新しい始まりを担う言葉の領域、あるいは言葉の場所は何かという問いがやはりあるように思います。戒厳状態というのは、いろんな抗議をしているのに抗議としては認められない、あるいは言葉を発しているのにそれは言葉とは認められない。ちゃんと会話をしようとしているんだけれども、一方は会話として認めない。そして問答無用の暴力が秩序を担うという事態です。それは松島さんがおっしゃっていたテロルの問題や世代の問題とも関わるのかもしれないけれど、そこでは言葉を発した時点で命に関わるとか、あるいは社会を思い描くこと自身が常に抑えつけられている。そこから言葉を作る作業、あるいはこれまでの社会を語ったり政治を語る言葉とは違う言葉が必要になる。もっと言えば、統治から見れば言葉とは認められない、狂った言葉だとか、法的に維持された冷静な公的あるいは契約的

＊83　この論考では、一九六九年一一月の佐藤・ニクソン共同声明を受け、「沖縄にはこれから後も核基地があるだけで、そこに居住する百万人の人間は、あとにも先にも、生きたままで死亡者台帳の中の頭数とみなされているに過ぎない」と喝破し、「すべては妄想であって欲しい」、「まずわたし自身の狂気よ静まれ！」との叫びをあげている。

＊84　じゃはな・のぼる、一八六五～一九〇八年。東風原生まれ。第一回県費留

言葉ではなくて私的な言葉だとか、あるいは言葉にならないモノだとか、何かそういうものが社会を語ったり状況を構成していくようなプロセスを想定する必要があるのかなと思うんです。冷静に次の社会のビジョンを語ろうという話は、既存の言葉で議論できる場が守られている発想であって、戒厳状態のなかでの言葉の質とはだいぶ違うように思います。戒厳状態や治外法権みたいなものを制度だけでとらえるのではなくて、言葉が占める空間自身に関わることとして、あるいは言葉自身が実は戒厳状態を作りあげるということとして設定する必要があるように思います。

川満　運動の場合は、制度が作り出しているある矛盾に対して、その矛盾を攻撃して制度に相対していくことができる。

川満信一
独立という言葉がいけないんだよ。自立だよ，やっぱり。

学生として帝国農科大学に学び、平民出身で沖縄初の学士となる。帰県後、高等官の技師として県庁に勤めるも、県政革新を目指して辞職。沖縄の参政権獲得運動に奔走したが、支配層の攻撃を受け挫折。発狂して貧苦のなかで最期を遂げた。

そうすると運動というのは、常に体制と裏表の競争にある。しかし思想の場合はそうじゃない。制度的な段階では両方がつばぜりあいをしているんだけど、制度に対しても、それに抗議する民衆運動に対しても、もっと次元の上か下か別のところから自分の言葉を出すことによって、状況に揺さぶりをかけ、解体を進めていく、そういうことじゃないか。だからいま僕らがムキになってエネルギーを費やしているのは、言葉の通じない層と言葉の通じる層とのつばぜりあいであり、それが私の思想行為だと思う。自分たちは、まだ通用しない言葉を一生懸命自分のなかでもがきながら探している。そしてその言葉が言葉として出てきたときには、体制的な反対と賛成へひび割れを入れていくことができるんだ。それが思想の役割じゃないかと思うんです。いやアホな話ばっかりで……(笑)。

冨山　全然アホではないですよ。そこで思い出されるのは、松島さんの六九年の一〇・二〇嘉手納基地突入闘争[*85]に関わって書かれた「乗りこえの論理」[*86]です。フェンスのなかに入る、つまり無条件で殺される空間のなかに自分を置くときに、その瞬間、思想という言葉を使っておられるわけですよね。

川満　全共闘世代っていうのはね、肉体が思想だから。

冨山　そういう意味では、全集のように体系だった形になった思想が思想というわけではないという見方というか、完成された思想に包摂されない言葉の在処をちゃんと確保するという作業がともなわないと、思想の自立にしても、歴史の自立にしても、話したようでフタをしたような展開になる。

川満　ただ絶対かなわないんです。全共闘がいくら金網に飛びこんでいっても、結局長い目で見ると体制に負けている。

冨山　でも負けても思想が残るかもしれ

＊85　一九六九年一〇月二〇日、松島朝義ら五名が嘉手納基地の金網を乗りこえ、B52爆撃機にむけて火炎びんを投げつけた直接行動。本書松島インタビューも参照。

＊86　「10・20嘉手納基地突入闘争被告松島」の署名を持つ論文。初出は全国沖縄闘争学生委員会現地闘争団『現闘団ニュース』第一〜五号、一九六九年一二月一日〜七〇年一月二二日。のち沖縄研究会編『物呉ゆすど……沖縄解放への視角』(田畑書店、一九七〇年)所収。本書松島インタビューも参照。

ない。

川満　まあそのなかから自分の言葉はね、痛みをもって立ち上がってくるわけだけど。だって米兵に背中ぶん殴られてつまみ出されたらバンザイだよ。何もできねえんだよ。機動隊に蹴飛ばされたらもうぶっ飛んでしまってね、何ひとつできない。だから身体は思想かもしれないけど、体制との関係ではこれほど脆弱なものはない。ただし……。

冨山　戒厳状態というのは、確かに何ひとつ出来ない、かなわないという状態ですよね。治外法権というのは、無条件で機動隊がけっ飛ばすことだから、肉体で勝つことはなかなかできない。しかしそうした戒厳状態において社会を語る言葉、未来を語る言葉とはどういうものであるのかという問いはありますよね。

川満　その痛みみたいなものを自分の内部でいかに言葉にするかということ、そこだと思うんだよね。ただねぇ、吉本隆明とか丸山眞男みたいな人たちがガンガン本を出してくると、もうその知識を追っかけていくだけでもたいへんなエネルギーが必要ですからね。そうするとやっぱりつまみ食いで処理するしかないわけです。まあ、新川さんの場合はしたたかな勉強家だから。

新川　何を言ってるか、あほらしい（笑）。

川満　恐ろしいくらいに資料を取り寄せて、ぜんぶ検討するからね。

新川　頭が悪いからよ。なんかとっかかりを探さなきゃいかんから。君みたいに頭がよけりゃさあ、自分の頭のなかでうまく思いつくだろうけれども。

森　ところで、歴史の自立ということに関わって日本との関わりについてはいかがでしょうか。あるいは連帯について。

新川　冨山さんが話されたような反植民地運動について、別に難しい言葉じゃなくてさ、たとえば独立学会の中心メンバーの一人である友知政樹君[*87]が、日本は

＊87　ともち・まさき、一九七三年〜。浦添市出身。経済学者。沖縄国際大学教授。琉球民族独立総合研究学会の理事。

沖縄から独立しなさい、アメリカからも独立しなさい、というようなことを言うんだね。まあ、それだけの話、何も難しい議論じゃなくてね。日本国自体が独立していないわけだしさ。米国の従属国だし、沖縄を踏み台にした被植民地国家であるし。われわれはわれわれで、自分たちの自立・独立を考えればいいわけで。

森　まずは日本もそういう課題を認識してから連帯を考えろということですね。

新川　そうそう。そうすること自体が真の意味での連帯だと僕は思う。日本は日本でそういう努力をするし、僕らは僕らですることが。僕の理解では、連帯というのはべつに手を握り合ったり握手したりすることではないわけでね。それがまったくいま切れているから、沖縄だけがアホみたいにがんばっているような感じでさ。まあおそらく徒労に終わるだろうけど、当面。日本のほうはそういった認識がないわけだし。

森　自分たちは独立していると思っている。

新川　そうそう。そう思っているんじゃないの。

森　それを安定させるための装置が日本史なわけですよね。

松島　沖縄が復帰するか独立するかというときに、ひとつの論争としてイモ・ハダシ論[*88]がありましたよね。前近代のままか近代に進むかとか。今度の独立論は沖縄がわも理論化されてきて、近代化されているいまの状態のなかで、経済とか政治という従来のカテゴリーをどうするかみたいな論点が出てくればいいですよ。ただ実際には思想的な情念だけかもしれない。僕なんか、新川さんに対して、独立したらいいよ、何が不満なのという感じがあるわけよ。頭のなかでは完全に独立しているんだし。

川満　独立という言葉がいけないんだよ、自立だよ、やっぱり。

＊88　一九六八年八月、アンガー高等弁務官の発言に端を発し、同月に西銘順治沖縄自民党総裁が、基地収入が途絶えれば「イモを食い、ハダシで歩く生活に逆戻りする」と訴えて、「イモ・ハダシ論」として広まった。基地反対の訴えを性急な理想論として斥け、日米両権力につくことで得られる経済成長を期待する「現実主義」の象徴とされてきた。

松島　それと沖縄の歴史体験というものの名称がどんどん変わるでしょ。その筋みたいなのは思想でしかとらえようがないんですよね。東アジアという概念に当てはめても、沖縄は特異なんですよ。従来の民族性とか宗教性というので突き詰めると、ああでもあればこうでもあるということになる。学生時代に書いた「何故沖縄人か」という文章[*89]は森さんが見つけてきて、冨山さんにも引用されたりしてますが、あれに対しては当時、在日朝鮮人の人から反応があったようですね。彼らからすると生ぬるい、なぜ民族を立てて独立解放と言わないのか、こういう曖昧な概念はよくないとか、論争に発展していく。彼らの身体性は恨みつらみからすべてを抱えた身体性になっていますよね。そこで私が沖縄人と言ったって、

森 宣雄
あま世を目指すなかで自分なりに貢献できるものがあるんじゃないかと思っています。

＊89　宮城島明（離島社）「〝何故沖縄人か〟」（『構造』一九七一年六月号）。宮城島は松島朝義の筆名。本書松島インタビューも参照。

お前のようななり損ないの民族が何を言うかという反応がくると、言いようがない。いや朝鮮の人も立場は似ていますよと言ったって通用しないからね。

川満　それが要するに、近代というヨーロッパを中心に浸透してきた科学思想といわれる厄介な症状なんです。違いばっかりを中心にして、常に違い違い違いだけを押さえようとしてきた近代思想の流れですね。そこからいかに自分たちをジャンプさせて、同一性を持っているじゃないか、ここもここは同じだ、この「同じ性」をどのくらい発見していくかということが、アジアにおける思想の勝負です。科学思想としてやってきた分析、お前と僕とは違う、個人個人だということの奇妙な分析主義の思想の流れを、僕らのなかで変えられるかどうかです。

済州島行っても台湾行っても、そこで台湾の二・二八事件や白色テロ[*90]、あるいは済州島の四・三事件[*91]をテーマにして話をするとき、こちらの弾圧された体験と、相手の弾圧された体験を話し合っているうちに、ああお前たちのところもそうか、俺たちのところもそうだったという歴史体験の共通性の基盤が見えてくる。そこでは必ず、思想は連帯感を作る。違い違い違いから、同じ同じ同じという方向へ切り替えることができるかどうかです。

森　ところで、沖縄の歴史を考える際に、今日はあまり議論されてこなかった経済あるいは資本という問題について、最後に議論しておきたいと思うのですが、松島さんいかがですか。

松島　沖縄の内部で、近代とどう向き合うかというかたちで、国家とか経済とかも出てきたんですよ。アメリカと一緒になったほうがいいとか、いやまだ近代化には早すぎるとか。イモ・ハダシ論争が復帰直前のひとつの軸になったわけです。

新川　それが論争の言い分になったのは、沖縄の戦前の社会的経済的な貧困という

＊90　一九四七年二月二八日、台北市で民衆のデモに憲兵が発砲し、騒乱状態が台湾全島に広がった事件。中華民国政府軍と警察が鎮圧し、台湾人各界の指導者が多数殺害された。さらに五〇年代を中心に共産スパイ粛清を名目とする失踪や冤罪が相次ぎ、民衆弾圧の時代が続いた。この恐怖政治を白色テロと呼ぶ。

＊91　一九四八年四月三日、南朝鮮の単独選挙に反対した済州島住民が武装蜂起したが、政府と右翼テロの武力によって徹底的に鎮圧された。島民の死者は三万人とも推定される。

＊92　にしめ・じゅんじ、一九二一～二〇〇一年。与那国島生まれ。戦後沖縄保守政界を代表する政治家。社会大衆党結成に参加したが保守に転じ、那覇市長、沖縄自由民主党総裁、衆議院議員、沖縄県知事（一九七八～九〇年）を歴任。

＊93　一九六八年、東洋石油（稲嶺一

かな、復帰したらイモとハダシの生活に戻るぞという、その恫喝が効いたんだね。まだ戦前からの生き残った人たちが大勢いたわけだからね。あのイモ・ハダシ論の恫喝は非常に有効だった。

川満　西銘順治[*92]さんがイモ・ハダシを出したときには、あれはどういうスタンスで発言したんでしたか。

新川　どういうことだったかなあ。復帰反対の考えさ。

森　復帰は時期尚早で、日本に戻ったらまた昔のようなイモ・ハダシの生活に戻るぞということでしたね。

鹿野　ただね、当時、イモ・ハダシ論を民衆に向かって、社会に向かって唱えながら、実際には沖縄経済界の主流は復帰に備えて着々と準備を始めていたわけでしょう。本土と一体になって。そのずるがしこさというものをやはり視野に入れなければならないんじゃないか。

松島　沖縄の住民が抵抗した唯一の原因はですね、アメリカ資本と日本資本が沖縄のぶんどり合戦というかたちの開発をしようとしたから、怒ったんですよ。

森　中部反戦では東洋石油の石油基地化反対闘争[*93]にも参加していました。あの頃はちょうどカルテックスのような以前からのアメリカ資本、それと日本の東洋石油による日米のぶんどり合戦に対して、与那城とかの地域が抵抗し始める。

松島　そのときの宣伝では沖縄だけ特区になってエネルギーはただみたいに使えるというふれこみだった。

鹿野　現実問題としては、石油基地をどこに作るかというと、内陸に作ることはできない。そこで埋め立てだとかいろいろな問題が出てきた。

松島　金武湾の埋め立ての問題[*94]も、いまの辺野古のレベルじゃない。原発も作る、アルミ工場も作るという構想だった。

鹿野　一九六六年に沖縄経済振興懇談会[*95]とかいうのが、日本の財界首脳と沖

郎社長）による石油精製工場の建設に反対して、中城・北中城両村で起こった住民運動。沖縄の屋良革新政権が「平和産業」論の立場で建設を容認したため闘争は孤立し、新左翼党派の対立が持ち込まれて分裂、敗北した。当初、屋良政権は米国資本による石油精製事業の沖縄進出（外資導入）を認めたが、日本政府の介入により失敗した。その後、七一年には通産省により大規模石油備蓄基地（CTS）建設計画が発表され、沖縄は本土資本中心の国土計画に組み込まれた。

＊94　一九七一年に発表された沖縄島東海岸の金武湾にCTSを設置するための巨大埋立計画。CTSを中核に原子力発電所や石油化学工場を配置する金武湾開発構想が推進された。海洋汚染等の自然破壊を恐れた住民は一九七三年、金武湾を守る会を結成して反対運動を展開。法廷闘争などは敗れたが、埋立は当初予定の一〇分の一の規模で阻止した。

＊95　一九六六年、日本政府の周旋で組織された日沖両財界首脳の懇談会。七五年まで、年一回開催された。

縄側の財界首脳とで作られて、沖縄側のトップは国場幸太郎[*96]、国場組の社長のほうですけど、彼らが集まって今年は那覇でやったら来年は東京でやるというのを繰り返していて、そこに通産省等の役人が顧問格として入ってきて、いろいろ知恵をつけてやっている。そしてどんどんと配分を決めていっちゃうんですね。

松島　僕がもうひとつ気になっているのは、エネルギーを確保するために軍隊が必要だという理屈になっていますよね、いまの国会で。沖縄の場合は、沖縄が米軍統治下にいたときに、日本のエネルギーはかなり沖縄経由で東南アジアから運ばれていたんですよね。大東亜戦争で侵略して敗戦した日本にはできないんで、そうすると日本企業のエネルギー担当は全部沖縄にいるんですよ。琉球のほうに仕入れたという理屈で横流しして、本土のほうにどんどんエネルギーが行っているんですよね。六〇年安保のとき、攪乱的に島成郎[*97]さんたちの全学連[*98]を金銭的に支援していたという田中清玄[*99]さん、彼はずっと沖縄で会社作っているんですよ。インドネシアとかを経由して沖縄に持ってきて戦後日本のエネルギーにしている。だから、今後のシーレーン防衛でも日本が輸送パイプを確保するという理屈になっているんですけど、すると沖縄がまた中継地に想定されてるはずなんですよ。

鹿野　日本に一番安く石油を持ってくるためには、マレー半島を水爆で爆破して水路を作ればよいという計画が一九七四年くらいに起こって、それを鶴見良行[*100]が暴露したために国会で岡田春夫[*101]が田中角栄首相を追及して食いとめた。これには日本では日商岩井が関与している。欧米の資本がそこに集中して、スエズ運河・パナマ運河に続く第三の運河を造ろうとした。その会合を東京で開いているという。このへんまで見ると、ずっと一連のものがあって、その運河を造れば、アメ

＊96　こくば・こうたろう、一九〇〇～八八年。国頭村生まれ。実業家。基地関連の建設事業で国場組を中心とする企業グループを築く。沖縄県内の財界・保守政界で影響力を誇った。人民党の国場幸太郎とは遠縁に当たるが、別人。

＊97　しま・しげお、一九三一～二〇〇〇年。東京生まれ。精神科医。一九五八年、東大在学時に共産党を脱退して共産主義者同盟（ブント）を結成、書記長。六〇年の安保闘争当時、全学連を指導。一九七一～八九年、沖縄で地域精神医療に従事。

＊98　全日本学生自治会総連合会の略。一九四八年結成時には共産党の指導下にあったが、五〇年代末、共産主義者同盟等の新左翼によって主導権が握られた。六〇年代以後、分裂をくり返し、深刻な党派対立によって実質的に解体した。

＊99　たなか・せいげん（本名きよはる）、一九〇六～九三年。北海道生まれ。戦前は日本共産党中央委員長。転向後、実業家の傍ら、政財界のフィクサーとし

リカの艦隊が一朝ことあるときにはインド洋にすぐ出られるじゃないかということも含めてね。支配層というのは、自分たちの利害についてはものすごく敏感だから、それを守ろうとしてあらゆる知恵を絞ってくる。それに対して、これは運動としてということなのかもしれないけれど、どう対抗するか。しかも民衆の側は、いろいろの私的欲望を抱えている存在としてある。もちろん怨念があって、これをひっくり返そうという気持ちもずいぶん強いわけだけども。その両方を持つ存在としてあるというなかで、どうやったら現実的な力として対抗しうるかという課題がね、運動する側にはあるんじゃないか。過去を責めるつもりはもちろんないけれども、歴史を見ているとそういう問題がやっぱり浮かび上がってきて、今後を考えるときにどういうふうに考えたらいいのかという課題を提供しているように思います。

5 あま世というユートピア

森 ところで最初に鹿野さんにこの座談会の話を持ちかけた際、本の仮のタイトルとして「あま世への道」を提案すると、鹿野さんは、ああ、自分も参加していいんだと腑に落ちたところがあるとおっしゃいましたが、それはどうしてですか。

鹿野 あま世に向けて、新川さんは異族論から独立論へ、また川満さんは共和社会憲法から非武装中立地帯論へという道を造ったというなかで、ヤマトの人間として僕も沖縄のあま世ということをやっとこさでこの頃考えるようになってきた。しかしそれがどのような未来像なのかについては、沖縄の人びとの帰趨を待つほかないなと、自分のなかで思っていたわけです。でもそういうタイトルならば、ちょっと離れているけれども、加えられてもよろしいのかなと。これまでは

て知られる。六〇年安保時の全学連援助は反岸運動の一環とされる。またインドネシアや中東に関する石油開発・輸入のコンサルタントを務めた。

＊100 つるみ・よしゆき、一九二六～九四年。アジア学研究者。思想の科学研究会、ベ平連やアジア太平洋資料センターに関わる。フィールドワークにもとづく民際学を実践した。主著『バナナと日本人——フィリピン農園と食卓のあいだ』（岩波新書、一九八二年）『ナマコの眼』（筑摩書房、一九九〇年）など。『鶴見良行著作集』全一二巻（みすず書房、一九九八～二〇〇四年）がある。

＊101 おかだ・はるお、一九一四～九一年。北海道生まれ。一九四六～八五年、衆議院議員。社会党の安保問題の論客として活躍。防衛庁の三矢研究の暴露（一九六五年）など、爆弾質問で知られた。

お二人の間口をうかがう一人として参加できればと思っていた。

森　私もそんな感じですかね。沖縄の政治的独立とか軍事的抑圧からの解放へ向けたプログラムといったことに、参加しきれない自分がいます。そういう場面ではそもそも戦力にもならないけれども、あま世を目指すなかで自分なりに貢献できるものがあるんじゃないかと思っています。ある意味、現在の政治課題とか討論については弱い、一歩引いている。批評家的なんでしょうね。

その一方で、沖縄の独立や解放をめぐって、いままでいろんな党派やり方がつばぜりあり合いして戦後史をくぐってきたんですけれど、そういうなかでやっぱり気になるんですよね。新川さんの言っていること、書いていることが。

新川さんについて書かれた文章でもっとも気になるのは島尾敏雄さんの文章[*102]です。島尾さんは新川さんのことを「さわやかだ」と言っています。二つの文章で言っている。新川さんにお会いするようになってからは、あ、これは解毒性ということかなと思ったんです（笑）。

たとえば清田政信[*103]さんが五〇年代後半の『琉大文学』で新川さんへの批判を書いていますね。それについて新川さんにお尋ねしたら、そんなもの読んでないよとおっしゃる。他方で清田さんのほうを見ていっても、中里友豪[*104]さんと肩を組んで笑っている昔の写真などを見たりすると、とても人間的な清田が見えてくる。文章だけ読むと、角突き合わせて喧々諤々やっている感じなんだけど。

こういうと誤解を招くかもしれないけれど、あえて見ないものは見ないっていうんですかね。人が沖縄戦の後で生まれて生きていくには、いがみ合いも避けられない。でも、そういうものをあえて際立たせない。悲しい現実のなかに生きているんだから、あえてそういうものは、

ゴーヤの和え物

＊102　島尾敏雄「新川明の事」（新川『異族と天皇の国家』二月社、一九七三年）、同「新川明との出合い」（新川『新南島風土記』大和書房、一九七八年）、いずれも『島尾敏雄全集』第一七巻（晶文社、一九八三年）収録。

＊103　きよた・まさのぶ、一九三七年〜。久米島生まれ。詩人、評論家。一九五〇年代後半以降、先鋭な詩作・評論活動を『琉大文学』他で展開。六〇〜七〇年代の沖縄の若手知識人に大きな影響を与えた。『清田政信詩集』（永井出版企画、一九七五年）など。

まあいいじゃないかと受け流す。対立する場面もあるかもしれないけれど、希望のあるところで一緒になってやっていこうという、そんな感じがありますね。うまく言えないけれど。

それは、最初のほうに出た宮城啓さんの話でも思ったことです。あの人も文章だけみれば琉大マル研、マル同からやってきた戦士みたいな人で、確かに政治行動だけ見ればひどいこともあったかもしれない。それが流浪して行方不明の状態になっていたところ、あるときどこからか新川さん、川満さんのところに、啓君から沖縄はどうなっているのか知りたいから本を送ってほしいという伝言が届いて、それで買い集めて送らせたというじゃないですか。僕が国場さんの系譜のその後について新川さんにお尋ねして、宮城啓さんはどうしてるんでしょうと聞くと、「宮城啓? これだよ」ってジャケットをめくられた（笑）。本のお返しにベルトをもらったわけですね。そのベルトを自慢げに見せるじゃないですか。なんだろう、これはって（笑）。

議論の上だとか主義だとか、そういうことでは確かに角突き合わせたりせざるをえない、利益をめぐってはせざるをえないけれども、それがすべてじゃない。島尾敏雄さんはあえて夫婦の不仲とか近代とか毒の部分、悪魔性に向き合って、どこまでも人間の本質とは何かと突き詰めていこうとする人だと思うんです。だけど、そういうエピソードを見聞きし接するなかで、新川さんは毒のある場面、悲惨な場面をこれまでも見てきただろうけれど、避けたりあえてふれないようにしながら、友愛、同胞愛というのも変だけど、そういうものを追求してきたんじゃないかと思ったんです。

新川　いいかげんな人間っていうだけですよ。

森　その「いいかげん」の底には悲しみ

＊104　なかざと・ゆうごう、一九三六年〜。那覇市生まれ。詩人。一九五〇年代後半、新川・川満らの後を継ぎ、第二次琉大事件後の『琉大文学』再建に尽力。在学中から演劇活動に参加し、演劇集団「創造」で活躍。詩集『コザ 吃音の夜のバラード』（オリジナル企画、一九八四年）、評論集『思念の砂丘』（沖縄タイムス社、一九九七年）など。

イラブー汁
燻製のウミヘビを煮込んだもの

があったり、優しさがあったりする。そういうところを島尾さんはたぶん「さわやか」と言って、これは大事だと示唆しているように思ったんです。新川さんはいま民衆のナショナリズムと、アナーキーな歴史・文化や伝統と、グローバルな連帯という三つを、普通はなかなかうまくつなぎ合わせられないけれど、つなげようとしている。新川さんならではだし、いま言ったような人間性が表れているんじゃないでしょうか。

新川　僕なんかはいわゆる研究者ではないからね、難しい話はわからないしね。たとえばナショナリズムという概念ひとつとってみたって、難しいしさ。うまく説明できないし、うまく理解できないし。いろいろなかたちがあって、ナショナリズムという概念についてはみな懐疑的でしょ。ナショナリズム批判というかたちで独立論を批判することについて、僕がちょっと納得がいかないのはですね、独立論ないしは自立論と言い換えてもいいと思うんだけど、それはナショナリズムというより、パトリオティズムじゃないかと思うんだよな。ナショナリズムという概念でとらえるとちょっと違うだろうと思いますね。ナショナリズムとパトリオティズムというのは、似ているようで違うし、パトリオティズムとしての独立論というほうが近いんじゃないかなという感じがしますね。

それとアナーキズム。アナーキズムについてはいろんな本を読んだりして、共鳴するところが多いもんだから。とりわけクロポトキンの相互扶助論[*105]あたりがですね。あそこで構想される社会というのが、先ほど言っていたあま世に繋がるようなイメージで考えられるわけです。森さんはナショナリズム、アナーキズム、グローバリズムとおっしゃったけれども、僕の思いのなかでいうとパトリオティズム、アナーキズム、それからグローバリ

＊105　クロポトキン（一八四二〜一九二一年）はロシアの革命運動家・思想家。相互扶助にもとづく無政府主義（アナーキズム）を唱え、国家に代わる協同組合の連合体を理想社会として展望した。近代日本の知識人や社会運動に大きな影響を与えた。

ズムというよりもむしろコスモポリタリズムなんだ。

森　国境を越えて、みたいな。

新川　そうそうそう。むしろそういったちょっとやわらかい感じのイメージですね。グローバリズムといった場合、同じく国民国家の囲いこみを越えたあり方みたいなものを示すのだろうけれども、非常に硬い感じがしてね。だから、それぞれの概念は全然別個に存在するんじゃなくて、僕のなかではひとつのつながりを持ってあるものなんです。あま世というのは、ヨーロッパの概念で言えばユートピアかと思います。ユートピアとはご承知のように、どこにもないもののことでしょう。帝国主義が終わってあま世が求められる、というわけです。[*106]

でも帝国主義が終わる時代なんて、僕などはちょっと考えられないわけね。自分の生きている間にそういう時代が来るとは思えないし、あと一〇〇年後に来るとも思えないし、おそらく永遠に来ないんじゃないかなあと思いますね。その前に人類全部滅亡するんじゃないかと思いますしね。いまの状態ではね。あま世については、そういうイメージで僕は考えますけどね。川満の共和社会憲法で想像されるのもあま世のイメージだと思います。しかしそれは現実には、おそらく五〇年一〇〇年のスパンで考えても実現可能性のある話じゃない。

森　そういう意味で言えば、独立というのは五〇年一〇〇年のスパンで考えられるべきことですかね。

新川　まあそのくらいで考えて現実の状況に対峙していくという、その対峙する手段というか武器として必要なんだよ。

森　川満さんと違うところと言えば、川満さんの考えるあま世というのは五〇年一〇〇年のスパンで考えるのは難しいというか、永遠にない場所かもしれない。だから、新川さんは少しでも近づくため

＊106　伊波普猷の絶筆『沖縄歴史物語』（一九四七年）の末尾の一節、「地球上で帝国主義が終りを告げる時、沖縄人は「にが世」から解放されて、「あま世」を楽しみ十分にその個性を生かして、世界の文化に貢献することが出来る」に由来する。

に、独立とは何かを話し合う、議論し合う。夢を語ろうということは五〇年一〇〇年のスパンでできるから、それをやろうということですか。

新川　それもそうだし、また現実の状況を打開する、つまり川満私案でもなんでも、いま議論になっている国民国家の枠組みをどのように超えるか、解体してゆくかという話になってくるときに、その枠組みを突き破る力として、沖縄の独立というのは非常に強いインパクトを持ちうるひとつだろうと思いますね。

果たしてしかし、それによって沖縄の状況が開かれていくかというと、それもなかなか難しくてね。いまの辺野古の基地だって強制的にやっているんで、果たして阻止できるのか、極めて絶望的な状況にあるわけでしょう。まあ、この一一月の知事選挙で辺野古移設反対の知事が仮に実現した場合[*107]、状況は変わってくるだろうけれども、どの程度変わるかはわからないしね。さっき話に出たように、むしろ日本の国家の力じゃなくて、それをコントロールしているアメリカの帝国主義的な力によって進められていると思いますんでね。辺野古に作られる基地というのは、おそらく今後一〇〇年くらい居座るような基地になると思うんですよ。その前にアメリカという国がおかしくなれば別だけどね。そういう意味では非常に絶望的な気持ちになるわけです。

それにもかかわらず、この状況に対峙してそれを突き破っていく方法として、沖縄から何を突きつけていくかということになると、一番有効な力として考えられるのは独立の主張だと思います。もちろん実現可能性については早々には難しいけれど。ただそれが沖縄人の多くの声となると、相当程度、体制を揺るがす力になるだろうと思います。だからそのときにいまのこの状況にどれだけ対峙して阻止したりつぶしていくか、それが戦い

＊107　本座談会後の二〇一四年一一月に行われた沖縄県知事選挙の結果、翁長雄志前那覇市長が現職の仲井眞弘多知事に

というか、直面している緊急の課題であると思いますけどね。

　そういう状況にあるいま、最初のところでも言ったけど、新城君のように独立論から独立して川満の共和社会憲法私案を求めようという主張には、僕は逆に現前の状況に向き合う視点をそらす、むしろユートピア的な幻想のなかに回収しちゃう、そういう作用がありはしないかと思う。その点に留意した議論と運動の構築が求められる。

森　やはりユートピアを確保し続けるための思想あるいは言葉遣いといったことが、いま求められているのではないでしょうか。また新川さんの話を聞きながら、そうした言葉を求め、作り上げてきたこれまでの系譜のなかに、沖縄の思想の自立がすでに存在するように思います。

　こうしたすでに潜在的に存在し続ける思想の自立の系譜をたどり、再度確認すると同時に、その系譜をどのような言葉において、「あま世への道」という歴史として浮かび上がらせるのかということが、今日の座談会に一貫して潜在するモチーフであったと思います。皆様、長時間、本当にありがとうございました。またすばらしい料理も含め、座談会という言葉の場をしっかりと支えてくださった松島さんご夫妻に深く感謝します。ありがとうございました。

二〇一四年七月二一日那覇市首里・松島朝義陶房にて

大差をつけて当選した。最大の争点は辺野古新基地建設の是非。政府・自民党の強力な支援のもと辺野古への基地移設を唱える現職に対して、保守系政治家の翁長が建設反対を訴え、革新系政党や労働界、一部財界も支援する異例の選挙戦となった。選挙結果は、「オール沖縄」の実現を印象づけた。

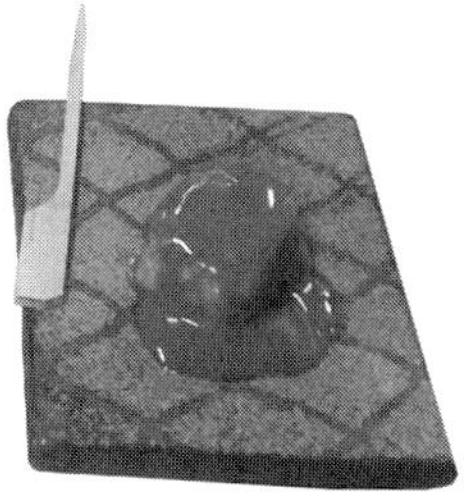

豆腐よう
島豆腐を自然発酵させたもの

あとがき　歴史における態度の問題

1　二〇一五年夏

　やや乱暴にいえば本書は、次の二つのことを、共に考えることにより生まれた。一つは国場幸太郎という人間をめぐってであり、いま一つは、鹿野政直さんと新川明さんや川満信一さんたちの出逢いである。またこの二つのことを共に考えるということがいかなる営みなのかということが、全体を貫く問いとして存在している。最後にこの二つのこと、そして共に考えることについて、記しておきたいと思う。先取りしてあえていえば、そこから浮かび上がるのは、国場幸太郎が非合法共産党を作り上げ、島ぐるみ闘争をになった一九五〇年代でも、鹿野さんが新川さんたちと出逢い、密度の高い応答関係を作り上げた一九八〇年代でもなく、私たちが生きている今の状況である。

　安保法制の反対運動が広がった二〇一五年の夏、沖縄県名護市辺野古の新基地建設をめぐって、沖縄県の翁長雄志知事らと日本政府の安倍晋三首相らとのあいだで一カ月にわたる集中協議がおこなわれた。しかし協議はほとんどかみ合うことなく、同年九月七日に決裂した。その翌日、菅義偉官房長官は閣議後の記者会見で、普天間飛行場が戦後強制接収されて建設されたのが現在の普天間問題の原点だとする沖縄県がわの主張に対して、「賛同できない。日本全国、悲惨な中で皆さんがたいへんご苦労されて今日の豊かで平和で自由な国を築き上げてきた」と反論した。またこの協議決裂に対して翁長知事は、「過重な基地負担を沖縄だけに押し込めるのは理不尽だと訴えてきたが、本土に理解いただけなかった」と述べている。

朝鮮戦争から今に至るまで出撃基地でありつづけ、無権利状態のまま米国に支配され、「復帰」後もさまざまな例外状態の中で日常的に軍事的暴力にさらされ続けてきた沖縄の戦後を少しでも念頭においていれば、この菅官房長官のいう「日本全国」に沖縄が入っていないことは、すぐにわかることだ。そして問題は、入らないにもかかわらず、「平和で自由な国を築き上げた」という勝手な戦後の自画像で沖縄の戦後を塗りつぶしている点にある。たしかにそれは、沖縄の戦後に対する無知である。しかしそれだけではない。「平和で自由」な戦後という自画像において、その無知はより根深いものになっているのだ。そしてそれは菅だけの問題ではない。翁長知事のいう「理解しなかった本土」は、菅や安倍だけではないのだ。

「平和憲法の下で戦後日本人は一人も戦死しなかった」――安保法制への反対運動の中で登場したこうした発言は、菅とさほど遠くにあるとは思えない。私たちは同法案への反対運動における単純化されたコールの合唱を聴くたびに、とても嫌な気持になった。どんなにうわべのスタイルを若者文化風に装ってみたところで、ただ平和を守れ、憲法を守れ、と繰り返すそのコールには、戦後日本に対する厚顔無恥な自画像が、間違いなく反復されている。しかも戦争反対という良心的声として。この国の本質は、何も変わっていないのだ。

現在、辺野古やヘリパッド建設が進められる高江で繰り広げられる機動隊の暴力による問答無用の蛮行が、とんでもない事態として浮かび上がるその前提には、平和で自由だと思い続けてきたこの国の戦後をおおう根深い自己認識があるのではないか。あるいは、いま沖縄が大変だと叫ぶその足元に、自らの住まう日常への漠とした肯定感がしっかりと確保されているのではないか。誤解のないようにいえば、辺野古で繰り広げられている事態が、たいした問題ではないといおうとしているのではない。現前で繰り広げられている暴力的状況への、身構えとでもいうべき態度こそが問われている。

2　態度の問題

二〇一五年一一月二四日、本書にかかわった鹿野政直、戸邉秀明、冨山一郎、森宣雄の四名で、菅官房長官の「平和で自由な国を築き上げた」という戦後日本の自画像こそが問題であることを示さんとするアピール（略称「戦後沖縄・歴史認識アピール」本書巻末所収）を出した。このアピールを受けて、二〇一六年四月には多くの賛同者とともに集まりを持った。そこで鹿野政直さんは沖縄の歴史を知るということを、「私自身がどう変わっていけるのか」という問いとして提出した。問われているのは、たんに歴史を知るということよりも、戦後日本の中で培われてきた自画像を問うことであり、それはあえていえば、生き方にかかわる態度とでもいうべき問題なのである。

歴史を知るということは、この態度を知るということであり、態度を知るということは、自らの態度が問われるということではないだろうか。本書の最後に収めた座談会の中で鹿野さんが、「それまでの歴史学は何をしたかということだけを対象としていた。だからどう生きたかということは歴史の対象にならなかった」といい、続けて「沖縄の思想というのは、どう生きたか、どんなことで苦しまねばならなかったかというような、人生がかかった発言でしょう」と述べているのも、この態度の問題だ。[*1] 本書を貫いているのは、この態度という問いであり、それはやはり今の状況への構えにかかわるのである。

こうした状況への構えは、個人の問題でもなければ、日本人あるいは沖縄人の問題ということでもない。それは構えを確保することにおいて継起的に生み出される関係性の問題であり、あえていえばある種の集合性の生成にかかわる。知るという営みは、個人的営みでもなければ、既存の集団にあらかじめ割り振られているものでもない。まさしくその行為において人が変わり、新たな関係が生成し、集団が生まれるのだ。また歴史や思想を考えるということは、「どう生きてきたのか」を知ることであり、同時に知るという行為を遂行する者にそのことが問われることなのだ。

この一方的ではない関係こそが、知るという行為を形作っている。したがって、そこには他者との出逢いがあり、出逢いにおいてそれぞれが共に変わっていくという協働的営みが含意されている。そしてこの出逢いと変わっていくというプロセスが同時に確保されていくことこそが、共に考えるということなのだろう。そして最初に述べた国場幸太郎という一人の人間、あるいは鹿野政直さんと新川明さんや川満信一さんたちとの出逢いも、本書においてはまさしくこの「どう生きてきたのか」という問いとして登場している。

それはある意味では、個人の問題ではないが、とりあえず国場幸太郎という個人名において抱え込まれている問いである。たとえば国場が「沖縄の党」といういいかたにおいて抱え込もうとしていた態度とは、いかなることなのか。またそれは鹿野さんと新川さんたちとの出逢いにおいてもいえることである。そこには態度をめぐる交流があるのだ。本書の座談会で鹿野さんが発した「同世代」という言葉は、たんなる客観的年齢のことではなく、こうした具体的な交流関係を示している。

そして同じ世代であれ、遺された言葉においてしかかかわることのできない人であれ、「どう生きてきたのか」を知るということは、その態度を個人に囲い込み、限定し、それを一方的に知るという営みではない。決して事実の確認に終わることではないのだ。森崎和江は一九六〇年代末、筑豊において下請け労働者たちとともに「沖縄を考える会」を作った。当時の森崎の文章からは、「沖縄を考える」ということが、「沖縄問題」の勉強をすることでも、沖縄に行って集会に参加することでもなく、下請け労働者や炭鉱離職者たちが自らの歴史を言葉にし、いかに生きるのかを自らに問う営みとしてあったことが浮かび上がる。またそれは、たんに自己言及的な営みではなく、森崎の言葉を借りれば、「出逢いの思想」[*2]において確保されているのである。そこには先ほど述べた鹿野さんの発言に通じるものが、あるだろう。

そしてこうした問いを見失い、「いかに生きたかを知るということが、対象に対する思弁的関心に終るなら、それは支配権力の関心の持ち方とどこか通じていて、対象の素材化になってしまう」のである。[*3]また考えるということは、

「情況を評論することではなく、うつうつとしている私たちすべての被害感をバネの一つにして、自己の本来性に立つ意識のルートを物質化すること」なのだ。[*4] 森崎にとって知るということは、自分が他者と共にいかに生きていくのかという問いにつながる営みなのだ。ここにも態度の問題が間違いなく存在する。

また川満信一さんがいう「歴史の自立」あるいは「思想の自立」、新川明さんのいう「反復帰」、松島朝義さんのいう「沖縄人プロレタリアート」など、本書に登場するこうした言葉たちはどれも、「情況を評論」する論として構成された論壇的枠組におさまる言葉ではなく、こうした態度にかかわる問題である。本書から明らかなように、こうした言葉たちには、複数の状況や人との繋がりが、重層的にまとわりついている。またその状況や繋がりの中には、まちがいなく国場幸太郎がいるのだ。

こうした言葉たちが帯電する態度を取り逃がし、それらをただの「情況を評論」した議論としてうけとめることは、表層的であると同時に、「支配権力の関心のもちかた」に、やはり近似している。そして今、沖縄に限らずこうした浅薄な議論が横行しているのではないかという危惧が、私たちにはある。

3 戒厳状態から

もちろん、ここで態度とは、一般的な思想史研究の問題ではない。またそれは、沖縄固有の問題ということでもない。それはまさしく沖縄において顕在化し、同時にある広がりを持つ。先取りしていえば態度とは、暴力がせりあがり秩序を担い始める状況と密接に関係しているのだ。あるいは最初に述べた安保法制に引きつけていえば、日本が戦争を遂行するということを、沖縄において考えるということにおいて浮かび上がる状況にかかわる問題なのである。

あの安保法案反対運動に対する、私たちのもう一つの違和感は、自衛隊という軍隊にかかわるものだ。そこには自衛隊が他国の戦争に巻き込まれ、殺しあるいは殺されるという認識はあっても、その軍事的暴力が自分たちに向けられているという感覚は、ほぼ皆無である。沖縄戦の記憶は、そこに入り込む余地はない。

　私の妹夫婦は米軍に殺されたのではない。同胞であり、友軍だと信じていた日本軍に殺されたのである。……日本兵を恨むなという方が無理というものだろう。……沖縄が復帰すると、また自衛隊という軍隊が沖縄にやってくるという。もういやだ。[*5]

沖縄において自衛隊を考えることは、その軍事的暴力にさらされるということだ。そしてその暴力への感知力は、間違いなく沖縄戦の記憶にかかわっている。またこの感知力によって浮かび上がる暴力において、米軍と自衛隊の区別はない。いいかえれば沖縄戦が刻まれた場所において浮かび上がるのは、日米両軍の軍事的暴力が沖縄を支配しているという今の状況なのだ。

安保法案反対運動に看取できる今日の自衛隊への肯定感を作り上げたのは、ひとつには東日本大震災でも登場した災害派遣の自衛隊を手放しで称賛する心性であるだろう。だが災害派遣は治安出動と地続きで繋がっている。東京都知事であった石原慎太郎が、二〇〇〇年四月九日、陸上自衛隊の前で行ったいわゆる「三国人」発言において、「災害の救急だけではなしに、やはり治安の維持も一つ皆さんの大きな目的として遂行していただきたいということを期待しております」[*6]と述べたことも、まさしくこの繋がりを明示したものだ。石原は、今の自衛隊法に並べて記載されている治安出動と「自衛隊の皆さんありがとう」という横断幕に包まれた災害派遣の項目を、意図的に重ねている。

この災害派遣の自衛隊が、自分たちを鎮圧する軍隊でもあると予感する者が、どれほどいるだろう。また、東日本大震災直後の都知事選における石原圧勝を支えた心性を問うことなしに、自衛隊は語れないのではないか。それは石原の「三国人」という蔑称を問題にする立場においても、同様だ。

さらにそれは、間違いなく関東大震災における戒厳状態とも地続きの問題である。戒厳状態は、緊急事態条項が記された自民党の「憲法改正案」の問題ではない。路上に配備された自衛隊車両をめぐる暴力への感知力の問題なのだ。逆にいえばこの感知力を失ったところで語られる憲法談義は、沖縄にかかわる態度を見失うだろう。またその態度とは、石原が描いたような災害時において路上に登場する自衛隊を、頼もしいと感じるのか、あるいは自分が殺されると感じるのかということにかかわっている。

たとえば石原の発言に対して在日中国人である徐翠珍は、「何十年ぶりかで「ゾクッ」と背筋が凍り付く感触がよみがえった。私にとっては、ほとんど忘れかけた感触である」[*7]と述べている。そこでは「ゾクッ」という身体感覚とともに、子供のころに近所のおじさんから聞いた自警団に殺されそうになった関東大震災の記憶が思い出されている。この「凍り付く感触」こそが、態度の問題なのだ。あるいは今、辺野古や高江で機動隊と対峙し続ける作家の目取真俊は、かつて沖縄から神奈川に働きに出ていた祖母から伝え聞いた話として、関東大震災で「朝鮮人と間違えられて殺されそうになった」沖縄人の体験を思い出しながら、石原の発言を、自分に向けられた暴力であると述べている。[*8]

この目取真の軍事的暴力に対する構えは、自衛隊を沖縄において考えるためには極めて重要だ。またそれは、先に引用した沖縄戦の記憶にもかかわるだろう。すなわち他国を攻めるとか米国の戦争に加担するということよりも、問われているのは自らが自衛隊に鎮圧されるかもしれないという身体感覚であり、それこそが歴史を考えるための出発点なのだ。それは戦争一般でもなければ普遍的な反戦平和ということでもない。日本が戦争をするということは、自分が殺されるということなのであり、戒厳状態において暴力にさらされる日常の問題なのだ。態度とは、こうした暴力への感知力と身構えにかかわっている。

本書所収の論考で鹿野さんが示しているように、この歴史を考えるための出発点こそが、国場幸太郎の歴史書『沖縄の歩み』（牧書房、一九七三年）の底流に確保されているのである。この本では、歴史の出発点は沖縄戦であり、戦争の体験こそが沖縄の歴史認識の基軸にすえられている。またそこで語られる戦争は、たんに悲惨で残酷な体験ということではない。国場が沖縄戦として凝視するのは日本軍による住民虐殺であり、日本が戦争をすることは、日本の軍隊に自分たちが殺されるということなのだ。国場はこの本を、沖縄が日本に「復帰」した直後に刊行した。日本「復帰」に際して、この軍事的暴力への身体的な構えから国場は、沖縄の歴史を語ろうとした。

またこうした『沖縄の歩み』が確保しようとしている歴史を、塗りつぶしてしまうところに、「豊かで平和で自由な」戦後日本という自画像がある。この自画像は無知であるばかりでなく、虐殺の記憶を抹消するところに成立している。そしてそれは、路上に登場した自衛隊は自分たちを守ってくれるものだと信じて疑わない心性であり、かかる心性が戦後の日本と日本人を作り上げた。先にふれた森崎和江は、「復帰」を目前にした一九七一年に、沖縄戦における日本軍の住民虐殺を、関東大震災における虐殺と重ね合わせたうえで、次のように述べている。

例えば沖縄の復帰を、戦争中の殺人行為の摘発として、恐怖する本土民衆がいるだろうか。[*9]

この森崎の言葉には、国場の『沖縄の歩み』が示す歴史が、間違いなく想定されている。また関連して本書所収の新川明さんへのインタビューの、最後の発言を読み返してほしい。菅官房長官の発言に言及し「沖縄・日本の連帯のありよう」を尋ねた聞き手の森宣雄に対し、新川明さんは次のように答えている。

だけどそうね、日本の人に国場さんの本、この『沖縄の歩み』を復刻して読んでもらう。それに尽きるんじゃないですか。

問われているのは、「平和憲法の下で戦後日本人は一人も戦死しなかった」といって憚らない自己意識であり、その「戦後日本人」に沖縄の歴史を塗り込めて恥じない歴史意識なのだ。この「戦後日本人」は、沖縄に刻まれた暴力の痕跡を抹消することにおいて、同地における暴力の継続を支えている。しかし沖縄の歴史は、言葉による説明が無効とされ、問答無用の暴力にさらされる中で、それでも言葉に踏みとどまろうとする態度と共に語り出されるであろう。こうした言葉のありようは、言葉の領域があらかじめ保証され、その演台で「情況を評論すること」の正しさを競い合い、承認された正しさの啓蒙的拡大こそが要点だと思い込んでいる者たちのそれと、決定的に異なるだろう。沖縄の歴史は、あらかじめ排除されていた領域が、新しい言葉の姿をまとって登場することでもある。

私たちは本書において、言葉とともに態度を確保しようとした。そして態度から生まれる新たな関係とそこから刻まれる歴史に、「あま世」を見ようとしたのである。そしてこの「あま世」に向かう歴史が求められているのは、沖縄だけではないだろう。「あま世」はやはり、「沖縄人は「にが世」から解放され」ることであると同時に、「地球上で帝国主義が終りを告げる」[*10]ことなのだから。

本書において言葉たちに帯電している態度を明示的に示すことができたのは、それぞれの言葉の力に加え、しつこく話を聴きだそうとする森宣雄によるところが大きい。彼はしばしば歴史に対する自分の立ち位置について神学的なことをいうのだが、全知全能において統括する神というより、私たちには、彼が次々と人を巻き込んでいく道化師にみえる。私たちはその肝のすわった道化の道行きの先に何があるのか、時には腹立たしく、時にはひやひやしながら、それでもワクワクして、同行していったものだ。私たちも含め、本書に登場する人々は、彼に巻き込まれてしまったといってもいいかもしれない。それは楽しい道程であった。そしてその道の先に、「あま世」がおぼろげながら浮かび上がることになる。

最後に、あとがきとしての役目を果たして結びとしたい。

本書の成り立ち、特にその創意の発端と経緯については、冒頭の森論文の後半に詳しいのでそちらを参照されたい。具体的な編集作業は以下の通りである。まず第Ⅰ部の聞き取りと文字起こしは森が担当し、戸邉が全体を通して記述を整え、再度話者の確認を得た。また第Ⅱ部については鹿野・冨山がシンポジウムでの発表をもとに新たに原稿を執筆した。第Ⅲ部の座談会の記録は、まず冨山が文字に起こした記録の構成を整え、次いで戸邉が全体にわたって記述を整えた。座談会の注は、すべて戸邉の責任で作成して森・冨山の確認を得た。第Ⅰ部の記録に挿入された文献等の注記も、主として戸邉の作成による。出来る限り話者の確認を得たが、過誤があればもちろん編者である私たちが責任を負うところである。なお、執筆もなく、座談会でも発言の少ない戸邉が編者に名を連ねているのは、このように編集段階での〝加勢〟により、微力ながらこの（森論文にいう）「共同制作物」の実質にかかわったためである。異例ではあろうが、本書のような歴史の書き表し方に参加することで、研究者とされる私たち自身が、我が身をよじりながらでもなにほどか変わっていく転機になればと考えた次第である。

刊行にあたっては、聞き取り・執筆から校正に至るまで、新川・鹿野・川満・松島のみなさんには、多大なご面倒とご心労をおかけした。もちろんそれは作業量のことではなく、語られなければ喪われてしまう言葉を、しかし今なお語るには難い言葉を、私たちに伝えてくださったことにかかわる。編者の不手際から形になるまで長い時間がかかったが、辛抱強くお待ちいただいた寛大さに、あらためて深く感謝したい。

また、ともかくもこのような形で本書をまとめることができたのは、編集者の奥田のぞみさんによる忍耐強い励ましがあってこそである。奥田さんには、森の不定形な構想の段階からつきあっていただき、座談会の席にもご一緒いただいた（所収の写真は奥田さんの撮影による）。本書が少しでも読みやすくなっているとすれば、それは奥田さんのご尽力によるところ大である。ここに記してお礼を申し上げる。

そして、私たちが発表した「戦後沖縄・歴史認識アピール」に賛同され、関心を寄せてくださったみなさんにもお礼の言葉をさしあげたい。賛同とともに寄せられたメッセージや、アピールの賛同者を迎えて開いた集いで得られた言葉の数々は、ともすれば眼前の現実に身動きがとれなくなる私たちの背中を押し、勇気を与えてくれた。アピールの起草に始まる一連の過程がなければ、本書がこのように落ち着くことは難しかっただろう。本書が、賛同者のみならず、アピールに関心を寄せてくださったすべてのみなさんへの返礼となり、戦後沖縄の思想の地下水脈と時空をこえた新たな出逢いが生まれる仲立ちとなれば幸いである。

二〇一七年一月

冨山一郎
戸邉秀明

＊1　鶴見俊輔は、どこから戦後を始めるべきかという問いの中で、態度という問いを出している。「私は思想は信念と態度の複合だと思っています」（鶴見俊輔「戦時から考える」桑原武夫編『創造的市民講座――わたしたちの学問』小学館、一九八七年、『鶴見俊輔集8　私の地平線の上に』筑摩書房、一九九一年、所収、二五三頁）。ここで鶴見のいう信念というのは、民主主義が重要だといった一般的で普遍的な価値判断であり、態度というのは、ある時代の場面における自分の生き方やふるまいにかかわっており、鶴見の論点は、明らかに後者の態度の方にある。そして鶴見の思想に対するこうした考えは、日本の戦後をどこから出発させるのかという自分自身への問いでもあった。「私が戦争中に悟ったのは、人の思想を信念だけとして見ない、態度を含めて思想を信念と態度の複合として見る、ということ」（鶴見同前、二五四頁）なのだ。またこの態度について鶴見は、竹内好について論じた文章でも述べている（鶴見俊輔「戦中思想再考――竹内好を手がかりとして」『世界』第四四八号、一九八三年三月、岩波書店、鶴見俊輔『思想の落し穴』岩波書店、一九八九年、所収）。戦争を正しくないと主張する信念を選別して称揚することよりも、戦時の只中における態度にかかわる言葉から、戦後は再出発しなければならないと、鶴見は考えた。それは言葉や文章の文字通りの意味内容ではなく、ある場面における身体感覚や身ぶりに結び付くような言葉であり、そうした言葉の在処を、鶴見は態度の問題として凝視しようとしたのである。

＊2　森崎和江「民衆における異集団との接触の思想――沖縄・日本・朝鮮の出逢い」（谷川健一編『叢書わが沖縄6　沖縄の思想』木耳社、一九七〇年、森崎和江『異族の原基』大和書房、一九七一年、所収）一五四頁。

＊3　森崎和江「なお問いつづけたいこと」（『月刊たいまつ』第二二号、一九七一年七月、前掲『異族の原基』所収）一四二頁。

＊4　同前、一三八頁。

＊5　沖縄県労働組合協議会編・発行『日本軍を告発する』一九七二年。

＊6　内海愛子・高橋哲哉・徐京植編『石原都知事「三国人」発言の何が問題なのか』（影書房、二〇〇〇年）二〇一頁。

＊7　徐翠珍「片腹痛い！　天皇制つき「日本人だけの民主主義」」（同前所収）一二三頁。

＊8　目取真俊「「大震災」以後」（同前所収）九九〜一〇一頁。桃原一彦は、三月一一日の大震災後の沖縄にかかわる系譜の中に、この目取真の文章をとらえている（知念ウシ・與儀秀武・後田多敦・桃原一彦『闘争する境界――復帰後世代の沖縄からの報告』未來社、二〇一二年、一八九頁）。

＊9　森崎和江「アンチ天皇制感覚――沖縄・本土・朝鮮」（『現代の眼』第一二巻第八号、一九七一年八月、前掲『異族の原基』所収）一九三頁。

＊10　伊波普猷「沖縄歴史物語――日本の縮図」（『伊波普猷全集』第二巻、平凡社、一九七四年、初出一九四七年）四五七頁。

戦後沖縄・歴史認識アピール

沖縄と日本の戦後史をめぐる菅義偉官房長官の発言に抗議し、公正な歴史認識をともにつくることを呼びかける声明

二〇一五年一一月二四日

二〇一五年夏、米軍普天間飛行場の代替施設として沖縄県名護市辺野古に新基地を建設する問題の是非をめぐって、沖縄県と日本政府のあいだで一カ月にわたる集中協議がおこなわれました。しかし議論はほとんどかみ合うことなく、九月七日に決裂しました。その翌日、菅義偉官房長官は閣議後の記者会見で、普天間飛行場が戦後に強制接収されて建設されたことが現在の普天間問題の原点だとする沖縄県側の主張に対して、「賛同できない。日本全国、悲惨な中で皆さんがたいへんご苦労されて今日の豊かで平和で自由な国を築き上げてきた」と反論しました。

この発言にみられる歴史認識は、沖縄と日本の戦後史、あるいは現在にいたる日米両国の対沖縄政策の歴史を、主観的な思いこみを頼りに自己流に解釈した無責任なものです。日本政府の国務大臣が公式の場でこのような歴史認識を表明したことに対し、私たちは、沖縄と日本の戦後史の研究に携わる者として抗議し、発言の撤回を求めます。

言及された「日本全国」の「悲惨」「苦労」がなにを指しているのか必ずしも明確ではありませんが、その言葉からイメージされる戦争被害、人権蹂躙、生命・身体・財産の安全に対する脅威などの諸点で、日本と沖縄の戦後史は同列に扱える性質のものではありません。日本本土（沖縄県以外の都道府県）も一九四五年の敗戦から五二年の講和条約の発効までの七年弱の期間、アメリカを中心とする連合国の占領下に置かれました。しかしその形態は、日本政府に指示・命令を与える間接占領であり、地上戦で「血を流して得た」征服地を米軍が直接統治した沖縄の軍事占領とは、一口に占領といっても性格がまったく異なります。

また講和条約の発効後も、沖縄だけは住民の意向をなんら聴くことなく日本と切り離され、さらに二〇年もの長期にわたりアメリカの軍事占領下に置かれました。その間、沖縄戦の開始と同時に出された「戦時刑法」などの戦時法令が引きつづき施行され、住民自治や言論の自由などの基本的人権が否定されるなか、「銃剣とブルドーザー」による軍用地の強

制接収が伊佐浜・伊江島、現在の那覇市などでくり返されました。その結果、沖縄の米軍基地面積は一九五〇年代後半にほぼ倍増しましたが、そこに岐阜県や山梨県に展開していた第三海兵師団（約五〇〇〇人）などが移駐し、米軍の地上戦闘部隊や核兵器部隊は日本本土から姿を消していきました。こうして日本本土は、冷戦下の厳しい緊張状態にあった近隣諸国とは対照的に、いわば低コストの安全保障環境のもとで「奇跡の経済成長」（一九五五～七三年）に邁進する有利な条件を得ました。それは沖縄に軍事的負担を押しつける構造なしにはありえなかったのです。

しかも沖縄と日本のこの境遇の違いは、日本政府の積極的な協力や黙認のもと日米両国政府の合作で作りだされたものであったことが、近年進んだ史料公開や研究によってますます明らかになっています。アメリカで公開された公文書には、一九五六年に沖縄で軍用地問題に抗議する全住民規模の「島ぐるみの土地闘争」が起こったのに対し、日本政府は土地問題について「明確な行動はとらない」ことを即座に閣議決定し、沖縄側からの陳情を受けつけないよう那覇の日本政府出張機関に訓令を発したことが記録されています。ところが反対に、アメリカ政府はこれ以降沖縄返還の準備に取り組むようになりました。そのなかで五七年には、沖縄の統治体制の転換にあたって日本政府も関与するよう打診しましたが、当時の岸信介首相は占領継続の責任を問われたくないとこれを拒み、その一方で国会答弁（衆院安保特別委員会、六〇年四月一三日）では、「返せ、返せと」「耳にタコができるほど繰り返し」ても「アメリカが施政権を持っておることが、この極東の平和を維持する上に必要」だと「向こうは返さないといってがんばっている」と、手出しできない不可抗力性をよそおい、実態的にはアメリカの沖縄占領がつづくことを期待し、施政権返還後も沖縄への軍事負担の押しつけを継続しました。

菅官房長官の発言にあるように、仮に現在、「豊かで平和で自由な国」が日本に築き上げられているとしても、その裏側で、沖縄では、はかり知れない犠牲を今日まで余儀なくされてきました。米軍占領下では、アジア・太平洋地域で最多の、瞬時に島全体を消滅させうる千発以上の核兵器が配備され、また公式の統計には記録されない無数の米軍犯罪事件・事故の発生に人びとは日々苦しめられました。県の統計が残る一九七二年の沖縄返還（日本復帰）以降の米軍犯罪の摘発件数は、二〇一四年までの四二年間で五八六二件に上ります。米軍兵士は基地内に逃げこんでしまえば摘発を容易に逃れられるため、実態は氷山の一角だといわれていますが、この数字だけを見ても、沖縄が日本の他地域とはまったく比較にならないほど人権および平和的生存権が抑圧された状態に置かれてきたことは明白です。

集中協議の場で菅官房長官は、「私は戦後生まれなので沖縄の歴史はなかなか分からない」、そのため日米両政府間の一九年前の「辺野古合意がすべてだ」と語り、これに対し翁長雄志知事は「お互い七〇年間も別々に生きてきたような感じがしますね」と返したといいます（後の翁長知事の講演による）。とても抑えた言い方ですが、このやり取りには、自分が継承する政府の行為を「戦後生まれ」といった個人的理由で否認する、驚くほどの無責任さが露呈しています。

しかし菅官房長官の発言は、単にひとりの国務大臣の認識不足と無責任さを露呈させただけなのでしょうか。私たちは、この発言に抗議し撤回を求めることは必要不可欠だと考えていますが、同時に、それだけでは前向きで建設的な解決には結びつかないと受けとめています。沖縄の基地問題にあたる政府当局者に、歴史の事実や、その歴史のなかで犠牲を強いられたひとの痛みを省みない発言をしてもかまわないと思わせている日本の政治・言論状況や歴史認識の現状にこそ、問題の根はあるのだと考えられるからです。この歴史認識の不十分さについて、私たち沖縄と日本の戦後史を研究する者は、これまで十分に社会的な務めをはたすことができていたのか、力不足であったことの責任を感じます。

日本の首都からもっとも遠く離れた県庁所在地は沖縄県の那覇市です。そのことが象徴するかのように、沖縄をめぐる政治は、安保法制をめぐる論議でもつねに枠外に忘れられがちです。しかし、その心理的な距離感や無関心をも利用するかたちで米軍基地はこれまで沖縄に集中させられてきたのであり、中国・東南アジアと隣り合うその場所に軍事基地——しかも直接の管理統制が及ばない外国軍を集中させてきたという戦後日本のいびつさは、国内外における信頼醸成をはばむ棘となっています。

いま「日本の政治の堕落」、「民主主義の価値観の共有」、そして「日本の安全保障を日本国民全体で考えること」が、何度となく沖縄から問いかけられています。現知事のみならず前知事も、新基地建設容認へと転じ自らの選挙公約を捨て去る直前まで、そう訴えつづけていました。だれが追いつめたのでしょう。問われているのは政府だけではありません。また、問うているのは沖縄だけではありません。その背後には中国や朝鮮半島、そしてアメリカもふくむアジア・太平洋地域の人びとからの視線がひろがっています。沖縄の基地建設の発端ともなったアジア・太平洋戦争の歴史を本当に克服できているのか、沖縄への差別は戦前の植民地主義とつながりがあるのではないか、それらを克服する歴史認識を築きえているのか——。沖縄からの問いは、戦後七〇年の歴史的な問いであり、まずもってそれに答えるべきは、政治家や専門家もそのうちにふくむ日本本土社会の人間以外にはいません。

私たち四人は歴史の研究をしてきた者であるにすぎませんが、この声明を発表することで、まず私たち自身、力不足をおぎない合い、沖縄と日本の戦後史のさらなる解明を進め公正な歴史認識をつくる課題にむけていっそう努力する意志を表明するとともに、関連する幅ひろい分野の研究者やジャーナリスト・作家・市民の方々に対して、この課題に共同してとりくむ緊急の必要性があることを訴えたいと思います。

沖縄では、戦後七〇年にわたり「基地の島」とされ軍事的緊張と対立のただ中に置かれつづけてきたからこそ、この島で平和と人権、自治を打ち立てることがすなわちアジア・太平洋に真の戦後、平和をもたらすことになるという思想が、草の根のレベルからじつに数多くの人びとによって分け合われ、訴えられ、語り継がれてきました。辺野古新基地建設に反対する大きな理由もそこにあります。その平和への夢と希望を日本国内はもちろん、ひろく世界の人びとに知っていただきたいと願っています。このことは沖縄のためというだけではありません。日本がこれからアジアの平和と繁栄に貢献する道は、沖縄の住民世論に即したかたちで基地問題の解決をはかり、「基地の島」から平和を発信するその先にこそ、ひらけてくると確信いたします。

鹿野政直　戸邉秀明　冨山一郎　森宣雄

編者略歴

森　宣雄（もり・よしお）
1968年横浜市生まれ。琉球大学大学院法学研究科修士課程，大阪大学大学院文学研究科博士後期課程修了。博士（文学）。聖トマス大学人間文化共生学部教員を経て，現在，同志社大学〈奄美 - 沖縄 - 琉球〉研究センター学外研究員，西宮公同教会・関西神学塾講師。専攻は沖縄・東アジア近現代史。著書に『地のなかの革命――沖縄戦後史における存在の解放』（現代企画室，2010年），『沖縄戦後民衆史――ガマから辺野古まで』（岩波書店，2016年）がある。

冨山一郎（とみやま・いちろう）
1957年京都市生まれ。京都大学大学院農学研究科博士課程単位取得退学。博士（農学）。神戸市外国語大学・大阪大学大学院文学研究科教員を経て，現在，同志社大学グローバル・スタディーズ研究科教授。専攻は沖縄近現代史。著書に『近代日本社会と「沖縄人」』（日本経済評論社，1990年），『暴力の予感』（岩波書店，2002年），『増補　戦場の記憶』（日本経済評論社，2006年），『流着の思想』（インパクト出版会，2013年）がある。

戸邉秀明（とべ・ひであき）
1974年千葉県生まれ。早稲田大学大学院文学研究科博士後期課程中退。早稲田大学第一文学部助手，日本学術振興会特別研究員を経て，現在，東京経済大学経済学部准教授。専攻は，復帰運動史を中心とする沖縄近現代史，史学思想史。近年の主な論文に，「沖縄戦の記憶が今日によびかけるもの」（成田龍一・吉田裕編『記憶と認識の中のアジア・太平洋戦争』岩波書店，2015年），「マルクス主義と戦後日本史学」（『岩波講座 日本歴史22 歴史学の現在』岩波書店，2016年）などがある。

あま世へ
――沖縄戦後史の自立にむけて

2017年3月20日　初版第1刷発行

編　者　森宣雄・冨山一郎・戸邉秀明
発行所　一般財団法人　法政大学出版局
〒102-0071　東京都千代田区富士見2-17-1
電話03（5214）5540／振替00160-6-95814
組版：言海書房，印刷：三和印刷，製本：根本製本
装幀：竹中尚史

ISBN 978-4-588-32708-7

執筆者略歴（掲載順）

川満信一（かわみつ・しんいち）
1932年沖縄・宮古島生まれ。琉球大学文理学部国文科在学時に文芸同人誌『琉大文学』に参加。1956年，同大卒業後，沖縄タイムス社に入社。以後，『新沖縄文学』編集長等を歴任。著書に『川満信一詩集 1953-1972』（オリジナル企画，1978年），『沖縄・根からの問い——共生への渇望』（泰流社，1978年），『沖縄・自立と共生の思想——「未来の縄文」へ架ける橋』（海風社，1987年），『沖縄発——復帰運動から40年』（世界書院，2010年）など多数。

新川　明（あらかわ・あきら）
1931年沖縄生まれ。琉球大学文理学部国文科在学時に文芸同人誌『琉大文学』に参加。1955年，同大を中退し沖縄タイムス社に入社。同社八重山支局長，『新沖縄文学』編集長，『沖縄大百科事典』刊行事務局長，編集局長，社長，会長を経て1995年退任。著書に『反国家の兇区』（現代評論社，1971年。社会評論社より1996年に増補新版），『新南島風土記』（大和書房，1978年。毎日出版文化賞受賞。のち朝日文庫，岩波現代文庫），『詩画集　日本が見える』（共著，築地書館，1983年）など多数。

松島朝義（まつしま・ちょうぎ）
1947年沖縄生まれ。1966年，国費自費留学制度で中央大学法学部入学，在学中に多数の沖縄論を執筆・発表。1973年卒業。翌年より那覇市首里で作陶を始め，沖縄県工芸公募展最優秀賞（1985年），西日本陶芸美術展大賞（2000年），沖縄タイムス芸術選賞大賞（2007年）など受賞多数。2003年より日本工芸会正会員に選出。陶芸論の共著書に『沖縄美術全集Ⅰ　陶芸』（沖縄タイムス社，1989年），沖縄県教育委員会編・発行『沖縄の陶器類関係資料調査報告書』2003年などがある。

鹿野政直（かの・まさなお）
1931年大阪府生まれ。早稲田大学文学部卒業，同大大学院を経て，1958−99年，早稲田大学文学部教員。現在，同大名誉教授。専攻は日本近現代思想史。著書に『鹿野政直思想史論集』全7巻（岩波書店，2007–08年）など多数。近年の沖縄関係の著作に，『沖縄の戦後思想を考える』（岩波書店，2011年），「阿波根昌鴻——「命どぅ宝」への闘い」（テッサ・モーリス‐スズキ編『ひとびとの精神史2　朝鮮の戦争 1950年代』岩波書店，2015年）などがある。